Werner Günthner

Lesen und Schreiben lernen bei geistiger Behinderung

Grundlagen und Übungsvorschläge zum erweiterten Lese- und Schreibbegriff

Werner Günthner

Lesen und Schreiben lernen bei geistiger Behinderung

Grundlagen und Übungsvorschläge zum erweiterten Lese- und Schreibbegriff

Unser Buchprogramm im Internet
www.verlag-modernes-lernen.de

Gesamtherstellung in Deutschland: Löer Druck GmbH, Dortmund

Titelfoto: contrastwerkstatt – Fotolia.com

6. Aufl. 2023

Bestell-Nr. 3633 ISBN 978-3-8080-0711-2

Inhalt

Vorwort 7

1. **Grundlagen** 11
   - 1.1 Lesen und Schreiben – eine Form der Kommunikation 11
   - 1.2 Analphabetismus 16
   - 1.3 Literalität – Literacy 18
   - 1.4 Bedeutung des Lesens und des Schreibens für Schüler mit geistiger Behinderung 24
   - 1.5 Bedeutung der Kulturtechniken für die Eltern 25
   - 1.6 Organisation des Lese- und Schreibunterrichts 27
   - 1.7 Lesen 35
   - 1.8 Der erweiterte Lesebegriff 43
2. **Lesearten des erweiterten Lesebegriffs** 49
   - 2.1 Situationen lesen 49
   - 2.2 Bilder lesen (Präliteral-symbolische Leseleitung) 53
   - 2.3 Bildzeichen (Piktogramme) lesen (Logografische Leseleistung) 66
   - 2.4 Signalwörter lesen (Logographemische Leseleistung) 78
   - 2.5 Ganzwörter lesen (Logographemische Leseleistung) 85
   - 2.6 Lesen mit Hilfe der Pfeilsätze 91
3. **Analytisch-synthetisches Leselernverfahren** 97
   - 3.1 Grundlagen 97
   - 3.2 Mehrdimensionale Übungsformen 107
   - 3.3 Übungen zur optischen Analyse 109
   - 3.4 Buchstaben schreiben und Buchstaben formen 115
   - 3.5 Übungen zur akustischen Analyse 120
   - 3.6 Übungen zur Synthese 123
   - 3.7 Übungen zur Steigerung der Lesefertigkeit 129

3.8 Lesen – ein hochkomplexes Zusammenspiel unterschiedlicher Fähigkeiten 126

4. Der erweiterte Schreibbegriff 137

4.1 Vom Gedanken zum bedeutungstragenden grafischen Zeichen 137

4.2 Stufen des graphomotorischen Schreiblernprozesses 139

4.3 Schreiben mit vorgefertigten Bild- und Wortelementen 147

4.4 Funktionen des Schreibens für den Schüler 149

4.5 Unterstützende Übungen zum Erlernen des Schreibens 158

4.6 Bedeutung und Rolle der Lehrperson im Schreibunterricht 162

4.7 Welche Schrift eignet sich fürs Schreiben lernen? 164

4.8 Verwendung von Arbeitsblättern im Lese- und Schreibunterricht 166

4.9 Schreiben kleiner Texte und Geschichten 168

5. Das Eigenlesebuch bei Schülern mit geistiger Behinderung 175

5.1 Formen des Eigenlesebuches 176

5.2 Funktionen des Eigenlesebuches 179

5.3 Herstellung des Eigenlesebuches 182

6. Lektüre von Texten, Geschichten und Büchern – Literaturunterricht 189

6.1 Auswahl der Textinhalte 191

6.2 Ausgewählte Methoden zur Lektüre von Texten und Geschichten 193

7. Diagnostik Lesen und Schreiben 197

Literatur 209

Vorwort

„Lesen kann doch jeder."

Diese knappe, aber treffende Aussage, eines 9-jährigen, recht selbst bewussten Schülers, soll als Leitthema über den nachfolgenden Ausführungen zum Lesen und Schreiben bei Schülern mit geistiger Behinderung stehen. Der erwähnte Schüler kann eine ganze Reihe von Signalwörtern lesen. Darüber hinaus kann er Bildern, die den Schulalltag und den familiären Bereich abbilden, eindeutig den Sinn entnehmen. Neben den Signalwörtern und den lebensnahen Fotografien kann er auch aus für ihn bedeutsamen Bildzeichen (Piktogrammen) die Bedeutung entnehmen. Einzelne Buchstaben, in Verbindung mit den entsprechenden Lauten, treten nach und nach in seinen Interessenshorizont. Mit diesen Fertigkeiten fühlt er sich als lesend – und Recht hat.

Über diese und ähnlich gelagerte Lesekompetenzen verfügen viele Schüler mit geistiger Behinderung. Parallel zum Lesen haben die Schüler[1] sich auch Fähigkeiten im Schreiben angeeignet, das heißt, sie können mit einem Bleistift zum Beispiel Kopffüßler, Häuser, Bäume und Autos zeichnen sowie weitere Umweltobjekte oder Personen gegenständlich darstellen. Die Kompetenzen mancher Schüler reichen aber darüber hinaus, sie können einzelne Buchstaben lesbar schreiben und versuchen durch die Aneinanderreihung von Buchstaben einzelne Wörter zu schreiben.

Lesen und Schreiben versteht sich als eine Form der Kommunikation, bei der mit Hilfe abstrakter Zeichen (Bilder, Bildzeichen, Signalwörter und Buchstaben) Informationen vermittelt und gelesen werden können.
Um die Schüler für das Lesen und Schreiben zu sensibilisieren, ist es förderlich, wenn diese bereits früh Bilderbücher betrachten können, ihnen Geschichten vorgelesen oder erzählt werden und sie dabei herausfinden, dass gesprochene Sätze aus einzelnen Wörtern und Wörter wiederum aus einzelnen Lauten beziehungsweise Buchstaben bestehen. Im Kapitel „Literalität – Literacy" erhalten Sie zu dieser bedeutsamen Vorläuferfähigkeit zum Lesen und Schreiben Information.
Der Lese- und Schreibunterricht bei Schülern mit geistiger Behinderung wird an der Schule überwiegend in zwei Organisationsformen angeboten, einerseits integriert in möglichst viele Unterrichtsstunden im Verlauf der Schulwoche und andererseits in einem fachorientierten Lese- und Schreibunterricht.
Im Kapitel „Lesen" werden zunächst die neuronalen Voraussetzungen und unterschiedlichen Aspekte der Lesefähigkeiten dargestellt, bevor, orientiert an den Leseentwicklungsphasen bei nicht behinderten Schülern, der Frage nachgegangen wird, was unter dem erweiterten Lesebegriff zu verstehen ist.

---

[1] Aus stilistischen Gründen wird auf die Verwendung beider Geschlechter verzichtet. Es sind aber immer Schülerinnen und Schüler sowie Lehrerinnen und Lehrer gemeint.

Im Anschluss an das einführende Kapitel werden in vertieften Ausführungen die Lesearten des erweiterten Lesebegriffs, nämlich Situationen, Bilder, Piktogramme, Signalwörter und Ganzwörter lesen, dargestellt. Kompetenzen innerhalb des erweiterten Lese- und Schreibbegriffs ermöglichen den Schülern eine angemessene Teilhabe. Zu diesen Lesearten erhalten Sie ausführliche und pragmatische Übungsvorschläge angeboten, die sich weitgehend aus meiner eigenen Unterrichtspraxis entwickelt haben.

Auf der Basis des analytisch-synthetischen Leselernverfahren werden Möglichkeiten entwickelt, wie die Schüler bekannte Signalwörter oder einfache Schlüsselwörter in seine Buchstaben (Grapheme) und Laute (Phoneme) zerlegen können. An diese optische und akustische Analyse schließt sich die Synthese an. Hierbei fügt der Schüler die gelesenen Buchstaben aneinander und gelangt dabei zu sprachlich miteinander verbundenen Lautsynthesen. Diesen erlesenen Wörtern kann der Schüler dann den Sinn entnehmen. Die Synthese und die damit verknüpfte Sinnentnahme stellt für Schüler mit geistiger Behinderung eine hohe Hürde dar, zu deren Überwindung einerseits kognitive Voraussetzungen erforderlich sind und andererseits sehr viele Übungen durchgeführt werden müssen.

Wohl wissend, dass sich Lesen und Schreiben lernen in einem parallelen Prozess ereignet, wird das Schreiben lernen in einem eigenen Kapitel im Buch berücksichtigt. In einem ersten Schritt erhält die Leserin und der Leser einen Überblick über die Stufen des graphomotorischen Schreiblernprozesses. Ein Schwerpunkt in den Ausführungen nimmt die Methode des Schreibens mit Hilfe von vorgefertigten Wort- und Bildelementen sowie dem Pfeil als Verbersatz ein. Bietet doch diese Methode auch nicht Schrift schreibenden Schülern eine sehr gute Möglichkeit kurze Sätze oder einfache Geschichten zu verfassen, sodass sie sich nicht nur als lesend, sondern darüber hinaus auch als schreibend erleben.
Innerhalb des Kapitels zum Schreiben finden Sie unter anderem Aussagen darüber, welche Funktionen das Schreiben für den Schüler im Schullalltag hat, welche mehrdimensionalen Übungsformen zum Erlernen des Schreibens möglich sind und welche Schrift sich am besten zum Schreiben lernen eignet.
Für Schüler, die Buchstaben schreiben können, kommen im Lese- und Schreibunterricht auch Arbeitsblätter als sinnvolle Übungsmittel zum Einsatz. Zur schülerorientierten Erstellung von Arbeitsblättern werde ich ausgewählte Kriterien darstellen.
Lehrpersonen kommt im Lese- und Schreiblernprozess des Schülers eine besondere Rolle zu. Vorausgesetzt werden fachdidaktische Kenntnisse, darüber hinaus ist aber die Fähigkeit, die Schüler zu motivieren und das Klassenzimmer unter literalen Gesichtspunkten zu gestalten sowie geeignete Lese- und Schreibmaterialien vorzuhalten von herausragender Bedeutung.

Auf dem Lehrmittelmarkt gibt es nur wenige uneingeschränkt geeignete Bücher mit denen Schüler mit geistiger Behinderung das Lesen und Schreiben lernen beziehungsweise vertiefen können. Als eine Kompensationsmöglichkeit bietet sich hier die Erstellung von Eigenlesebüchern an. In diesen, von den Schülern zum Teil selbst erstellten Büchern oder Heften, können sie ihre erworbenen Fähigkeiten im Schreiben und Lesen üben und verfestigen. Hinweise zur Herstellung, den möglichen Inhalten und den Funktionen eines Eigenlesebuches erhalten Sie im entsprechenden Kapitel.

Schüler mit geistiger Behinderung haben ein Recht auf das Angebot und die Auseinandersetzung mit zusammenhängenden Texten, Geschichten und Büchern. Bedeutsam ist nicht nur der sogenannte lebenspraktische Aspekt des Lesens und Schreibens. Im Kapitel „Lektüre von Texten, Geschichten und Büchern – Literaturunterricht" biete ich Ihnen methodische Möglichkeiten an wie die Lesefähigkeiten vertieft und Texte erschlossen werden können.

Der abschließende Schwerpunkt des Buches beschäftigt sich mit der Diagnostik. Basierend auf dem Konzept des erweiterten Lese- beziehungsweise Schreibbegriffs erhalten Sie ein nicht standardisiertes Diagnoseinstrument angeboten, mit dem Sie den aktuellen Entwicklungsstand eines Schülers im Lesen und im Schreiben erheben können. Diagnostik erfolgt nicht um ihrer selbst willen, sondern hat eine klare Funktion hinsichtlich der Festlegung des weiteren unterrichtlichen Angebotes. Aus der diagnostischen Erhebung leiten die Lehrpersonen im Sinne der Förderdiagnostik Erkenntnisse für die Formulierung der nächsten Ziele und die Auswahl der Unterrichtsinhalte ab.

In den hier vorliegenden Ausführungen erhalten insbesondere Lehrpersonen an Sonderschulen sowie an allgemeinen Schulen, aber auch interessierte Eltern Informationen zum erweiterten Lese- und zum erweiterten Schreibbegriff angeboten. Ergänzend zu den Grundlagen der Kapitelschwerpunkte finden interessierte Lehrpersonen eine Vielzahl von Übungsmöglichkeiten zum Erwerb des Lesens und des Schreibens.

Eine zunehmende Zahl von Schülern mit geistiger Behinderung wird inklusiv unterrichtet. Sowohl im Unterricht an der Schule mit dem Förderschwerpunkt geistige Entwicklung als auch im inklusiven Unterricht muss im Sinne der differenzierten Bildungsangebote den speziellen Lernbedürfnissen der Schüler mit geistiger Behinderung entsprochen werden. Die Übungsvorschläge sind für alle Schüler mit geistiger Behinderung gedacht, unabhängig vom jeweiligen Bildungsort.

Innerhalb des deutschsprachigen Bereichs gibt es keine einheitliche Bezeichnung des Schultyps für Menschen mit geistiger Behinderung. Als Schultypenbezeichnung gibt es zum Beispiel „Schule für Geistigbehinderte", „Förderschule für geistig Behinderte", Schule für Praktisch Bildbare", „Schule mit dem Förderschwerpunkt geistige Entwicklung". Im Text werde ich unterschiedliche Bezeichnungen berücksichtigen.

Werner Günthner

1. Grundlagen

1.1 Lesen und Schreiben – eine Form der Kommunikation

Lesen und Schreiben gelten als eine der bedeutsamsten Kompetenzen zur Teilhabe am gesellschaftlichen Leben und an der Kultur. Lesen und Schreiben sind von Menschen erfundene Techniken und gehören neben der Landwirtschaft, der Tierhaltung, der Herstellung von Textilien, dem Spielen, dem Umgang mit Ziffern etc. zu den wesentlichen Kulturtechniken. Innerhalb der beispielhaft aufgeführten Kulturtechniken erfordern die abstrakten Fähigkeiten wie Lesen und Schreiben hohe geistige Kapazitäten und ein ausgeprägtes Abstraktionsvermögen.

Unter dem Einfluss der Sprachwissenschaften, der Pragmalinguistik (Wissenschaft der Sprachverwendung) und der Kommunikationstheorie ergab sich in den zurückliegenden Jahrzehnten ein Wandel (Paradigmenwechsel) in der Auffassung von Lesen und Schreiben.
Über lange Zeit stand die Frage der Aneignung der Lese- und Schreibtechniken im Vordergrund der didaktischen Überlegungen. Der pragmatische Aspekt der Kommunikation, also der Möglichkeit sich mit Lesen und Schreiben zu verständigen, miteinander zu kommunizieren, sich zu informieren und in der Öffentlichkeit zu orientieren hat zunehmend an Bedeutung gewonnen. Diese Akzentverschiebung eröffnete in der Lese- und Schreibdidaktik bei Schülern mit besonderem Förderbedarf (Schüler mit geistiger Behinderung) in diesen kulturtechnischen Fächern neue Perspektiven.

Lesen und Schreiben verstehen sich als materielle Formen der Kommunikation, bei der sich die Menschen über grafische Zeichen (Bilder, Piktogramme und Buchstaben) miteinander verständigen, in Beziehung treten, Informationen, Gefühle, Bedürfnisse, Wünsche,... austauschen können.
Lesen und Schreiben stehen in einem engen Bezug zur Sprache. Wörter oder Texte werden beim Lesen in Vorstellungen oder in „innere Sprache“ umgewandelt. Gedanken oder gesprochene Sprache können ihrerseits Grundlage für zu schreibende Texte sein. Beim Schreiben von Texten strukturiert der Mensch unter anderem seine Gedanken und seine Sprache. Geschriebene Schrift ist eine materialisierte Form der Gedanken des Schreibers. Insofern können wir Menschen die zunächst immateriellen Gedanken/Vorstellungen in eine materielle Form bringen. Beim Sprechen werden Gedanken akustisch hörbar und durch die Verschriftlichung visuell wahrnehmbar, lesbar.
Der Schüler soll im Lese- und Schreibunterricht die Erfahrung machen, dass er mit Hilfe der Buchstabenschrift anderen etwas mitteilen kann. Falls die Buchstabenschrift für den Schüler noch zu komplex ist, kann er auch durch die entsprechende Aneinanderreihung vorgegebener Bild- oder Wortkarten Sinn vermitteln, Bildsätze schreiben.

Die Verknüpfung zwischen den vier Grundleistungen der Kommunikation wird in der nachfolgenden Übersicht deutlich. Indem die Lehrkraft die Kompetenzen der Schüler im Lesen und im Schreiben zu steigern versucht, erweitern sich insgesamt die kommunikativen Möglichkeiten der Schüler. Diese sind in der Verständigung, im Austausch mit der Umwelt nicht mehr nur auf den mündlichen Teil der Kommunikation (sprechen und hören) begrenzt. Durch die Anwendung der literalen Techniken erweitern sich die kommunikativen Möglichkeiten der Schüler und darüber hinaus auch die Wege zur Welterschließung sowie zur Aneignung von Weltwissen.

Vier Grundleistungen der Kommunikation

	produktiv	rezeptiv	
mündlich	sprechen	hören	Oralität
schriftlich	schreiben	lesen	Literalität

Quantitative Zunahme der Schriftsprache, aber auch der Bilder und der Piktogramme

Ein weiteres Phänomen der Kommunikationsgesellschaft gilt es zu berücksichtigen: Die Ausweitung des Sekundärsystems in der Kommunikation. Was ist darunter zu verstehen? Zur Verdeutlichung finden Sie unten stehend die beiden prägenden Kommunikationssysteme stichwortartig dargestellt, nämlich das Primärsystem, in Form der gesprochenen Sprache oder der körpersprachlichen Möglichkeiten, und das Sekundärsystem, also die grafischen Zeichen (Bilder, Bildzeichen, Buchstaben etc.).

Primärsystem der Kommunikation	**Sekundärsystem der Kommunikation**
Gesprochene Sprache sowie Mimik, Gestik, Gebärden, Körpersprache	Grafische Zeichen, z. B. Bilder, Bildzeichen, Buchstaben, Wörter, Texte
Verbale und nonverbale Kommunikation	Grafische und schriftliche Kommunikation
Gesprochene Sprache wird akustisch und visuell realisiert	Geschriebene Sprache wird visuell realisiert
Vergängliche Kommunikationszeichen	Dauerhafte Kommunikationszeichen
Direkte, unmittelbare Kommunikation	Indirekte, mittelbare Kommunikation

Sehr geehrte Leserin, sehr geehrter Leser,
uns interessieren Ihre ganz persönliche Meinung sowie Ihre Interessengebiete. Beides ist für die zukünftige Arbeit unseres Verlages sehr wertvoll. Vorteil für Sie: Über entsprechende Neuerscheinungen werden Sie regelmäßig informiert. Sie erhalten unsere Bücher im Buchhandel oder direkt beim Verlag.

Diese Karte lag im Buch (bitte eintragen!):

Verlags-Bestell-Nr. ___________

Aufmerksam wurde ich auf das Buch durch:

- ◯ Verlagsprospekt
- ◯ Empfehlung meines Buchhändlers
- ◯ Empfehlung eines/r Bekannten
- ◯ Anzeige in einer Zeitschrift
- ◯ Fortbildung beim Autor
- ◯ Namen des Autors
- ◯ Pressebesprechung
- ◯ Internetrecherche allgemein
- ◯ Homepage des Verlages
- ◯ Geschenk

Mein Urteil:

Ich arbeite im Fachbereich: ______________________

Unter allen Einsendern verlosen wir kleine Aufmerksamkeiten. Ihre Rezension wird ggf. **vollkommen anonym** zu Werbezwecken verwendet.

Bitte informieren Sie mich über folgende Sachgebiete:

- ◯ Entwicklungsförderung in Theorie und Praxis
- ◯ Diagnostik / Frühförderung
- ◯ Kita
- ◯ Grundschule
- ◯ Sonderpädagogik / Sozialpädagogik / Heilpädagogik
- ◯ Ergotherapie / Neurologie
- ◯ Sprachheilpädagogik / Sprachtherapie / Logopädie
- ◯ Praktische Psychologie / Trainingsprogramme
- ◯ Psychotherapie und Beratung
- ◯ ______________________
- ◯ ______________________

Bitte den Absender auf der Rückseite nicht vergessen!

L 9206 12_20

Wir Menschen kommunizieren auch weiterhin überwiegend verbal. Untersuchen wir aber die Kommunikations- und Interaktionsformen eines Menschen zu Beginn des 21. Jahrhunderts, fällt eine gewisse Verlagerung hin zum Sekundärsystem (geschriebene Sprache) deutlich auf.
Mit der Einführung des Buchdruckes durch Johann Gutenberg, um 1436, begann die sich lawinenartig ausbreitende Zunahme der geschriebenen Sprache. Im derzeitigen multimedialen Zeitalter kommt ein Mensch im mitteleuropäischen Kulturraum kaum mehr ohne die Fähigkeiten des Sekundärsystems aus, also Bilder, Piktogramme und Buchstabenschrift zu lesen und sich darin mitzuteilen. Als Konsequenzen ergeben sich daraus für die Schule mit dem Förderschwerpunkt geistige Entwicklung: Neben der Förderung der Schüler in den verbalen beziehungsweise non-verbalen Verständigungsmöglichkeiten, ist die Vermittlung von Grundkompetenzen im Lesen und im Schreiben von visuellen Informationszeichen, hier speziell von Bildern, Bildzeichen und Buchstaben, unerlässlicher Lern- und Bildungsinhalt.

Dass der sekundäre Bereich der Kommunikation (Bilder, Piktogramme und Schrift) in unserer Zeit zugenommen hat und immer mehr zunimmt, erleben wir tagtäglich in der Öffentlichkeit, zum Beispiel in Fußgängerzonen, im Straßenverkehr, auf Bahnhöfen, in Kaufhäusern, im Kino, im Museum et cetera. Einen besonders rasanten Anstieg der schriftlichen Kommunikation lassen sich seit der Einführung des Personalcomputers, mit der Möglichkeit zum Versand/Empfang von E-Mails sowie weiterer moderner Kommunikationshilfsmittel, wie Handy für den Versand/Empfang von SMS oder dem Smartphone und dem Tablet als mobile Zugangsmöglichkeit zum Internet verzeichnen. Die Nutzung dieser Geräte erfordern, neben der technischen Handhabung, vor allem die Fähigkeiten zum Lesen und zum Schreiben. Wer sich in den elektronischen sozialen Netzwerken aufhält, benötigt Lese- und Schreibkompetenzen. Sowohl im schulischen als auch im nachschulischen Bereich, im Privaten oder am Arbeitsplatz, in der Freizeit oder auf dem Weg zur Arbeit, gehören die elektronischen Kommunikations- und Informationsmittel als nicht mehr zu negierende Hilfsmittel zum alltäglichen Leben und stellen zum Teil eine niederschwellige Möglichkeit zur Teilhabe am gesellschaftlichen Leben dar.

Noch nie wurde so viel gelesen und geschrieben und so viele Informationen schriftlich ausgetauscht wie in der heutigen Zeit. Neben den Schriftzeichen (Buchstaben) trifft der Mensch in fast allen Regionen der Erde auf eine zunehmende Zahl von Zeichen, Schildern, Signalen und Symbolen mit informierendem, kommunikativem Charakter oder hinweisenden Funktionen. Zum Teil bestehen diese Zeichen aus Signalen, aus Piktogrammen (Bildzeichen), also aus schematisierten, vereinfachten Teilabbildungen von Gegenständen oder menschlichen Gestalten, die bei Alltagshandlungen eine Rolle spielen. Desweiteren finden wir eine große Anzahl von Signalwörtern, die uns bei der Orientierung in der Öffentlichkeit helfen.
Wir entnehmen zur weitgehend selbständigen Bewältigung unseres Alltags, in der Kommunikation und Interaktion, in unserer unmittelbaren und weiteren Umwelt

immer mehr Informationen den dort vorkommenden Bildern, Bildzeichen und Signalwörtern.

Schüler, die die bildhaften, piktografischen und schriftlichen Zeichen und Signale der Umwelt entdecken, für sich als hilfreich erkennen, diese deuten (lesen) und darauf adäquat reagieren können, erweitern somit ihre persönliche Handlungskompetenz, vergrößern ihre Selbständigkeit in ihren individuellen Lebensbereichen und weiten die persönlichen Teilhabechancen aus.
Fertigkeiten und Kenntnisse im Lesen und Schreiben tragen wesentlich zur Normalisierung und zur sozialen Eingliederung der Menschen mit geistiger Behinderung bei.

Unter Berücksichtigung der vorgenannten Fakten lassen sich drei Axiome (als richtig anerkannte Grundsätze, die keiner Beweise bedürfen) formulieren:

— Lesen und Schreiben sind Formen der Kommunikation.

— Unser Informations- und Mitteilungsbedürfnis befriedigen wir neben der Schrift zunehmend mit Bildern und Bildzeichen.

— Neben Buchstaben stehen den Menschen auch andere grafische Notationssysteme zum Schreiben und zum Lesen zur Verfügung.

Wenn diese drei Behauptungen zutreffen, ist die Schule geradezu verpflichtet, das Lese- und Schreibverständnis um bildhafte und grafische Zeichen zu erweitern. Diesem Sachverhalt wurde in den Bildungsplänen der Schule für Geistigbehinderte mit dem erweiterten Lesebegriff und dem erweiterten Schreibbegriff Rechnung getragen. Hierauf werde ich im Weiteren noch genauer eingehen.

Kommunikationsmodell (bezogen auf die Schriftsprache)

Das klassische Kommunikationsmodell für die Verbalsprache ist hinlänglich bekannt. Die Grundgedanken dieses Sender – Empfänger-Modells lassen sich in der unten dargestellten Form auf das Lesen und Schreiben übertragen.

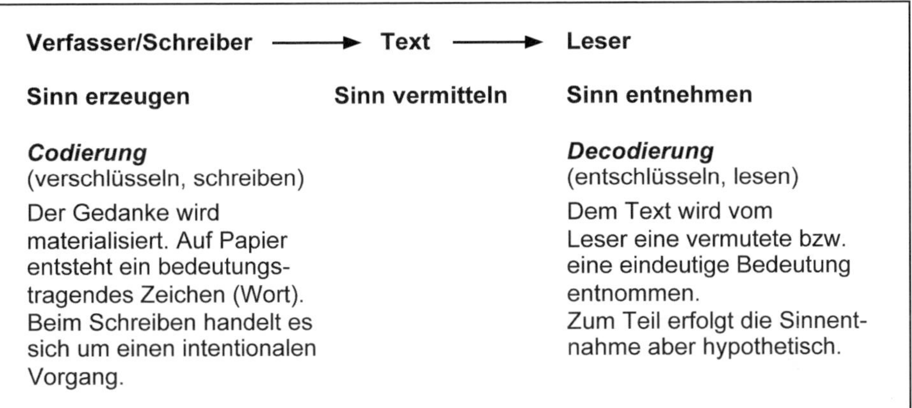

Kommunikations- und Interaktionsformen von Kindern und Jugendlichen

Kinder und Jugendliche stehen mit ihrer personalen und sächlichen Umwelt in einem ständigen Wechselverhältnis (Interdependenz), in einem kontinuierlichen Austausch und Dialog. Sie lösen durch ihr Verhalten sowie ihre kommunikativen Äußerungen bei den Mitmenschen Handlungen aus, gleichzeitig wirkt aber die Umwelt auch auf die Kinder und Jugendlichen ein.
Für diese kontinuierlich ablaufende zwischenmenschliche Interaktion stehen Kindern im frühen Entwicklungsalter zunächst die körpersprachlichen und ersten lauthaften Möglichkeiten zur Verfügung. Mit dem Erwerb der Verbalsprache erweitern sich die Kommunikationsmöglichkeiten im besonderen Maße. Mit dem Hinzugewinn der Schriftsprache verfügt das Kind beziehungsweise der Jugendliche schließlich über erweiterte Kommunikationsmöglichkeiten.
Das Kind/der Jugendliche erwirbt die hier dargestellten Kommunikationsmöglichkeiten in einer individuellen Abfolge. Im Verlauf des Lebens greift jeder Mensch in seinem aktiv-kommunikativen Ausdruck ständig auf alle drei Formen zurück und verfeinert diese kontinuierlich.

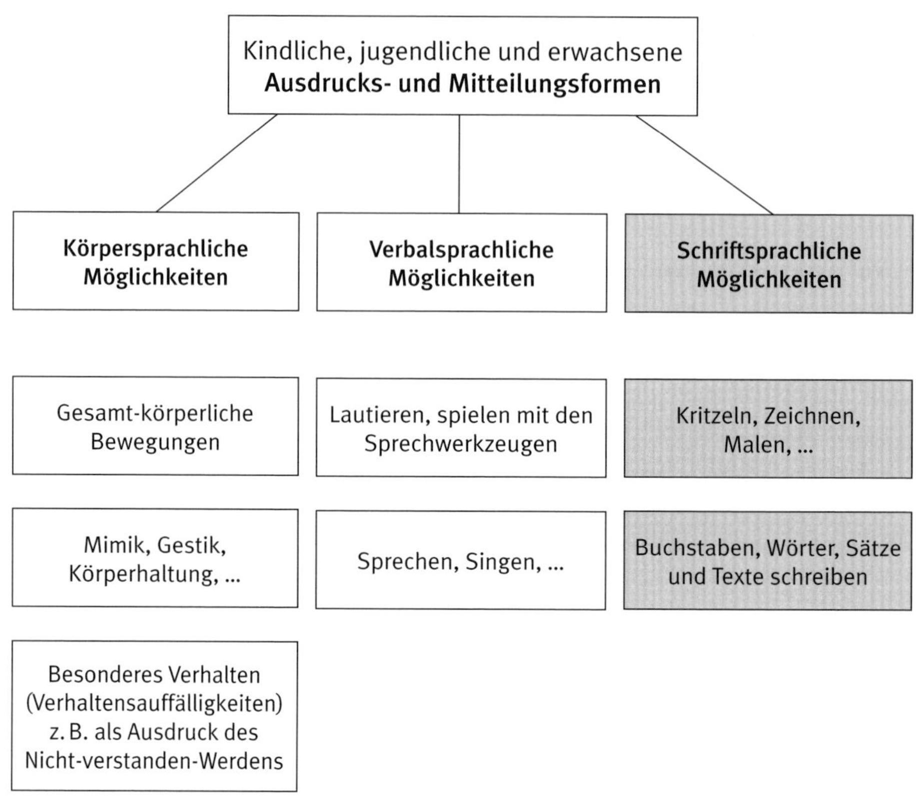

1.2 Analphabetismus

Eigentlich kaum zu glauben, aber das Phänomen des Analphabetismus ist in unserer Gesellschaft im neuen Jahrhundert wieder ein Problem. Bei einer Einwohnerzahl von über 82 Millionen gibt es in Deutschland den Schätzungen nach zwischen sechs und acht Millionen vollständige, sekundäre oder funktionale Analphabeten.
Beim Analphabetismus denken wahrscheinlich viele an ein Phänomen, das vorwiegend in den ärmeren Regionen der Welt vorkommt, in denen nur wenige Kinder und Jugendliche in Folge sozialer und wirtschaftlicher Unterentwicklung regelmäßig eine Schule besuchen können. Während aber in diesen Ländern die Zahl der Analphabeten eher abnimmt, weil das Problem dort erkannt und dagegen vorgegangen wird, nimmt die Zahl der Analphabeten in den westlichen Industrienationen eher zu. Lassen Sie uns dieses Phänomen etwas genauer betrachten.

Bonfadelli (1999, 131) stellt den Sachverhalt des Analphabetismus folgendermaßen dar: „Analphabeten im engeren Sinne sind Menschen, die keinerlei Lese- und Schreibfertigkeit haben, d.h. die nicht einmal ihren Namen schreiben können. Analphabeten im weiteren Sinn können zwar einzelne Worte lesen und/ oder ihre eigene Unterschrift leisten. Sie sind aber im Sinne der UNESCO-Definition des funktionalen Analphabetismus nicht gleichberechtigt in der Lage, an den gesellschaftlichen Aktivitäten ihres Kulturkreises teilnehmen zu können.“ Analphabeten sind eine Randgruppe unserer Gesellschaft, weil sie von beruflichen Arbeitsmöglichkeiten und von der Teilhabe am öffentlichen, auch am politischen Leben, weitgehend ausgeschlossen sind beziehungsweise sich aus Angst selbst ausschließen. Aber Analphabeten leben mitten unter uns. Viele entwickeln Strategien, um ihre Defizite zu verbergen.

Im Wesentlichen unterscheidet man drei Formen des Analphabetismus, der sowohl einen Lese- als auch einen Schreibaspekt aufweist:

Primärer Analphabetismus
Er liegt vor, wenn jemand keinerlei Lese- und Schreibfertigkeiten besitzt und solche auch nie erworben hat.
Hierzu gehören Personen, die zum Beispiel ihren Namen lesen und noch einzelne Buchstaben schreiben können, ansonsten aber des Lesens und Schreibens nicht kundig sind.

Sekundärer Analphabetismus
Er liegt vor, wenn die ehemals vollständig erworbenen Lese- und Schreibkenntnisse verloren gingen, etwa wegen mangelnder Praxis im Lesen und Schreiben.
Es sind Personen, die mühsam Texte auf geringem Sprachniveau lesen und nur wenige Wörter orthografisch richtig schreiben können.

Funktionaler Analphabetismus
Er liegt vor, wenn die in der Schule nur unzureichend erworbenen Lese- und Schreibfertigkeiten auch im nachschulischen Lebensbereich – also im Erwachsenenalter – unter den allgemeinen Anforderungen in der Gesellschaft, in der der Betreffende lebt, liegen.

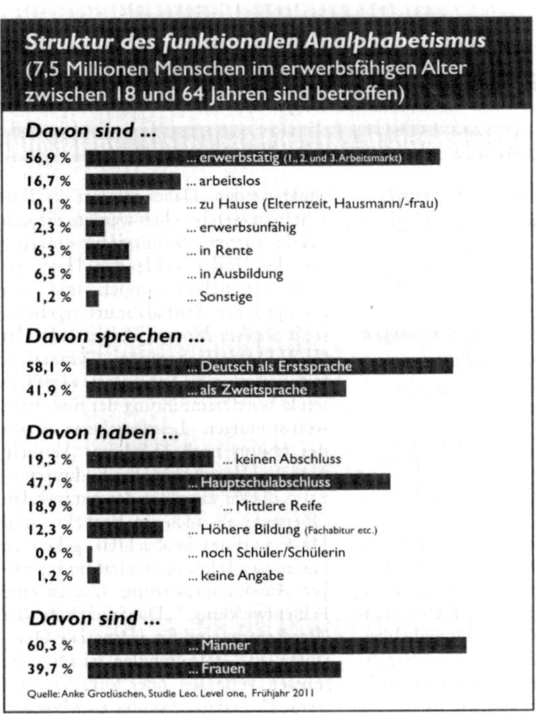

aus: Ballauf 2011, 21

Der Betroffene kann Schrift im Alltag also nicht so gebrauchen und nutzen, wie es in seinem sozialen und beruflichen Kontext als selbstverständlich angesehen wird und erforderlich wäre. Der funktionale Analphabet kann einfache Sätze lesen oder auch ansatzweise schreiben. Aber schon bei kurzen Texten hat er bei der Sinnentnahme Probleme und gibt auf, weil er beim Lesen zu lange braucht und die aufzubringende Mühe für den Leser zu groß ist.
Den betroffenen Personen ist ihr Handicap in der Regel bewusst und demzufolge meiden sie Situationen (z. B. schriftsprachliche Korrespondenz, Behördenverkehr, ...), in denen sie lesen beziehungsweise schreiben müssen. Häufig müssen Angehörige oder Bekannte den Schriftverkehr abnehmen. Viele der funktionalen Analphabeten sind aufgrund der schriftsprachlichen Defizite nur eingeschränkt in der Lage am gesellschaftlichen Leben zu partizipieren (vgl. Informationsblatt des Bundesverbandes Alphabetisierung).

Menschen mit geistiger Behinderung finden sich in allen drei Kategorien des Analphabetismus. Da sind einerseits die Menschen, die aufgrund kognitiver Beeinträchtigungen die komplexe Fähigkeit des Schriftlesens und des Schreibens nie gelernt haben. Andererseits gibt es die erwachsenen Menschen mit geistiger Behinderung, die beim Schulabschluss durchaus über grundlegende Lese- und Schreibkompetenzen verfügen. Sie sind in der Lage kurze und einfache Texte sinnentnehmend zu lesen und verfügen beim Schreiben auch über einen Grundwortschatz orthografisch richtig geschriebener Wörter. Die erworbenen Lese- und Schreibkompetenzen bilden durchaus eine Basis für die ansatzweise selbständige oder assistierte Teilhabe am Leben in der Gesellschaft. Aufgrund mangelnder Anregungen, eingeschränkter Notwendigkeiten zur Anwendung der Schriftsprache, zum Beispiel am Arbeitsplatz oder in der Freizeit, aber auch aufgrund verringerter Motivation und der damit verknüpften fehlenden Übung, verlieren viele der ehemals lesenden Menschen mit geistiger Behinderung diese Fähigkeiten wieder. Zum Teil erfolgt der Verlust der in der Schulzeit erworbenen Fähigkeiten relativ rasch, da das Fertigkeitenfundament nicht so tief und nicht so breit angelegt ist.

1.3 Literalität – Literacy

Literalität wird in der Fachliteratur häufig gleichbedeutend (synonym) mit dem englischen Wort der *literacy* verwendet. Abgeleitet wird dieser Begriff vom lateinischen *„littera“*, was so viel wie Buchstabe bedeutet. Von hier aus wird eine wesentliche Intention der Literacy/Literalität angedeutet, nämlich, das bereits im frühen Entwicklungsalter eines Kindes einsetzende Vertrautwerden beziehungsweise Vertrautmachen mit Buchstaben und Schriftsprache.
Kleinkinder sammeln im Elternhaus sowie im Kindergarten Kenntnisse über die Schriftsprache. Intuitiv richtig bieten die Eltern ihrem Kind ab ungefähr ein bis eineinhalb Jahren einfache Bilderbücher an. Hierbei lernen die Kleinkinder Bilder mit sprachlichen Bedeutungen und Bildergeschichten mit Inhalten zu verknüpfen. Im Kindergartenalter, also vor der Einschulung, machen sie in der weitgehend er-

fahrungsbezogenen Auseinandersetzung mit Bildern, Zeichen und geschriebenen Wörtern, welche in der Umwelt des Kindes vorkommen, weitere umfangreiche Erfahrungen mit Bild- und Schriftzeichen. Hierbei spielt das systematische Herangehen an Schriftsprache oder die strukturierte Vermittlung eine eher nachgeordnete Rolle.

Der Literacy-Ansatz begrenzt sich nicht nur auf die erste Buchstabenkenntnis, sondern berücksichtigt die weitgefassten Erfahrungsmöglichkeiten in der frühen Kindheit mit Büchern, Geschichten, Reimen und schließlich auch der geschriebenen Sprache. Bei diesen ersten Erfahrungen können die Kinder Freude an vorgelesenen Texten sowie an (Bilder-) Büchern entwickeln. Sie erfahren, dass betrachtete Bilderbücher oder vorgelesene Texte Geschichten erzählen. Der Erwerb eines Textverständnisses und einer sprachlichen Abstraktionsfähigkeit sind nur zwei der kognitiven Aspekte, die die Kinder hierbei entwickeln können.

Ausgangspunkt der Literalität/Literacy ist zwangsläufig die gesprochene Sprache. Mündlichkeit (Oralität) bildet die Vorstufe zur Schriftlichkeit (Literalität). Folglich sind die Oralität und die Literalität in Kindergarten und Schule immer miteinander verbunden zu berücksichtigen. Literalität (Schriftsprache) ist ohne Oralität (gesprochene Sprache) kaum denkbar.
Hieraus leitet sich demzufolge eine durchgängige Aufgabe des Unterrichts bei Schülern mit geistiger Behinderung ab, nämlich die Schüler konsequent mit der gesprochenen Sprache und dem literalen Anteil der umgebenden Schriftwelt vertraut zu machen.

Vorlesen – ein Weg zur Schriftlichkeit
Um die oben angesprochene Oralität und die Literalität zu fördern, bietet sich das Vorlesen als eine besonders geeignete Methode an. Manche Kinder und Jugendliche haben im Elternhaus wenig bis gar keine literalen Erfahrungen, haben also kaum Kontakt mit (Bilder-) Büchern oder anderen Druckerzeugnissen. „Vorlese-rituale sind aber in der Entwicklungsphase bis zu drei Jahren essentiell: für den Spracherwerb, für das Begreifen der Welt und für die emotionale Entwicklung. 42 % aller Eltern nutzen diese Chance nicht. Sie verzichten auf die preiswerteste Investition in die Zukunft ihrer Kinder“ (Wilke 2010, 3). Hieraus ergeben sich für die Schule kompensatorische Aufgaben, sie muss vielerlei Anstrengungen unternehmen um diese Defizite der mangelnden Lesesozialisation auszugleichen.

Neben den sozial-emotionalen Aspekten des Vorlesens und den visuellen Wahrnehmungsmöglichkeiten beim Betrachten von Bilderbüchern sind vor allem die ästhetischen Hörerfahrungen von großer Bedeutung. Sie „setzen früh ein, zum Beispiel mit dem Klang und dem Rhythmus von Kinderversen oder der Stimme der vorlesenden Mutter bei der Gutenachtgeschichte. Untersuchungen der Lesesozialisationsforschung haben gezeigt, dass solche Kindheitserlebnisse wichtig sind für die spätere Entwicklung von Lesefreude“ (Spinner 2010, 84). Kinder sollten in der Familie, dem Kindergarten oder spätestens in der Schule „positive Erlebnisse und schöne Erfahrungen mit Geschichten und Bildern, mit Anschauen und Zuhören, mit der Erzähl- und Lesekultur verbinden können" (Wilke 2010, 2).

An der Schule mit dem Förderschwerpunkt geistige Entwicklung oder anderen Sonderschulen mit entsprechendem Bildungsgang ergeben sich im Tages- und Wochenverlauf viele Gelegenheiten fürs Betrachten von Bilderbüchern beziehungsweise zum Vorlesen aus Büchern, (Jugend-) Zeitschriften oder Tageszeitungen. Die drei hier genannten Medien bieten sich unter anderem für das Dialogische Vorlesen an. Dialogisches Vorlesen meint das Vorlesen durch die Lehrperson, verknüpft mit Gesprächen mit den Schülern über den Inhalt. Der Vorleser nutzt regelmäßig die Gelegenheiten um mit den Kindern/Jugendlichen über den Leseinhalt ins Gespräch zu kommen. Die Zuhörer kommen hierbei aus der nur rezeptiven Rolle heraus und werden gedanklich und verbal aktiv. Selbstverständlich hat das nur aufnehmende, genießende Zuhören gleichermaßen seine Berechtigung. Es wäre nicht im Sinne der Leseförderung, wenn über jede vorgelesene Geschichte geredet werden soll.

Durch Vorlesen wird die Wahrnehmung der Schüler gezwungenermaßen auf Bücher ausgerichtet und durch das regelmäßige Vorlesen, zum Beispiel von Geschichten, nimmt in der Folge speziell das Interesse am Gehörten (an der Geschichte) sowie allgemein am Lesen zu. Die Schüler entwickeln in konsequent angebotenen Vorlese-Situationen Interesse an gesprochener sowie geschriebener Sprache, also an Literatur.

Vorlesen verbessert merklich die Konzentration der Kinder und Jugendlichen. Voraussetzung hierfür ist die entsprechende Auswahl von Literatur, welche die Schüler als interessant und spannend empfinden. Neben dem Konzentrationsvermögen werden vor allem auch die empathischen Fähigkeiten gefördert, also das Hineinversetzen, das Einfühlen in eine Figur oder, in der weiteren Konsequenz, in einen anderen Menschen. Vorgelesene oder erzählte Geschichten, in denen Menschen vor Herausforderungen gestellt werden und Prüfungen bestehen müssen, sprechen im besonderen Maße die emotional-affektive Intelligenz der Schüler an.

Vorlesen in einer kleinen Gruppe vermittelt bei Kindern und Jugendlichen ein ganz besonderes Geborgenheitsgefühl. Die dabei verbrachte gemeinsame Zeit festigt die Beziehungen zwischen Kindern und Erwachsenen, aber vor allem auch der Kinder untereinander. Vorlesesituationen führen zu einer merklichen Intensivierung der Lehrer-Schüler-Beziehung, sie wirken als „Sozialkitt".

Aus vorgelesenen, gemeinsam betrachteten und besprochenen Sachbüchern eignen sich die Zuhörer vor allem auch Kenntnisse zur Welt an. Kinder und Jugendliche erhalten durch Vorlesen individuelle Bildungsangebote, sie erhalten Informationen zur Welt und weiten somit ihr Wissen aus.

Schüler erweitern durch das Zuhören und das anschließende Gespräch ihren Wortschatz und entwickeln in diesem Zusammenhang zwangsläufig die sprachliche Abstraktionsfähigkeit. Ein ausgebildeter Wortschatz ist für alle Denkprozesse sowie für alle Lebenslagen von herausgehobener Bedeutung. Regelmäßiges Vorlesen und Erzählen in der frühen Kindheit sowie der Schulzeit formen neuronale Strukturen für den Spracherwerb und im Weiteren für die Lernfähigkeit allgemein. Das Sprechen über die gehörten Texte verbessert auffallend die Sprechfähigkeit. Wenn die Schüler gebeten werden eine begonnene und noch nicht abgeschlossene Geschichte weiter zu erzählen, entwickeln sie darüber hinaus ihre Phantasie und die Erzählfähigkeit.

Vorlesen fördert bei den Zuhörern vor allem auch die Imaginationsfähigkeit (mentale Vorstellungsfähigkeit). Vorgelesene Geschichten lassen als „Kopfkino" beim Zuhörer individuelle Bilder entstehen. Barbara Fornefeld (o.J., 10) erweitert diesen Aspekt und führt hierzu aus: „Die Art, wie etwas gesprochen wird, die Prosodie des Sprechenden, regt ja gerade die Fantasie des Lauschenden an. Anders als bei Filmen werden in erzählten Geschichten keine konkreten Bilder gezeigt. Sie entstehen beim Zuhörer durch das besondere Zusammenspiel von Sprechen und Anhören in der Vorstellung. ... Was allen Formen der Vermittlung von Geschichten gleich ist, sie werden nicht allein durch das Denken erfasst. Beim Lauschen von Geschichten ist der ganze Mensch angesprochen: Der Klang der Stimme, der Musik oder Bewegung wecken Emotionen und lassen innere Bilder entstehen. Ein Verstehen durch das Erleben und durch die Erfahrung werden möglich: ein Verstehen durch sinnliche Erfahrungen."

Indem Schüler die vorgelesenen Geschichten mit eigenen Worten wiedergeben, trainieren sie die Erinnerungsfähigkeit. Sie bilden dabei narrative Strukturen aus, sogenannte innere Drehbücher, die sie fürs Erzählen eigener Geschichten benötigen. Narrative Strukturen beziehen sich auf das Erzählen (lat. *narrare* „erzählen") und entwickeln sich unter anderem durch die Rezeption (etwas aufnehmen, zuhören) von Geschichten. Bevor Kinder selbst Geschichten erzählen können, müssen sie zuvor viele Geschichten gehört haben. Lehrpersonen, die von den Schülern zum Beispiel am Montagmorgen Berichte vom Wochenende hören möchten, sollten selbst Geschichten vom Wochenende erzählen, damit die Schüler mit Textmustern (Aufbau einer einfachen Erzählstruktur) vertraut werden. Erst mit den Erzähl-Beispielen der Erwachsenen, also deren Geschichten, können die Schüler sich in der verbalen Darstellung selbst erlebter Geschehnisse oder der Erfindung eigener Erzählungen üben.

Schüler erfahren beim Vorlesen den Klang der Sprache, sie hören Reime, sammeln selbst ähnlich klingende Wörter und entwickeln dabei die für das eigene aktive Lesen erforderliche phonologische Bewusstheit. Unter phonologischer Bewusstheit versteht man „die Fähigkeit, unabhängig von den Inhalten die formalen lautlichen Aspekte der Sprache differenzieren zu können" (Hagen/Hillenbrand 2012, 328).

Die phonologische Bewusstheit zählt zu den fundamentalen Voraussetzungen für den Schriftspracherwerb. Sie bezieht sich darauf, in Sprach- oder Texteinheiten einzelne Sätze und Wörter sowie in gesprochenen Wörtern Silben und einzelne Laute zu erkennen und zu unterscheiden. Bei diesen Fähigkeiten handelt es sich um wesentliche Vorläuferfertigkeiten mit zentraler Bedeutung für das Lesen und Schreiben.

Vorlesen stellt eine Brücke zwischen der Mündlichkeit und der Schriftlichkeit dar. Wer als Pädagogin/Pädagoge mit den Schülern auf der anderen Brückenseite, nämlich dem „Leseland“ ankommen möchte, muss demzufolge selbst sehr häufig vorlesen oder erzählen. Vorlesesituationen sind emotional angenehm besetzt, lösen Freude aus und erzeugen Spannung, wodurch sich die Motivation zum eigenen Lesen-wollen auf Seiten der Schüler erhöht.

Vorlesen eignet sich nicht nur bei Kindern und Jugendlichen, die noch nicht lesen können, sondern auch bei Schülern, die bereits in Ansätzen lesen, deren Lesekompetenz aber weiter gefördert werden soll. Die Lehrperson bietet hierzu den Schülern das parallele Mitlesen an. Diese trainieren dabei merklich ihre Lesefertigkeit. Vor allem führt dies zu einer Entlastung der eigenen Dekodierprozesse (vgl. Belgrad 2012). Der Schüler ist nicht gezwungen, dem selbst gelesenen Text auch gleichzeitig noch den Sinn zu entnehmen, sondern erhält Gelegenheit den gehörten Wörtern der parallel (vor-) mitlesenden Lehrkraft die Bedeutung zu entnehmen.

In inklusiven Klassen sollten die Vorlesekompetenzen der nichtbehinderten Mitschüler konsequent genutzt werden, indem einzelne Schüler den Mitschülern mit Behinderung vorlesen beziehungsweise mit diesen auch ins Gespräch über die vorgelesene Geschichte oder das gemeinsam betrachtete Bilderbuch kommen. Hierbei profitieren langfristig beide Seiten. Der vorlesende Schüler erweitert seine Lese- und Vorlesekompetenzen, der Schüler mit Behinderung erfährt in der Geschichte / dem Text neues über die Welt, erweitert seine Fähigkeit zum konzentrierten Zuhören und es werden bei ihm Emotionen geweckt.

In Stichworten möchte ich nachfolgend aus der Unterrichtspraxis bewährte Kriterien für die Auswahl von (Bilder-) Büchern formulieren:

- Orientieren Sie sich bei der Auswahl von Büchern an den Interessen der Schüler.
- Achten Sie auf ein den Schülern angemessenes Verhältnis zwischen Bild und Text.
- Passen Sie den Textumfang sowie die Vorlesedauer dem Aufnahme- und dem Konzentrationsvermögen der Schüler an.
- Wählen Sie für jüngere Schüler kurze Geschichten aus, die einen roten Faden, also eine eindeutige Struktur aufweisen.
- Orientieren Sie sich bei der Struktur und der Komplexität der Geschichten an den kognitiven und sprachlichen Voraussetzungen der Schüler. Gehen Sie aber

immer etwas über die vorhandenen Fähigkeiten der Schüler hinaus. Moderate (Über-) Forderungssituationen wirken motivierend.

- Kinder und Jugendliche mögen spannende Geschichten, in der die Figuren Abenteuer bestehen beziehungsweise vor Aufgaben gestellt werden, die sie entweder allein oder zusammen mit anderen erfolgreich bewältigen.
- Identifikationsmöglichkeiten mit den Protagonisten (den zentralen Figuren der Geschichte) erhöhen die Aufmerksamkeit beim Zuhören.
- Wählen Sie Geschichten für Mädchen und für Jungen aus. Gerade für Jungen ist es wichtig, dass Abenteuergeschichten berücksichtigt werden.

Folgende Praktiken des Vorlesens haben sich bewährt:

- Schaffen Sie eine entspannte Atmosphäre fürs Betrachten von Bilderbüchern beziehungsweise fürs Vorlesen. Das Betrachten von Bilderbüchern sollte möglichst in einer kleinen Gruppe (zwei bis drei Schüler) erfolgen, wohingegen das Vorlesen auch vor der gesamten Klasse erfolgen kann.
- Verweilen Sie beim Betrachten von Bilderbüchern solange auf einer (Doppel-) Seite bis die Schüler keinen eigenen Beitrag mehr leisten oder vorläufig alle Schüler-Fragen gestellt sind.
- Blättern Sie im Bilderbuch vor und zurück, wenn dies dem Verständnis der Geschichte dient.
- Bedenken Sie, dass Schüler mit starken Lernbeeinträchtigungen beim Aufnehmen, Verarbeiten und beim Verstehen längere Zeit und oftmals mehrmalige Wiederholungen benötigen.
- Benennen Sie die Dinge und die Tätigkeiten, für die die Schüler selbst noch keine eigenen Wörter haben. Schüler benötigen eine Lehrperson, die ihnen jeden Tag neue Wörter mitsamt der entsprechenden Bedeutung anbietet.
- Lassen Sie die Schüler die Dinge und die Tätigkeiten aber selbst benennen, zu denen sie bereits über einen Wortschatz (ein Lexikon) verfügen. Diese üben hierbei ihren Wortschatz sowie die Grammatik der Sprache.
- Lesen Sie in einem angemessenen Tempo den Text vor, halten Sie regelmäßig Blickkontakt zu den Schülern, wiederholen Sie, falls erforderlich, Sätze oder Passagen mit eigenen Worten, denn so treffen Sie gegebenenfalls eher den Wortschatz der Schüler.
- Ermutigen Sie die Schüler zu Zwischenfragen beziehungsweise eigenen Wortbeiträgen.
- Achten Sie aber darauf, dass durch die Zwischenfragen und die Schülerbeiträge der Spannungsbogen trotzdem aufrechterhalten bleibt.
- Unterbrechen Sie den Text / die Erzählung an geeigneten Stellen und lassen Sie die Schüler auch mal darüber nachdenken, wie die Geschichte weitergehen kann. Diese Phantasier-Methode ist unter anderem dazu geeignet, herauszufinden, ob die Schüler den seitherigen Inhalt verstanden haben.
- Sprechen Sie nach Abschluss der Geschichte mit den Schülern über den Inhalt. Zerdehnen Sie das Gespräch aber nicht unnötigerweise. Manchmal muss man eine Geschichte auch einfach so stehen und auf den Schüler individuell wirken

lassen. Es gibt auch kein einheitliches Sinnverständnis einer Geschichte. Sinn ergibt sich für den Zuhörer immer individuell.

- Nicht alle vorgetragenen Geschichten, Gedichte und Reime müssen demzufolge besprochen werden. Sie haben dann einfach nur eine sprach-ästhetische Funktion.
- Setzen Sie beim Erzählen gegebenenfalls Anschauungsmaterialien ein, über die der Zuhörer mehrsinnig dem Verlauf der Geschichte folgen und sich dem Inhalt der Geschichte annähern kann. Barbara Fornefeld bietet zum Einsatz von Anschauungs- und Erfahrungsmaterialien in den „mehr-Sinn Geschichten" einen Fundus von Ideen und stellt für einzelne Märchen Erzählkisten mit sinnlich wahrnehmbaren Gegenständen zur Verfügungen, mit denen der Inhalt der Geschichte begreifbar und erfahrbar wird.
- Lassen Sie Geschichten von den Schülern als Rollenspiel oder mit Belebungs-Materialien nachspielen.

(vgl. Reiske o.J.)

1.4 Bedeutung des Lesens und des Schreibens für Schüler mit geistiger Behinderung

Lese- und Schreibkompetenzen stellen für die Teilhabe der Kinder und Jugendlichen am schulischen Leben und für die Erwachsenen in nachschulischen Lebensfeldern bedeutsame Faktoren dar. Durch Lesen und Schreiben werden vertiefte Möglichkeiten zur Kommunikation und Interaktion mit der Umwelt erschlossen. Lese- und Schreibkompetenzen begünstigen Lebenskompetenz. Der lesende Mensch tritt aus der eher passiven Rolle heraus und kann mit seinen Lesefähigkeiten verstärkt aktiv am gesellschaftlichen Leben teilnehmen. Hierfür sollen die Kinder und Jugendlichen Bilder, Bildzeichen und Schrift als Kommunikationsmittel und als Informationsquelle entdecken.

Neben der kommunikativen Funktion, trägt Lesen und Schreiben auch zur sprachlichen Bildung des Schülers bei. Hierdurch lässt sich die Gesamtpersönlichkeit insgesamt fördern. Der Schüler ist im Lese- und Schreibprozess gedanklich (kognitiv) und schöpferisch-gestaltend (eigene Texte verfassen) aktiv. Die Kenntnis und die Verwendung der Schrift fördern insgesamt die geistige, emotionale und soziale Entwicklung.

Vor allem durch Schreiben (Aneinanderfügen von Buchstaben bzw. Bildern und Ganzwörtern) erweitern sich die Ausdrucksmöglichkeiten des Kindes/des Jugendlichen. Durch Schreiben gewinnt der Schüler erweiterte Einsicht in die Struktur und Funktion der Sprache (Grammatik).

Die Selbständigkeit und Unabhängigkeit in der Familie, der Schule, in der nahen und weiteren Umwelt, jetzt und in der Zukunft, erhöht sich für den Schüler mit dem Grad der Lese- und Schreibfertigkeiten.

Lesen und Schreiben erweitern die lebenspraktischen Handlungskompetenzen des Menschen signifikant. Bildern, Schildern, Hinweistafeln können Handlungsanweisungen und Handlungshilfen entnommen werden, was das selbständige Zurechtfinden und orientieren in der Öffentlichkeit enorm fördert.

Leseverständnis beeinflusst nicht nur die Leistungen in den wesentlichen Bildungsbereichen, sondern hat auch begünstigende Auswirkungen auf das Selbstbewusstsein und das Selbstverständnis als Schüler. Lesen und Schreiben steigert das Selbstbewusstsein. Der Schüler ist stolz, wenn er die gesellschaftlich hoch angesehenen Fertigkeiten wie Lesen und Schreiben beherrscht, und sei es auch nur in Teilbereichen. Der lesende und schreibende Schüler bemerkt, wie diese hoch angesehenen Fähigkeiten von der vertrauten Umwelt (Familie) honoriert und verstärkt werden. Falls diese verstärkende Funktion von der Familie nicht erbracht wird oder erbracht werden kann, ist es umso mehr die durchgängige Aufgabe der Lehrerinnen, Lehrer und aller im Unterricht mitwirkenden Erwachsenen.

Neben dem lebenspraktischen Aspekt der Informationsbeschaffung stellt das Lesen vor allem eine Form der Freizeitbeschäftigung und der Entspannung dar.

Die Bereiche der Phantasie sowie der Kreativität können besonders durch fiktive Texte (Geschichten, Gedichte, Erzählungen, Märchen,...) angeregt und gefördert werden.

Viele Schüler mit Behinderung erleben Lesen und Schreiben bei Ihren Geschwistern und möchten sich demzufolge auch mit diesen Fertigkeiten beschäftigen. Hieraus erwächst eine entsprechende Motivation für diese Tätigkeiten.

Lesen und Schreiben gehören zur Lebensqualität eines Kindes und des späteren Erwachsenen. Durch den Erwerb von Kenntnissen in diesen kulturtechnischen Bereichen wird das Kind / der Jugendliche umfassender auf das Erwachsenwerden und das Erwachsensein, auf das Wohnen und das Arbeiten sowie die Gestaltung freier Zeiten vorbereitet.

1.5 Bedeutung der Kulturtechniken für die Eltern

Immer wieder erleben wir, dass Eltern von Kindern/Jugendlichen mit besonderem Förderbedarf zum Teil sehr vehement fordern, dass ihr Kind in die grundlegenden Lese- und Schreibfertigkeiten eingeführt wird.

Lesen und Schreiben (und auch Mathematik) sind nach wie vor und in Zukunft sicher noch mehr zunehmend, die Bereiche, die mit einem bestimmten, gesellschaftlich hoch erwünschten Prestige in Verbindung gebracht werden. Schule ist nicht nur eine „Aufbewahr- und Betreuungsstätte“. Sie hat die Aufgabe, die Kinder / die Jugendlichen in diesen gesellschaftlich anerkannten und erwünschten Berei-

chen zu fördern sowie Voraussetzungen zu schaffen, dass sich diese in Ansätzen dem „allgemeinen Standard" annähern können, auch wenn es beim Vorliegen einer Behinderung erschwerte Bedingungen sind.
Eltern, die unter Umständen in den ersten Lebensjahren ihres Kindes eine Frühförderung, eine angemessene Förderung im Schul- oder Regelkindergarten erfahren haben und auch Entwicklungsfortschritte ihres Kindes erkennen konnten, erwarten zurecht von der Schule, dass ihr lernbeeinträchtigtes und entwicklungsverzögertes Kind in diesen Bereichen gezielt gefördert wird und die Schule ein adäquates fachliches Lernangebot vorhält.

Nach Ansicht der Eltern bedeutet Lesen und Schreiben eine Bereicherung des schulischen Angebotes, das sicherlich auf den lebenspraktischen Bereich schwerpunktmäßig ausgerichtet sein muss, aber nicht nur hier seinen Schwerpunkt sehen darf. *„Es darf keine Chance ungenützt bleiben"*, so lauten oftmals die Forderungen der Eltern nach mehr Lesen, Schreiben und Mathematik an der Schule mit dem Förderschwerpunkt geistige Entwicklung.

Menschen mit geistiger Behinderung sollen nach Ansicht der allermeisten betroffenen Eltern ebenso an den kulturellen Gütern unserer Gesellschaft partizipieren. Wer von den kulturellen Errungenschaften profitieren möchte, muss die Grundfertigkeiten wie Lesen und Schreiben beherrschen. Lesen und Schreiben begleiten als grundlegende Kulturtechniken den Menschen durch sein gesamtes Leben. Demzufolge müssen diese Fertigkeiten in der Schule angeboten und vermittelt werden.

Viele Eltern versuchen zum Teil selbst ihrem Kind das Lesen und Schreiben zu vermitteln. Hierbei bemerken Sie, dass manches, was in der Schule ausgespart oder nicht angeboten wird, von ihrem Kind zuhause gelernt werden kann.

Angefangen beim Lesen eines Bilderbuches, bis hin zum Schreiben einfacher Buchstaben oder des eigenen Namens. Wenn diese Grundfertigkeiten festgestellt werden, wünschen die Eltern, dass dieses durch die Schule weiter vorangetrieben wird. *„Wozu schicken wir unser Kind denn in die Schule?"*, so lauten hin und wieder verzweifelte Fragen der Eltern.

Der Erwerb der Kulturtechniken gehört selbstverständlich zum Bildungsangebot der Schule. Es gehört zum Prinzip der Normalisierung und der Integration/Inklusion eines Menschen in die Gesellschaft selbstverständlich dazu. Lesen und Schreiben gehört im allgemeinen Verständnis der Eltern über Schule zum elementaren Bildungsangebot. Selbst wenn Kinder und Jugendliche mit geistiger Behinderung ihre Lese- und Schreibfertigkeiten nicht auf Anhieb sinnvoll anwenden können, sollte eine zuversichtlich gestimmte, nicht über- oder unterfordernde und vor allem regelmäßige Förderung in diesen Kulturtechniken erfolgen. Die Schule sollte nicht von Anfang an Teilaspekte des Lernens ausschließen. Erst wenn ein qualitatives Angebot gemacht wurde und der Lerngewinn sich nicht auf Dauer einstellt, lässt sich beurteilen, ob die Maßnahme im bisherigen Umfang weiter fortgeführt werden soll. Lehrer halten vielerorts den Eltern entgegen, es gäbe zum Beispiel im lebenspraktischen Bereich wichtigeres, als den Schülern das Lesen und Schreiben zu vermitteln oder „die Schüler sind mit diesen hohen Qualitätsanforderungen überfordert". Es handelt sich hier um scheinbare Gegensätze, die in vielen Auseinandersetzungen zwischen Eltern und Lehrern aufeinanderprallen. Die notwendige Förderung in den lebenspraktischen, sozial-emotionalen, sprachlichen, motorischen, handwerklichen, musisch-kreativen Bereichen schließt die Förderung in den Kulturtechniken, wie Lesen, Schreiben und Mathematik nicht aus, sondern ein.

1.6 Organisation des Lese- und Schreibunterrichts

Integrativer Lese- und Schreibunterricht

In einem ganzheitlichen sowie handlungs- und aktivitätsorientierten Unterricht lässt sich Lesen und Schreiben in den gesamten Unterricht integrieren (integrativer Ansatz). Lese- und Schreibförderung ist Aufgabe aller Unterrichtsfächer und zwar in allen Schulstufen. Lesen und Schreiben lernen die Schüler nicht nur im spezifischen Fachunterricht „Deutsch". Alle Bildungsbereiche bieten spezielle motivierende Möglichkeiten zur Förderung dieser kulturtechnischen Fähigkeiten. Eine wesentliche Voraussetzung ist die entsprechende Sensibilisierung der Lehrkräfte dahingehend, dass sie viele Gelegenheiten im Unterricht zur Lese- und Schreibförderung konsequent nutzen.

Die Schüler werden also einerseits in den unerlässlichen lebens-praktischen Bereichen gefördert, hierin zu einer erforderlichen Selbstständigkeit, Unabhängigkeit sowie zu einem wachsenden Selbstvertrauen hingeführt und erfahren andererseits durch die immanente Lese- und Schreibförderung zugleich ein alters- und leistungsangemessenes Lernangebot in diesen bedeutsamen kulturtechnischen Lernbereichen, wozu Lesen, Schreiben und Mathematik gleichermaßen zählen.

Arbeitsblatt erstellt von Anja Aichele

Beim integrativen Lese- und Schreibunterricht machen die Schüler unter anderem folgende Erfahrungen: Bei vielen sich bietenden Gelegenheiten ist Lesen und Schreiben in den Unterricht integriert. Schrift, Bildzeichen und Bilder sind im Tagesablauf der Schüler stets präsent. Im

Klassenzimmer befinden sich viele Gelegenheiten zum Lesen, zum Beispiel Bilderbücher, Eigenlesebücher mit selbst verfassten Texten, Jugendzeitschriften und Bücher. Ergänzend dazu sind Schreibutensilien frei zugänglich, wie zum Beispiel Stifte, PC, Buchstabenstempel oder vorgefertigte Bild- und Wortkarten zum Verfassen einfacher Sätze.

Beispielhaft möchte ich nachfolgend einige praktikable Möglichkeiten darstellen.

- Im themen- oder projektorientierten Unterricht beziehen die Lehrkräfte konsequent Lese- und Schreibanlässe mit ein. So werden zum Beispiel bei der Herstellung eines Vorhaben- bzw. Projektbuches konsequent Bilder mit Untertexten versehen, welche die Schüler zum Teil selbst formulieren und schreiben.

- Arbeitsblätter bieten vielfältige und differenzierte Gelegenheit zum Lesen und Schreiben. Bedeutsame Begrifflichkeiten des Unterrichts werden den Schülern immer wieder zum Lesen und Schreiben angeboten. Das abgebildete Beispiel eines Arbeitsblattes bietet neben der Lesemöglichkeit dem Schüler sachliche Informationen zur Paprika. Darüber hinaus kann der Schüler auch noch ein Reimwort finden und dieses handschriftlich in die Lücke eintragen.

- In Hauswirtschaft lesen die Schüler Kochrezepte mit Bildern und Texten. Sie entnehmen den Rezepten die für das herzustellende Gericht benötigten Zutaten und übertragen (schreiben) diese für den Einkauf auf Einkaufszettel.

- Im Werkunterricht erhalten die Schüler Baupläne vorgelegt, denen sie einerseits die erforderlichen Materialien entnehmen und andererseits die Handlungsschritte für den Zusammenbau eines Werkstückes entnehmen können.

Emanuel beim Zeichnen eines Planes im Werkunterricht

- Als weitere, sehr hilfreiche kognitive Aktivität, bietet sich die Rekonstruktion der Tätigkeit im Werkunterricht an. Hierzu müssen die Schüler, die über entsprechende Kompetenzen im Zeichnen und Schreiben verfügen, zurückliegende Tätigkeiten aufzeichnen beziehungsweise niederschreiben. Zurückliegende Handlungen werden anhand des erstellten Werkstückes erinnert und gedanklich re-konstruiert. Gefördert wird das reversible Denken. Mit diesem Verfahren der Verschriftlichung zurückliegender und selbst ausgeführter Handlungen lernt der Schüler Konsequenzen für ähnliche Aktivitäten zu entwickeln, die in der Zukunft von ihm verlangt werden.

- Selbst im Sportunterricht lassen sich vielfältige Leseanlässe finden. So erfolgen die Hinweise für ausgewählte Sportübungen nicht nur verbal durch die Lehrkraft, sondern diese setzt zur Veranschaulichung motorisch-sportlicher Übungen Piktogramme/Bilder mit Untertext ein. Auch Spielregeln lassen sich selbstverständlich mit Hilfe von Bildern, Piktogrammen und kurzen erläuternden Texten visualisieren beziehungsweise schriftlich darstellen.

- Im Musikunterricht können Sie den Schülern geeignete Liedtexte, entweder in Bild- oder Schriftform zum Mitsingen anbieten.

- Das Recherchieren im Internet zu ausgewählten Unterrichtsinhalten wird als derzeit aktuelle Form der Informationsbeschaffung im Unterricht regelmäßig berücksichtigt. Hierzu gehören auch die zeitgemäßen Informations- und Kommunikationsmedien, mit denen E-Mails oder elektronische Kurznachrichten (SMS) geschrieben und versandt werden.

- Bei Lerngängen sowie außerschulischen Aktivitäten lenkt die Lehrperson die Aufmerksamkeit der Schüler durchgängig auf bedeutsame sowie interessante Bildzeichen, Signalwörter sowie andere Schriftzeichen und regt so die Lesebereitschaft, die Wiedererkennung und die Sinnentnahme an. Und regelmäßig sollte bei Lerngängen ein Fotoapparat mit dabei, denn so lassen sich interessante Lesebegriffe fotografisch festhalten und in der Schule in den Leseunterricht integrieren.

- Beim Benutzen öffentlicher Verkehrsmittel üben die Schüler das Lesen von Fahrplänen, sowohl digital als auch analog. Um den Bahn- oder Bussteig zu finden sind Piktogramme, Ziffern oder Wörter in Buchstabenschrift zu lesen.

- Im Tagesablauf stehen den Schülern freie Lernzeiten zur Verfügung, in denen sie sich unter anderem auch selbstgesteuert mit dem Betrachten von Bilder- oder Sachbüchern, dem Blättern in Zeitungen und Zeitschriften, also mit Lesen und Schreiben befassen können.

- Die Lehrkraft nutzt im Tagesverlauf viele beiläufige Gelegenheiten um einzelne Schüler für die Lesearten zu sensibilisieren und sich, neben der mündlichen Ausdrucksweise, auch schriftlich oder bildhaft auszudrücken. Die Schüler gewinnen en passent (so nebenbei) Einsicht in den Schriftspracherwerb beziehungsweise üben sich kontinuierlich in den bereits erworbenen Lese- und Schreibkompetenzen. Nur durch vielfältige und regelmäßige Übungsmöglichkeiten können die Schüler die komplexen Fertigkeiten des Lesens und des Schreibens erlernen und vor allem auch dauerhaft über die erworbenen Kompetenzen verfügen.

- Der schriftliche Informationsaustausch zwischen Lehrern und Eltern kann zum Beispiel bei schreibenden und lesenden Schülern nicht mehr nur „über deren Kopf hinweg“ erfolgen. Vielmehr werden die Schüler aktiv einbezogen und schreiben die Nachrichten an die Eltern selbst auf. Bilderbriefe haben genau so ihre Berechtigung wie handschriftlich oder am PC geschriebene Texte. Schreiben und Lesen wird vom Kind/Jugendlichen in diesem realen und bedeutsamen Feld als Informations- und Kommunikationsmittel erkannt, welches langfristig die Unabhängigkeit steigert.

Nicht vergessen!
Am Donnerstag den 23. Juli
gehen wir zum Früstücken zu Mdonald's
dafür bringe ich zwe Ei in die Schule.

- Im Klassenzimmer liegen aktuelle Tages- oder Wochenzeitungen aus, in denen die Schüler die individuell interessanten Rubriken, zum Beispiel Sport, Musik, Fernsehprogramme, Lokales, ... selber lesen, Bilder betrachten und sich einzelne Artikel von der Lehrperson oder einem Mitschüler vorlesen lassen.

- In einer literalen (von Schrift umgebenen) Umwelt lernen die Schüler, dass Lesen und Schreiben bedeutsame Fähigkeiten sind, die sie selbständiger werden lassen. Sie erfahren in vielen Fällen positive Zuwendung und Verstärkung durch die Familienangehörigen, Freunde bzw. die Lehrkräfte. Diese positiven Rückmeldungen fördern auf Dauer sowohl die individuelle Motivation als auch die Anstrengungsbereitschaft.

- Bei den Schülern, die zuhause keine oder nur eingeschränkte lese- und schreibbezogene Anregungen erfahren, übernimmt die Schule eine angemessene kompensatorische Funktion. Durch die kognitive Beeinträchtigung eines Kindes, bedingt durch die organische Schädigung des Gehirns, ist das Lesen- und Schreibenlernen von vornherein schon eine herausfordernde Tätigkeit. Wenn dann im Elternhaus Zeitungen und Bücher nur von untergeordneter Bedeutung sind, fällt der Erwerb der Lese- und Schreibkompetenzen noch schwerer.

- Die im Elternhaus gegebenenfalls vorhandenen Defizite bei der Lesesozialisation ihres Kindes lassen sich durch konsequente Bildungsangebote in der Schule in hohem Maße ausgleichen. Erforderlich sind einerseits für das Lesen und Schreiben begeisterungsfähige Lehrkräfte und andererseits kontinuierliche sowie sachrichtige und differenzierte Lernangebote.

Fachorientierter Lese- und Schreibunterricht

Sobald die Schüler Signal- oder Ganzwörter lesen können und in der Lage sind einzelne Buchstaben dauerhaft richtig zu erkennen und zu benennen, genügt der Ansatz des integrativen Lese- und Schreibunterrichts nicht mehr.
Durch permanente Beobachtungen sowie einer regelmäßigen Lernstanddiagnose erkennen die Lehrpersonen die Fähigkeiten der Schüler, welche im Lesen und Schreiben weiter intensiv gefördert werden müssen und voraussichtlich zur Analyse, Synthese und Sinnentnahme aus Einzelwörtern und Texten befähigt sind. Diesen Schülern muss ein weiterführendes und vor allem ein stringentes Angebot unterbreitet werden, um die vorhandenen Fähigkeiten entfalten oder weiter entwickeln zu können. In diesem Fall ist die Bildung klassenübergreifender Lerngruppen, in denen leistungsähnliche Schüler unterrichtet werden, für die Förderung deren vorhandener Kompetenz von maßgeblicher Bedeutung.

In einem lehrgangsartigen Lese- und Schreibkurs ist sicherzustellen, dass die unterrichtlichen Lernangebote strukturiert und vor allem regelmäßig sowie in einem entsprechenden wöchentlichen Stundenumfang erfolgen. Lesen erlernt ein Schüler durch Lesen. Der Schriftspracherwerb gelingt meiner Erfahrung nach am besten, wenn die Schüler das unterrichtliche Angebot als aufeinander bezogen erleben. Entweder arbeitet die Schule hierbei nach einem sachlogisch aufgebauten eigenen Lese- und Schreibkonzept oder sie bedient sich eines handelsüblichen Leselehrgangs, der eine klare und dem Lernen hilfreiche Gliederung vorgibt. Zur Verwendung von Lesekursen gibt es in Lehrerkreisen nach wie vor ideologisch geprägte Ansichten und Auseinandersetzungen. Eine Seite lehnt den Einsatz von Leselehrgängen kategorisch ab, weil sie die Ansicht vertritt, dass niemals alle Schüler einer Lerngruppe im gleichen Tempo das Lesen und Schreiben lernen, demzufolge die Schüler in ein gleichschrittiges Korsett gezwängt und dabei der Heterogenität der Schüler nicht entsprochen werden kann. Zweifellos kann diesen Kolleginnen und Kollegen in der Sache zugestimmt werden. Sie müssen dann aber den Nachweis erbringen, dass ihrem Lese- und Schreiblernangebot ein angemessenes fachliches Konzept zugrunde liegt. Die andere Seite, die mit Leselehrgängen arbeitet, erkennt darin den Wert eines sachlogischen sowie stringenten Aufbaus und erweitert auf eigene Faust und souverän die in den Leselehrgängen gemachten Vorschläge mit eigenen Ideen um den Schülervoraussetzungen zu entsprechen. Sie vertiefen manche Kapitel des Leselehrganges um die erforderlichen Übungen und entsprechen so der Heterogenität der Klasse beziehungsweise der Lerngruppe. Damit Sie sich selbst ein Bild und ein nachfolgendes Urteil über den Einsatz von Leselehrgängen oder Fibeln machen können, habe ich in der Literaturübersicht eine Reihe von derzeit auf dem Markt befindlichen Leselehrgängen aufgeführt.

Die Einführung in die Analyse sowie die Synthese und der damit verknüpften Sinnentnahme sollte meines Erachtens nach einem sachlogisch aufgebauten und fachlich fundierten Konzept erfolgen. Lesen und Schreiben ist bei leistungsähnlichen Schülervoraussetzungen nicht mehr nur von den Zufälligkeiten des integrativen Ansatzes abhängig. Um den Lernerfolg der Schüler zu begünstigen und zu gewährleisten, müssen Buchstaben in einer sachlich richtigen Reihenfolge eingeführt werden. Die zu erlesenden Wörter sind nach fachlichen und motivationalen Gesichtspunkten auszuwählen. Vielfältige Übungen zur visuellen Unterscheidung der Buchstaben, der auditiven Diskriminierung der Phoneme, der dauerhaften Phonem-Graphem-Verknüpfung, zum graphomotorischen Einüben der Buchstaben sowie zur Synthese und der damit verknüpften Sinnentnahme aus den erlesenen Wörtern sind zur Festigung erforderlich.
Damit die Schüler ihre vorhandenen Kompetenzen entfalten können, benötigen sie ein kontinuierliches Angebot. Nur durch regelmäßige Lern- und Übungsmöglichkeiten, z. B. mindestens 4–5 Unterrichtsstunden pro Woche kann ein dauerhafter Lernerfolg sichergestellt werden.

Lehrer und Eltern sind sich darüber bewusst, dass der Schriftspracherwerb eine eigenaktive Leistung des Kindes ist, also von den kognitiven Voraussetzungen und der persönlichen Motivation beeinflusst, aber auch stark vom sachlogischen schulischen Angebot und den häuslichen Einflüssen abhängig ist. Trotz eines weitgehend individualisierten Unterrichts kann nicht vorhergesagt werden, welche Leistungen der Schüler im Lesen und Schreiben letztendlich erwerben wird. Der Schule kommt die Aufgabe zu, über die gesamte Schulzeit hinweg, einen fachlich und zeitlich auf die Schüler abgestimmten Lese- und Schreibunterricht anzubieten.

Beispiel eines Stundenplans an der **Schule für Geistigbehinderte**
Grundstufe, 4. Schulbesuchsjahr

<table>
<tr><th></th><th>Montag</th><th>Dienstag</th><th>Mittwoch</th><th>Donnerstag</th><th>Freitag</th></tr>
<tr><td>8.30 – 9.15 Uhr</td><td>Sprache</td><td>Gestalten</td><td rowspan="2">Werken/ Gestalten</td><td>Religion</td><td>Musik</td></tr>
<tr><td>9.15 – 10.00 Uhr</td><td>Deutsch</td><td>Religion</td><td>Deutsch</td><td>Deutsch</td></tr>
<tr><td>10.00 – 10.15 Uhr</td><td>Pause</td><td>Pause</td><td>Pause</td><td>Pause</td><td>Pause</td></tr>
<tr><td>10.15 – 11.00 Uhr</td><td rowspan="2">Thema</td><td>Mathematik</td><td rowspan="3">Hauswirtschaft</td><td rowspan="3">Thema</td><td>Mathematik</td></tr>
<tr><td>11.00 – 11.45 Uhr</td><td rowspan="2">Sport</td><td rowspan="2">Thema</td></tr>
<tr><td>11.45 – 12.30 Uhr</td><td>Musik/ Rhythmik</td></tr>
<tr><td>12.30 – 13.15 Uhr</td><td>Mittagessen</td><td>Mittagessen</td><td rowspan="4"></td><td>Mittagessen</td><td rowspan="4"></td></tr>
<tr><td>13.15 – 13.45 Uhr</td><td>Pause</td><td>Pause</td><td>Pause</td></tr>
<tr><td>13.45 – 14.30 Uhr</td><td rowspan="2">Werken/ Gestalten</td><td rowspan="2">Arbeitsgemeinschaft</td><td rowspan="2">Schwimmen</td></tr>
<tr><td>14.30 – 15.15 Uhr</td></tr>
</table>

In den Bildungsplänen der Schule für Geistigbehinderte / Schule mit dem Förderschwerpunkt geistige Entwicklung gibt es keine verbindlichen Vorgaben der Stundentafel für die einzelnen Fächer/Bildungsbereiche. Im hier dargestellten Beispiel eines Stundenplanes einer vierten Klasse an der Schule für Geistigbehinderte sind pro Woche drei Stunden Deutsch vorgesehen.
Im Vergleich zu den Stundenzahlen der Grundschule im Fach Deutsch, wird der quantitative Unterschied deutlich. Den Schülern mit geistiger Behinderung stehen, wenn wir den Blick auf die obige Stundentafel werfen, viel weniger Deutschstunden zur Verfügung, in denen sie die komplexen Fähigkeiten des Lesens und des Schreibens erwerben können.
Ich formuliere hier keine Forderung nach Erhöhung der Stundenzahlen im Fach Deutsch. Dies kann auch nicht pauschal gefordert werden, zu heterogen ist die Schülerschaft an den Schulen für Geistigbehinderte. Aber jede Schule muss in Verantwortung vor den Schülern, deren Lernvoraussetzungen und den Erwartungen der Eltern, im Rahmen einer fundierten Schulkonzeption über die Verteilung der Unterrichtsfächer/ -bereiche im Stundenplan entscheiden und diese Konzeption auch nach einer bestimmten Zeit wieder auf den Prüfstand stellen.
Erweiterter Diskussionsbedarf ergibt sich in inklusiven Settings, beim gemeinsamen Unterricht an der allgemeinen Schule. Die Diskrepanz wird augenscheinlich,

wenn wir den Blick auf die Stundentafel der Grundschule, hier in Baden-Württemberg, ausrichten. Im Rahmen der Kontingentstundentafel sind im untenstehenden Beispiel im 1. und 2. Schuljahr jeweils sieben Stunden und im 3. und 4. Schulbesuchsjahr jeweils sechs Stunden für den Deutschunterricht vorgesehen.

Beispiel der **Stundenverteilung** an den **Grundschulen** in Baden-Württemberg

Unterrichtsfächer bzw. Fächerverbünde	Klasse			
	1	2	3	4
Religionslehre	2	2	2	2
Deutsch	**7**	**7**	**6**	**6**
Fremdsprache (Englisch oder Französisch)	2	2	2	2
Mathematik	4	5	5	5
Mensch, Natur und Kultur	4	5	8	8
Bewegung, Spiel und Sport	3	3	3	3
Ergänzende Angebote	10			

Ziel des Deutschunterrichts an der Grundschule ist, dass die Schüler am Ende des ersten Schuljahres geübte Sätze und einfache kurze Texte sinnentnehmend lesen können. Am Ende des zweiten Schuljahres sollen sie einfache, ungeübte Texte flüssig lesen und verstehen können.
Zum Erwerb dieser Fertigkeiten stehen ihnen im Verlauf der ersten zwei Schulbesuchsjahre nach dem obigen Beispiel wöchentlich sieben Stunden Deutschunterricht zur Verfügung. Auf die beiden ersten Schuljahre betrachtet, ergeben dies weit mehr als 500 Unterrichtsstunden allein im Fach Deutsch um Lesen und Schreiben zu erlernen. Darüber hinaus werden den Schülern auch in Mathematik sowie im Fächerverbund Mensch, Natur und Kultur immanent Lesemöglichkeiten angeboten.
Für die Förderung leistungsschwächerer Schüler stehen im Rahmen der ergänzenden Angebote weitere Unterrichtsstunden zum Beispiel für Deutsch zur Verfügung.
Darüber hinaus üben sich die Erst- und Zweitklässler der Grundschule auch im Elternhaus im Lesen und Schreiben, sei es bei der Erledigung der Hausaufgaben oder bei der Lektüre von Büchern oder Kinderzeitschriften.

Nach den übergreifenden und grundlegenden Ausführungen zur Bedeutung des Lesens als Kommunikationsmittel, dem Analphabetismus, der Literalität, der Relevanz des Lesens für Schüler und Eltern sowie der Organisation des Leseunterrichts an der Schule für Geistigbehinderte und der Grundschule möchte ich im folgenden Abschnitt auf das Lesen im engeren Sinne und den erweiterten Lesebegriff für Schüler mit geistiger Behinderung eingehen.

1.7 Lesen

Neuronale Voraussetzungen

Lesen ist eine multiple Tätigkeit und stellt ein hochkomplexes Zusammenspiel unterschiedlicher Leistungen dar. Beim Lesen sind gleichzeitig mehrere Gehirnareale aktiv und erfordern aufeinander abgestimmte, zeitgleiche visuelle/auditive Wahrnehmungsleistungen sowie mentale Verarbeitungs- und Wiedergabeprozesse, bei denen das Gedächtnis kontinuierlich beansprucht wird. Im Verlauf des Jahre andauernden Leselernprozesses verschalten sich die Gehirnareale, die für die einzelnen Fähigkeiten am besten geeignet und vorbereitet sind.

Ikonografische Abbildungen oder Schriftzeichen (Bilder, Piktogramme, Buchstaben, Wörter, Sätze) gelangen als visuelle Wahrnehmungseindrücke über das periphere Sehorgan Auge in das Zentrum und werden hier verarbeitet. Der Leser entschlüsselt (dekodiert) die unterschiedlichen grafischen Zeichen. Visuell aufgenommene (gelesene) Wörter werden bei geübten Lesern innerhalb einiger Dutzend Millisekunden mit bereits abgespeicherten Wortbildern verglichen und mit Sinnzusammenhängen versehen. Kinder erwerben auf der Grundlage intensiver Übungen die „Fähigkeit aufgrund von Geschriebenem Sinn zu konstruieren und damit zum Leseverstehen zu gelangen. Leseverstehen erfordert das Herstellen von Sinnzusammenhängen“ (Bertschi-Kaufmann 2008, 12).
Die Fähigkeit zur Dekodierung visuell vermittelter Zeichen und zur damit verknüpften Sinnentnahme hängt sehr stark von den kognitiven Fähigkeiten (Verarbeitung wahrgenommener Reize, Gedächtnisleistung, Sprache, Assoziationsfähigkeit usw.) und dem koordinierten, nicht bewussten Zusammenspiel mehrerer neuronaler Zentren ab. Darüber hinaus benötigt der Leser bei der Sinnentnahme ein inneres Lexikon, mit dessen Hilfe er den gelesenen Wörtern die entsprechende Bedeutung zuordnen kann.

Das Lesen der Buchstabenschrift ist uns Menschen nicht angeboren. Diese Fähigkeit hat der Mensch erst in den zurückliegenden vier bis fünf Jahrtausenden als Kulturtechnik erworben. Beim Schriftlesen sind nach Dehaene (vgl. 2010, 137ff) dieselben Hirnregionen tätig wie beim Betrachten von Objekten oder Bildern. Das Gehirn greift beim Erkennen geschriebener Wörter also auf Gehirnregionen zu, die sich in der Menschheitsentwicklung seit Millionen von Jahren auf die visuelle Identifikation von natürlichen Formen und Objekten der Umwelt spezialisiert haben. Im Verlauf der zurückliegenden acht bis fünf Millionen Jahren hat sich bei unseren Vorfahren die Fähigkeit zur invarianten Wahrnehmung herausgebildet. Eine Gazelle war eine Gazelle, egal, ob der Jäger sie von vorn, von der Seite, von hinten oder am Boden kauernd betrachtet hat. Die Fähigkeit zur invarianten Wahrnehmung ist auch beim Schriftlesen von großer Bedeutung. Der Leser kann dem Wort „Brot" die gleiche Bedeutung entnehmen, egal, ob es in Großbuchstaben „BROT" oder in unterschiedlichen Schriftarten „Brot", „Brot" dargeboten und gelesen wird. Das menschliche Gehirn hat bezüglich der Fähigkeit zum Sehen und Wahrnehmungseindrücke zu verarbeiten in der Menschheitsentwicklung genau so viel Flexibilität erworben, „dass es auch als Leserhirn verwendet werden kann" (a.a.O. 163). Durch andauerndes Training, also die vielfältigen Erfahrungen mit beweglichen und statischen Objekten, Bildern, Piktogrammen und ganzheitlich wahrgenommenen Wörtern im Kleinkind- und Vorschulalter ist das Gehirn auf differenziertere Aufgaben vorbereitet, nämlich ab etwa dem Einschulungsalter Buchstaben und Wörter zu erkennen.

Aufbauend auf die bis dahin überlebensnotwendigen Fähigkeiten des Sehens und des Hörens (in Verbindung mit der Körper- und Verbalsprache) hat sich die spezifische multiple Fähigkeit des Schriftlesens und des Schreibens entwickelt. Da sich im Gehirn kein bestimmtes Leseareal befindet, muss es demzufolge beim Lesen im Zentrum zu komplexen und störungsfreien neuronalen Vernetzungen unterschiedlicher Bereiche kommen.

Nach Dehaene (2010, Anhang, Abbildung 2.2) erkennt „die linke Schläfenregion des Hinterhauptes die visuelle Form der Wörter. Sie verteilt die visuellen Informationen auf viele Bereiche der ganzen linken Hirnhälfte, die in unterschiedlichem Ausmaß in die Repräsentation der Bedeutung, der Laute und der Aussprache der Wörter einbezogen sind. Die meisten dieser Regionen sind nicht auf das Lesen spezialisiert: In erster Linie bearbeiten sie die gesprochene Sprache. Lesen zu lernen besteht also darin, die Sehareale mit den Spracharealen zu verknüpfen."

Die kortikalen Areale im Netzwerk des Lesens sind auf der linken Hirnhälfte angesiedelt. Während auf der rechten Sehrinde eher die Fähigkeit zum Erkennen globaler Formen und von Gesichtern gegeben ist, verfügt die linke Sehrinde eher die Fähigkeit zum Unterscheiden kleiner Formen, was offensichtlich beim Lesen einen großen Vorteil darstellt. Ebenfalls auf der linken Hirnhälfte, genauer in der Schläfen- und Stirnregion, sind von Geburt an die Spracheareale zu finden. Da Sprache und Lesen in einem direkten Zusammenhang stehen, kann man von der Annahme ausgehen „dass der Leseerwerb die Sehregionen mit den zahlreichsten und direktesten Projektionen auf die Sprachareale selektiert – es sind die schnellsten" (Dahaene 2010, 189).

Die Hirnrinde des linken unteren Schläfenbereichs, also die für die Wahrnehmung von Objekten und fürs Lesen zuständigen Areale, weisen eine hohe Plastizität auf und erlauben dem Menschen zeitlebens neue Objekte zu erkennen und zu speichern. „Die Schläfenhirnrinde ist darauf programmiert, auf allen Ebenen unseres visuellen Systems sensorische Daten miteinander in Beziehung zu setzen und sich die daraus resultierenden Verknüpfungen zu merken" (Dehaene 2012, 159). Hieraus leitet sich neben dem Lesenlernen auch die schulische Aufgabe ab, im Unterricht regelmäßig Bilder, in Verbindung mit Realgegenständen, einzusetzen, damit gerade diese Areale immer wieder aktiviert werden.

Kortikale Areale im Netzwerk des Lesens
(vgl. Hülshoff 1996, 34 und Dehaene 2010, Anhang)

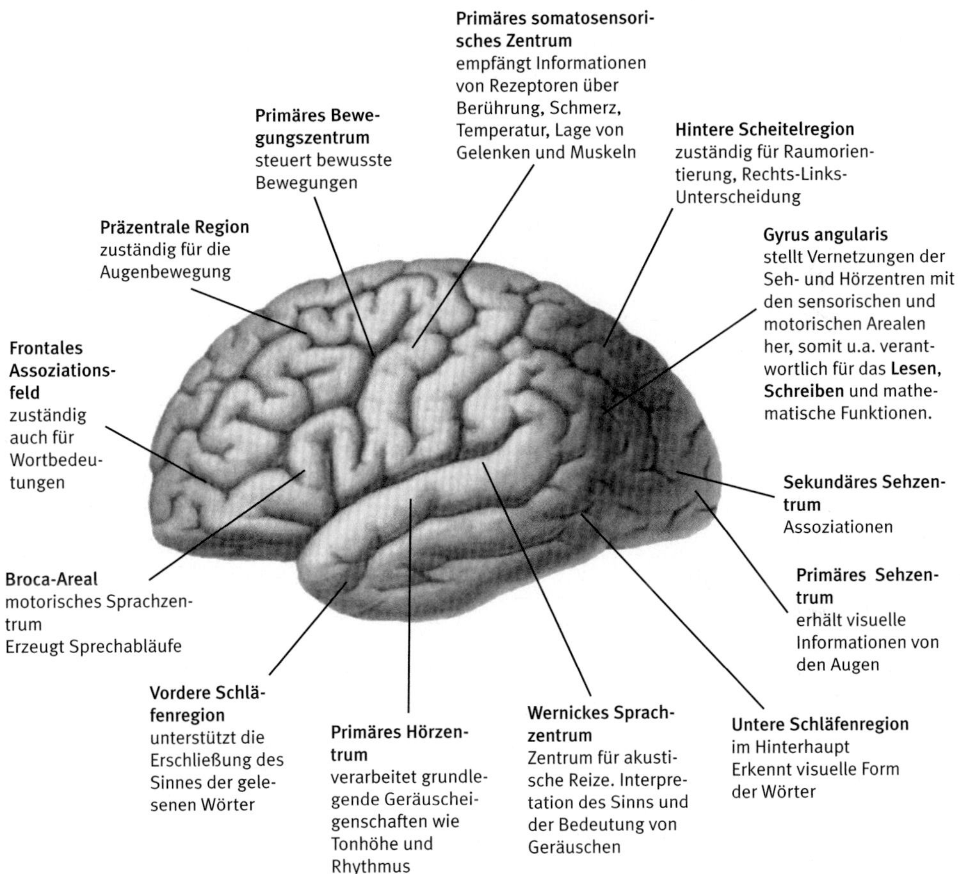

Lesefähigkeit

Die Lesefähigkeit hängt, wie oben bereits angedeutet, von einem mehrdimensionalen Bündel von Einzelfähigkeiten ab, die miteinander in einer engen Interaktion stehen und sich gegenseitig bedingen (Interdependenz).

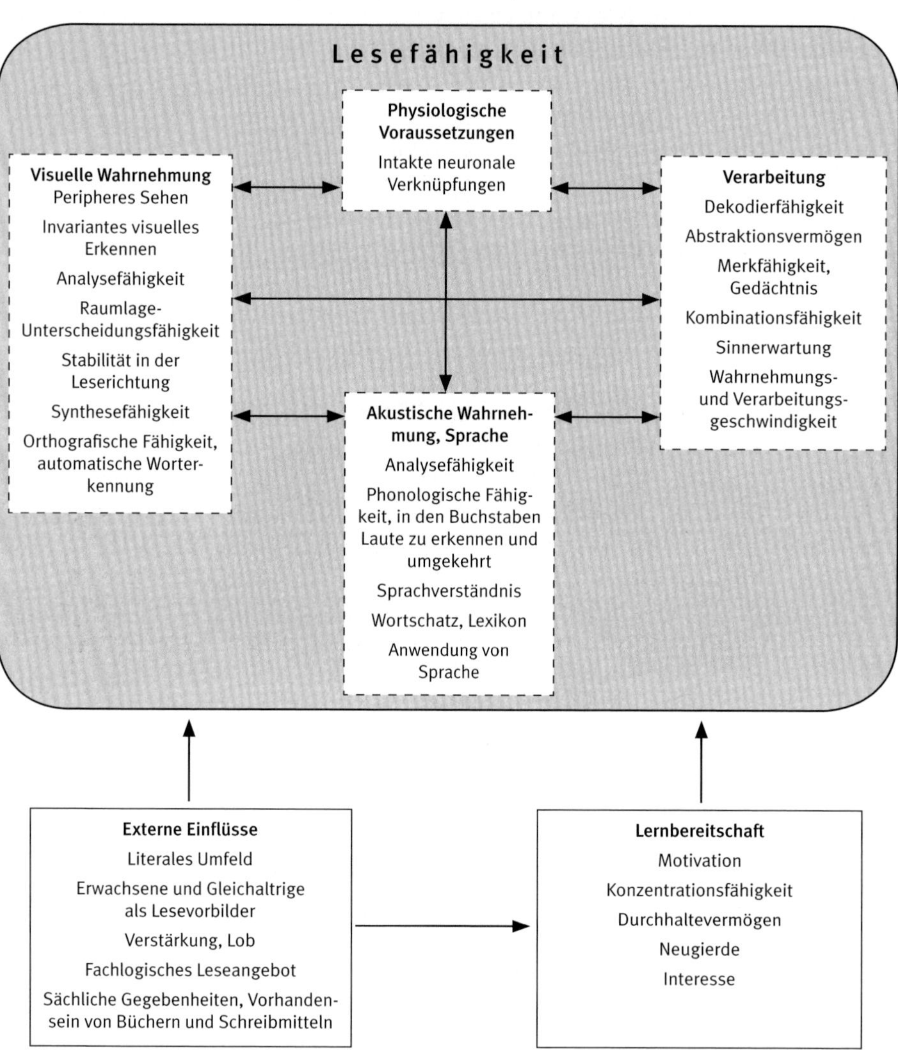

Externe Einflüsse	Lernbereitschaft
Literales Umfeld	Motivation
Erwachsene und Gleichaltrige als Lesevorbilder	Konzentrationsfähigkeit
Verstärkung, Lob	Durchhaltevermögen
Fachlogisches Leseangebot	Neugierde
Sächliche Gegebenheiten, Vorhandensein von Büchern und Schreibmitteln	Interesse

Grundlegend sind die **physiologischen Voraussetzungen**. Hierzu gehören die oben besprochenen intakten neuronalen Vernetzungen der für die Wahrnehmung und das Lesen erforderlichen Hirnareale.

Von besonderer Bedeutung ist beim Lesen die **visuelle Wahrnehmung**. Hierzu zählt zunächst die Fähigkeit über das intakte periphere Sehorgan Auge die Wörter oder

Sätze aufzunehmen und über Nervenbahnen diese Reize an die Wahrnehmungsverarbeitungszentren weiterzuleiten. Unabhängig von der Schriftart, muss der Schüler beim invarianten Erkennen den Buchstaben beziehungsweise den Wörtern immer die gleiche Bedeutung entnehmen. Die Analysefähigkeit macht sich darin bemerkbar, dass der Schüler ein Wort in seine visuellen Teile (Buchstaben) zergliedern kann und er eine Sicherheit erwirbt, was bei einem Buchstaben oben und unten ist. Seitenverkehrte Buchstaben muss er als solche erkennen und sie in der richtigen Raumlage anordnen können. Ohne Sicherheit in der Leserichtung wird das Lesen erschwert. Die Augenbewegungen müssen in gewisser Weise automatisiert von links nach rechts über das einzelne Wort oder die Zeile hinweggleiten. Um eine zunehmende Routine beim flüssigen Lesen zu erwerben, ist es hilfreich, wenn sich darüber hinaus nach und nach eine automatische Worterkennung einstellt, das heißt die einzelnen Wörter müssen nicht mehr Buchstabe für Buchstabe oder Silbe für Silbe synthetisiert werden. Durch die regelmäßige Begegnung mit richtig geschriebenen Wörtern stellt sich die orthografische Fähigkeit ein, falsch geschriebene von orthografisch richtig geschriebenen Wörtern zu unterscheiden.

Die **akustische Wahrnehmung** beziehungsweise die **Sprache**, hier besonders das Sprachverständnis, eines Schülers stellen ein weiteres dominantes Fähigkeitsmerkmal für das Lesen dar. Im Zusammenhang mit der akustischen Analyse oder bereits vorher, bei der Laut-Buchstaben-Zuordnung, ist die Fähigkeit zur akustischen Durchgliederung eines Wortes erforderlich. Durch die phonologische Fähigkeit den Buchstaben die entsprechenden Laute zuzuordnen wird der Einstieg in die grundlegenden Lesetechniken wesentlich erleichtert. Um den gelesenen Wörtern eine Bedeutung zuordnen zu können, muss der Schüler über einen entsprechenden Wortschatz, ein Lexikon mit den Wortbedeutungen (oder, im weiteren, über ein gewisses Weltwissen) verfügen. Darüber hinaus ist die konkrete Anwendung der gesprochenen Sprache hilfreich, da der Schüler ein Bewusstsein entwickelt, dass die gesprochene Sprache in Schriftsprache und umgekehrt umgewandelt werden kann.

Neben den visuellen und akustischen Wahrnehmungskanälen und -aktivitäten stellt die **Verarbeitung** eine weitere wesentliche Fähigkeit dar. Hierzu zählt die Fähigkeit die Buchstabenketten (Wörter) zu entschlüsseln, zu dekodieren, also den grafischen Zeichen den vom Schreiber intendierten Sinn zu entnehmen. Voraussetzung für diese Fähigkeit ist ein Abstraktionsvermögen, also das Wissen, dass die Wörter symbolisch für ein reales Objekt oder eine konkrete Handlung („Ich fahre mit dem Fahrrad.“), beziehungsweise für immaterielle Gefühle („Ich bin traurig.“) etc. stehen. Um beim Lesen die abgespeicherten Bedeutungen abrufen zu können ist die Merkfähigkeit, das Gedächtnis unerlässlich. Die Kombinationsfähigkeit ist beim Lesen von Sätzen und im Besonderen beim Lesen von Texten erforderlich. Wenn der Schüler die einzelnen Begriffe nicht miteinander in eine logische Verknüpfung bringen kann, ist das sinnentnehmende Lesen erschwert. Je eindeutiger der Schüler dem Wort oder dem Satz eine Bedeutung entnehmen kann, umso höher wird beim Lesen die Sinnerwartung, was das sinnentnehmende Lesen wiederum signifikant begünstigt. Leseanfängern fällt die Sinnentnahme oftmals noch schwer, weil sie vorwiegend mit der Technik des Lesens beschäftigt sind. Erst mit einer zunehmenden Wahrnehmungs- und Verarbeitungsgeschwindigkeit stellt sich der Erfolg des sinnentnehmenden Lesens richtig ein. Langsames und stockendes Lesen erschwert die Sinnentnahme. „Die Mühe beim Lesen lässt weniger Verarbeitungs-Kapazität frei, um sich um das Verstehen eines Textes zu kümmern. Leseschwache Personen sind wenig aktiv, wenn es darum geht, das eigene Verständnis des Textes kritisch zu hinterfragen" (Hänni 2007, 19).

Neben diesen vier wesentlichen Feldern, welche primär mit der neuronalen Lesetätigkeit zu tun haben, gesellt sich die **Lernbereitschaft** als das Lesen stark beeinflussender Faktor hinzu. Ohne eine gewisse intrinsische Motivation, also dem eigenen Antrieb, wird das Lesen eher erschwert, obwohl die neuronalen Voraussetzungen eventuell gegeben sind. Ein Schüler, der sich auf die Wörter und die zu lesenden Sätze konzentrieren kann, kann seine Lesepotenziale besser zur Entfaltung bringen als ein Schüler, bei dem die Konzentration und vor allem das Durchhaltevermögen nicht entsprechend ausgeprägt sind. Begünstigend für die Motivation ist ein Neugierverhalten. Neugierige und interessierte Schüler haben beim Lesenlernen klare Vorteile.

Diese bis hierher aufgeführten Fähigkeiten beziehungsweise Voraussetzungen für das Lesenlernen sind primär im Schüler verankert. Neben diesen, im Schüler liegenden Faktoren, wirken sich **externe Einflüsse** auf das Lesenlernen aus. Jeder Leser ist eingebettet in ein Umfeld, das sich hinsichtlich des Lesenlernens oder des Lesens entweder begünstigend oder eher hemmend auswirkt. Von Bedeutung ist, ob ein Kind in einem literalen Umfeld aufwächst, in dem Bilderbücher oder Schriftsprache in Form von Zeitungen, Zeitschriften oder Büchern vorkommen. Kinder, denen im Vorschulalter regelmäßig Geschichten vorgelesen wurden, die vor allem Erwachsene als Lesevorbilder erfahren haben, starten aller Voraussicht nach leichter in das Abenteuer Lesen. Verstärkung und Lob im Lese- und Schreiblernprozess durch Erwachsene stärkt jedes Kind, nicht nur beim Lesenlernen. Bei Schülern mit geistiger Behinderung ist innerhalb der Schule ein fachlogisch richtiges Leselernangebot von noch größerer Bedeutung als bei nichtbehinderten Schülern. Daraus ergibt sich die Notwendigkeit, dass sich die Schule auf ein durchgängig abgestimmtes Lernangebot im Sinne des erweiterten Lesebegriffs verständigen und die Schüler konsequent mit den darin vorgesehenen Lesearten konfrontieren muss. Leselernprozesse erstrecken sich bei Schülern mit starken Lernbeeinträchtigungen oftmals über mehrere Jahre, was einen langen Atem und vor allem ein strukturiertes Angebot mit entsprechenden materiellen Gegebenheiten innerhalb des Klassenzimmers voraussetzt.

Lesekompetenzen

Nach Friedrich Kainz (österreichischer Sprachphilosoph, 1897 – 1977) ist Lesen ganz allgemein „das verstehende Aufnehmen von schriftlich fixierten Sprachgefügen, somit auf Grund der erworbenen Kenntnis der Schriftzeichen vollzogene Tätigkeit des Sinnerfassens grafisch niedergelegter Gedankengänge".

Diese, zunächst noch sehr weite und offene Definition des Lesens hat Bertschi-Kaufmann (2008, 12f) konkretisiert. Bei den Lesekompetenzen handelt es sich um ein ganzes Bündel von Kompetenzen. Lesen ist eine hochkomplexe, multimodale Fertigkeit.

Leser müssen

- „Schriftzeichen, Wörter und Sätze verknüpfen.
- den Textteilen Sinn zuordnen.
- Textteile in einer sach- und textlogischen Folge erkennen.
- Informationen aus dem Text mit eigenen Erfahrungen zusammenbringen.
- das für sie zunächst Verständliche in den Texten zuerst erkennen, in einen Sinnzusammenhang bringen und von da die Lücken schließen, welche sich an den schwierigen, noch unverständlichen Textstellen oder mit einzelnen Wörtern aufgetan haben.
- in Texten, die nicht linear aufgebaut sind, sondern auch Bilder, Grafiken und Tabellen enthalten, Zahlen und Wörter sinnvoll aufeinander beziehen.
- entscheiden, ob sie das Gelesene als falsch oder richtig beurteilen, das heißt, sie müssen reflektierend lesen.
- das eben Gelesene in Erinnerung behalten, es vergleichen können mit anderen Texten, deren Lektüre weiter zurückliegt. Nur so verbinden sich die einzelnen Lesemomente zu einer Erfahrungskette, auf welche Leserinnen und Leser bewusst oder unbewusst zurückgreifen."

Leseentwicklungsphasen – Lesearten

Die hier von Bertschi-Kaufmann beschriebenen Kompetenzen stehen am Ende eines jahrelangen, sowohl informellen als auch formellen, strukturierten Lernprozesses. Das Lesenlernen vollzieht sich zumeist in einer bestimmten Abfolge. Hierzu wurden Stufenmodelle zum Schriftspracherwerb entwickelt, die sowohl für nichtbehinderte als auch für Schüler mit Lernschwierigkeiten vorliegen. Deutlich wird, dass das Erlernen des Lesens nicht erst in der Schule, sondern bereits weit vor Beginn der Schulzeit beginnt. Die beiden hier nebeneinander gestellten, und so miteinander verknüpften, Stufenmodelle bieten für die Lehrpersonen und die Eltern Orientierungspunkte, wo das Kind gerade steht und was die Zone der nächsten Entwicklung sein kann. Wir wissen, dass das Kind seinen eigenen Entwicklungsweg einschlägt und sich nicht zwangsläufig an die hier dargelegten Leseentwicklungsphasen hält. Trotzdem bieten solche Modellvorstellungen Hilfen, sowohl für die Diagnostik als auch für die Auswahl der Inhalte des Leseunterrichts.

<table>
<tr><th>Erweiterter Lesebegriff, konzipiert für Schüler mit geistiger Behinderung</th><th>Leseentwicklungsphasen nach Scherer-Neumann (vgl. Niedermann/Sassenroth 2007)</th><th>Ungefähre Altersentsprechung</th></tr>
<tr><td rowspan="4">Schrift lesen
Analyse, Synthese und Sinnentnahme</td><td>Phase 7: Flüssiges Lesen
Automatisierung der Lesestrategie
Flexible Anwendung der Verarbeitungseinheiten
Leseverständnis steht im Zentrum</td><td rowspan="4">Schulalter</td></tr>
<tr><td>Phase 6: Fortgeschrittenes Lesen
Segmentation des Wortes in Verarbeitungseinheiten, z. B. Buchstabengruppen (sch, ei, ie, au, ung), Sprechsilben (ge-ben, Au-to, spie-len), Morpheme (pack-en, Packpapier; steig-en, Berg-steig-er), Signalgruppen (ach in lachen, machen, Sachen), Ganzworterfassung (häufig gelesene Wörter, wie er, sie, wir, der, die, das, lesen, malen, schreiben etc. werden nicht mehr durchgliedert und synthetisiert, sondern simultan erfasst und gelesen).</td></tr>
<tr><td>Phase 5: Vollständiges Synthetisieren
Entwicklung einer rein erlesenden, synthetisierenden Strategie
Übersetzung einzelner Buchstaben in Laute und deren Zusammenschleifen
Synthesefähigkeit eröffnet die Möglichkeit zum Erlesen unbekannter Wörter
Die Sinnentnahme erfolgt zunächst noch aus dem hörbar gesprochenen (gelesenen) Wort.</td></tr>
<tr><td>Phase 4: Erste Graphem-Phonem-Korrespondenzen (GPK)
Strategiewechsel im Schriftspracherwerb, das Kind entdeckt die Lautorientierung der Schriftsprache.
Entwicklung der auditiven Diskriminationsfähigkeit
Zunächst noch Beschränkung auf das Benennen der Buchstaben
Erste Syntheseaktivitäten
Kontext als Entschlüsselungshilfe</td></tr>
</table>

Ganzwörter lesen **Signalwörter** lesen	Phase 3: **Logographemische Leistungen** Benennen des Wortes. Das Kind orientiert sich an einzelnen visuellen Merkmalen des Wortes, z. B. auffällige Buchstaben, Stellung der Buchstaben im Wort, Wortlänge. Noch keine Leseleistung im engeren Sinne Entwicklung der Analysefähigkeit Kontext als Entschlüsselungshilfe	ab Vorschulalter
Piktogramme lesen	Phase 2: **Logografische* Leistungen** Benennen von Firmenzeichen/Emblemen und Wörtern mit speziellem Schriftzug Kontext als Erkennungshilfe Entwicklung eines Symbolverständnisses	
Bilder lesen	Phase 1: **Präliteral-symbolische Leistungen** Sinnvoller Umgang mit Bilderbüchern Durch das Betrachten von Bilderbüchern erhält das Kind implizit eine Vorstellung von Schrift und Bild.	ab 12 Monaten
Situationen lesen		ab Säuglingsalter

** logo: Wortbildungselement mit der Bedeutung „Wort, Rede, Vernunft" (Duden, Fremdwörterbuch)*

1.8 Der erweiterte Lesebegriff

Aus Gründen der Übersichtlichkeit finden Sie im Folgenden die Bereiche Lesen und Schreiben getrennt dargestellt. In der Praxis erlernt das Kind Lesen und Schreiben parallel. Neben der Sinnentnahme aus Bild- oder Schriftzeichen, also dem Lesen, erhält das Kind frühzeitig Möglichkeiten, selbst zu schreiben, also Gedanken oder Sachverhalte in seinem individuellen Notationssystem (zeichnen, malen und Buchstaben schreiben) zu Papier zu bringen.

Wie in dem seither Dargelegten bereits sichtbar wurde, ist der Leseunterricht an der Schule mit dem Förderschwerpunkt geistige Entwicklung nicht begrenzt auf das Erkennen und Deuten von Buchstaben, Wörtern, Sätzen und Texten.
Vielmehr trägt der erweiterte Lesebegriff der Tatsache Rechnung, dass die Menschen auch

- Situationen, Personen, Gegenständen
- Bildern
- Bildzeichen (Piktogrammen)
- Signalwörtern
- Ganzwörtern und
- schriftlichen Texten

Bedeutungen und Informationen entnehmen.

Bei der skizzierten Darstellung handelt es sich weitgehend um eine entwicklungsgesetzmäßige Abfolge (Ontogenese), in der die meisten Kinder unseres Kulturkreises den Weg zum Schriftlesen finden.
Bereits im Säuglingsalter kann ein Kind den vertrauten Personen, den Spielzeugen sowie den Räumen und **Situationen**, in denen es sich körperlich befindet, eine adäquate Bedeutung entnehmen.

Bereits mit zwölf Lebensmonaten schauen sich Kinder Bilderbücher mit einzeln abgebildeten Gegenständen an und lernen, diese mit Ein- und Mehrwortsätzen zu benennen. Eine Sinnentnahme aus **Bildern** ist also bereits mit ungefähr einem Lebensjahr möglich und ist Zeichen für das sich entwickelnde Symbolbewusstsein.

Im Kindergartenalter gelingt es vielen Kindern zum Beispiel das **Piktogramm** einer Eistüte an der Eisdiele oder ähnliche Bildzeichen zu erkennen und sie leiten daraus richtig ab, dass es hier Eis zu kaufen und, vor allem, zu schlecken gibt.

Bevor die Kinder einzelne Buchstaben innerhalb eines geschriebenen Wortes erkennen und benennen können, sind sie in der Lage **Signalwörter**, die in ihren jeweiligen Kontext eingebettet sind, z. B. Namen von Süßigkeiten, Namen von Markenspielzeugen, Namen von Autofabrikaten, ... Sinn entnehmend zu lesen, also die Bedeutung der ganzheitlich wahrgenommen Wörter zu erschließen.

Ein oder zwei Jahre vor dem Schuleintritt verfügen nicht behinderte Kinder zudem über die Fähigkeit **Ganzwörter**, z. B. den eigenen Namen oder Namen anderer Kinder der Kindergartengruppe sowie „Mama" oder „Papa" ganzheitlich zu lesen und richtig zu deuten. Das Lesen dieser Ganzwörter erfolgt weitgehend ohne Kenntnis der einzelnen Buchstaben. Anhaltspunkte sind die Wortgestalt oder einzelne prägnante Buchstaben in dem geschriebenen Wort.

Nach diesen vorschulischen Erfahrungen mit Bildern, Bildzeichen, Signal- oder Ganzwörtern erfolgt das „Lesen im engeren Sinne". Sie lernen, dass geschriebene Wörter aus einzelnen Buchstaben und gesprochene Worte aus einzelnen Lauten bestehen (optische und akustische **Analyse**), die dauerhafte Zuordnung von Buchstaben zu bestimmten Lauten (**Graphem-Phonem-Korrespondenz**) sowie das Zusammenlesen einzelner Buchstaben zu Wörtern (**Synthese**) und die damit verknüpfte **Sinnentnahme** aus geschriebener Sprache.

Neben der individuellen Entwicklungsgesetzmäßigkeit (Ontogenese) entspricht die dargestellte Stufenfolge auch weitgehend der stammesgeschichtlichen Entwicklung (Phylogenese). Lange vor der Buchstabenschrift benutzte der Mensch Bilder und Bildzeichen zur Abstraktion der Realität. Von der Hieroglyphenschrift (Wortbilderschrift) führte die Entwicklung über die Silbensymbolschrift (Keilschrift) zu der heute bei uns üblichen Buchstabenschrift (Lautschrift).

Außerdem handelt es sich bei den oben dargestellten Lesestufen gleichzeitig um Lesearten, die von Schriftlesern tagtäglich benötigt und benutzt werden. So entnehmen wir Erwachsenen ständig Bildern, Bildzeichen und Signalwörtern Informationen. In unserer visuell geprägten Umwelt hat zum Beispiel der quantitative Teil der Bilder (vor allem auch der bewegten) als Informationsmedium sehr stark zugenommen. Analysieren Sie daraufhin eine Illustrierte, ein politisches Wochenmagazin (Spiegel, Focus), eine Fernsehzeitung oder Ihre Tageszeitung. Sofern möglich, vergleichen Sie in diesem Zusammenhang Zeitschriften und Zeitungen aus den 50er bzw. 60er Jahren des zurückliegenden Jahrhunderts mit den heutigen Ausgaben. Der Bildanteil (dazu gehören auch die Grafiken und Schaubilder) hat in allen Printmedien (Zeitungen, Zeitschriften und Bücher) signifikant zugenommen. Mit der Ausbreitung der elektronischen Medien (Personalcomputer, Internet, Smartphone,...) hat sich der Prozess der Zunahme von Bildern und grafischen Anteilen als Informationsträger und als Kommunikationsmöglichkeiten noch weiter beschleunigt.

Die Aneignung der Lesearten des erweiterten Lesebegriffs erfolgt „in Verbindung mit der schrittweisen Eroberung der Umwelt und hat eine Berechtigung für Schüler, die im Augenblick noch keinen Zugang zur Buchstabenschrift finden, oder die nicht sprechen können. Im Mittelpunkt dieses Leseunterrichts steht die Suche nach Sinngehalten in allen Bereichen der menschlichen und gegenständlichen Umwelt.
Lesen in der Schule für Geistigbehinderte ist deshalb in einem weiteren Sinne zu verstehen, nämlich als

- Wahrnehmen
- Deuten und
- Verstehen

von

- konkreten
- bildhaften
- symbolhaften und
- abstrakten

Zeichen und Signalen.

Lesen können heißt für den Schüler selbstständiges Entnehmen von Inhalten und Informationen

- aus der dinglich-gegenständlichen Wirklichkeit,
- aus der bildlich-dargestellten Wirklichkeit,
- aus der in Schriftzeichen gefassten Wirklichkeit;

als Impuls für:

- sachgerechtes Verhalten in der Umwelt
- Interaktion mit der Umwelt
- eigenes Handeln in der Umwelt

und als Möglichkeit, die eigene Vorstellungs- und Erlebniswelt zu erweitern und zu bereichern“ (Staatsinstitut 1982, 201).

Diese Definition des erweiterten Lesebegriffs, die noch aus den Anfangszeiten der Entwicklung der Lesedidaktik an der Schule für Geistigbehinderte stammt, hat bis zum heutigen Tag nichts von ihrer Gültigkeit verloren.

Im folgenden Schaubild ist die Stufenfolge des erweiterten Lesebegriffs veranschaulicht. Es handelt sich um ein idealtypisches Modell.
Diese scheinbar wohlgeordnete Stufenfolge sieht bei jedem Kind etwas anders aus. Es kommt innerhalb der individuellen Entwicklung auf dem Weg zum Erlernen der Schriftsprache mal zu flachen, dann wieder zu steilen Teilstücken. Um in der Sprache des Bergsteigens zu bleiben, wechseln sich beim individuellen Lese-Lernprozess Plateaus mit Steigungs- und Gefällstrecken ab. Manche Stufen können auch ohne langen Aufenthalt und nur mit einem geringen Lernangebot rasch durchlaufen werden, um dann auf der nachfolgenden Stufe länger zu verweilen.
Ein Kind hält sich eventuell längere Zeit bei den Signalwörtern auf und gelangt

Lesestufen und Lesearten des erweiterten Lesebegriffs

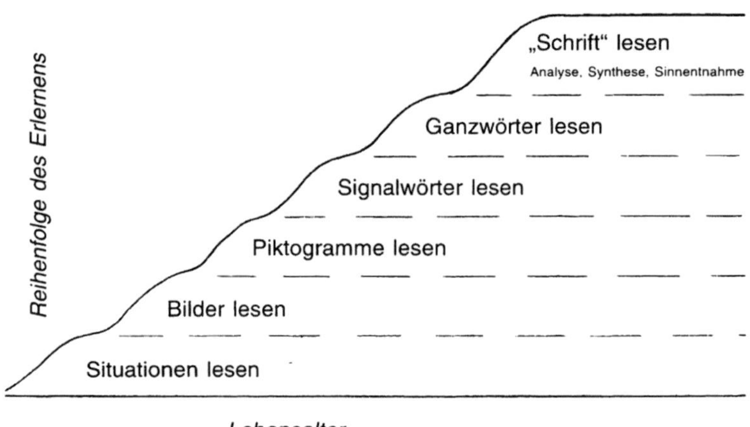

durch einen kurzen Zwischenschritt über die Ganzwörter zur Analyse und zur Synthese. Ein anderes hingegen verbleibt beim Piktogrammlesen auf einem länger andauernden Plateau und erwirbt zum Abschluss der Schulzeit noch einige Signalwörter hinzu, ohne die Analyse, Synthese und Sinnentnahme aus Wörtern und Sätzen zu erlernen.
Unterricht hat im zuletzt genannten Fall im Wesentlichen die Aufgabe, die erworbenen Lesekompetenzen auf dem erreichten Niveau zu halten. An einen Hinzugewinn komplexerer Fähigkeiten kann nur bedingt gedacht werden.

So gut wie alle Schüler erreichen die grundlegende Stufe des Situationenlesens. Mehrfach behinderte Schüler bleiben eventuell zeitlebens auf dieser Stufe und entwickeln sich hier qualitativ weiter. Sie lernen, sich immer wieder auf neue Si-

tuationen, Personen, Gegenstände und Räume einzustellen und den entsprechenden Sinn zu entnehmen.
Das Bilderlesen und die nachfolgenden Lesearten bleiben diesen Schülern eventuell verschlossen.

Die allermeisten Schüler mit geistiger Behinderung erwerben im Verlauf ihrer persönlichen Entwicklung Fertigkeiten in den Bereichen Bilder, Piktogramme, Signalwörter und Ganzwörter lesen. Diese Kompetenzen werden in der Schulzeit sowie dem Erwachsenenleben ständig erweitert und sind auch während des gesamten Lebens von mehr oder weniger großer Bedeutung. Eine zunehmende Zahl von Schülern, die an der Schule für Geistigbehinderte oder inklusiv an allgemeinen Schulen unterrichtet werden, kommt zum Lesen der Buchstabenschrift im engeren Sinne, also zu Analyse, Synthese und der Sinnentnahme aus Wörtern und Texten. Für den Lese- und Schreibunterricht bietet die oben aufgezeigte Reihenfolge des Erlernens der Lesearten Anhaltspunkte für inhaltliche Lernangebote. In allen Bildungsplänen der Schule mit dem Förderschwerpunkt geistige Entwicklung / Schule für Geistigbehinderte findet sich im Fach/Bildungsbereich Deutsch durchgängig diese Reihenfolge beziehungsweise diese Lesearten des erweiterten Lesebegriffs dargestellt.

Schüler, die bereits eine bestimmte Niveaustufe im Leselernprozess erreicht haben, benötigen Förderung in zweierlei Richtungen:
Einerseits, zur qualitativen Erweiterung der vorhandenen Lesekompetenzen. Sie erlernen in einem strukturierten Lese- und Schreibunterricht neue Piktogramme und Signalwörter und eignen sich deren jeweilige Bedeutung an. Hinzu kommen Kompetenzen zur Unterscheidung von Buchstaben (Grapheme) und deren Lautwerte (Phoneme). Auf der Basis der Laut-Buchstaben-Verknüpfung erlernt der Schüler die Synthese einfacher Wörter und die Sinnentnahme.
Andereseits, zur Sicherung und Stabilisierung der bereits erworbenen Lesekompetenzen. Damit die zuvor angeeigneten Kenntnisse auch dauerhaft im Gedächtnis verankert und spontan abrufbar bleiben, bedarf es der kontinuierlichen Konfrontation und Wiederholung der erlernten Piktogramme, Signalwörter oder Ganzwörter. Schüler mit geistiger Behinderung haben, unabhängig an welchem Förderort sie unterrichtet werden, einen erhöhten Übungs-, Wiederholungs- und Transferbedarf. Vor allem aber auch einen Anspruch auf Lehrpersonen mit ausgeprägten Fach-, Methoden- und Diagnosekompetenzen, die darüber hinaus einen langen Atem besitzen und Schüler motivieren können.

Die dargestellten Lesearten werden von Stufe zu Stufe abstrakter. Die Wahrnehmung und Sinnentnahme erfordert zunehmende kognitive Fähigkeiten. Beispiel: Ermöglicht das Bild einer Tasse dem Kind noch die unmittelbare Verknüpfung mit der täglich real benutzten Tasse, so ist beim geschriebenen Wort „Tasse“ die Information ausschließlich den abstrakten Schriftzeichen, die mit der realen Tasse nichts mehr zu tun haben, zu entnehmen.

Die Lesearten werden im Leselernprozess vom Kind nicht nur einmal „durchlaufen“ und stellen auch nicht nur die notwendige Basis für die nachfolgende Stufe dar. Vielmehr ist jede Leseart im Kindes-, Jugend- und Erwachsenenalter als eine eigenständige Lese- und Informationsmöglichkeit anzusehen und bedarf demnach einer kontinuierlichen Förderung und Erweiterung. Neben das obige Stufenmodell möchte ich deshalb das Gleichzeitigkeitsmodell stellen. Jeder Leser greift beim Schriftlesen und bei der Bewältigung seines lebenspraktischen Alltags zeitgleich auf alle Lesearten zu. Erkennbar wird dies zum Beispiel bei der Lektüre von Zeitschriften. Hier finden sich auf einer Doppelseite auf engem Raum unterschiedliche Bilder oder piktografische Leseangebote.

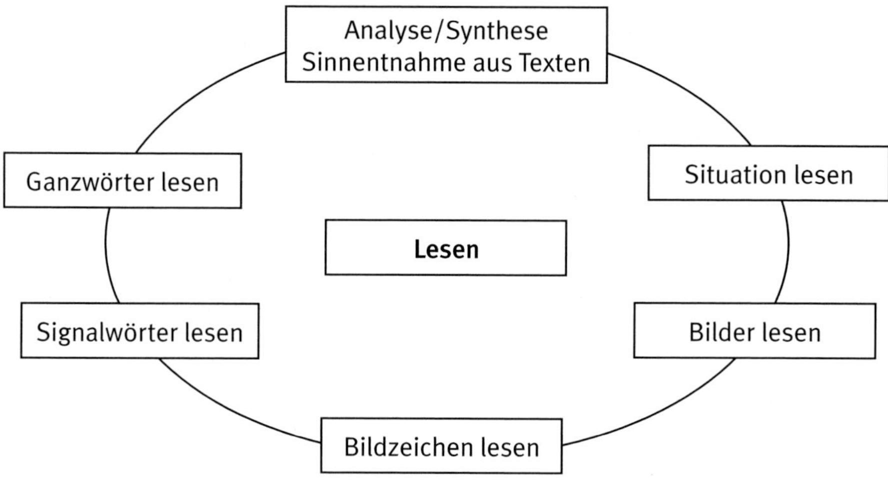

Im folgenden Kapitel werden die hier stichwortartig dargestellten Lesearten weiter ausgeführt. Die Leserin und der Leser erhalten primär Vorschläge und Hinweise zur unterrichtspraktischen Umsetzung. Alle Vorschläge lassen sich sowohl an der Schule für Geistigbehinderte als auch im inklusiven Unterricht realisieren.
Ich greife hier unter anderem zurück auf die Systematik von Christoph Hublow, der in den 1970- und 1980-Jahren an seiner Schule, in Zusammenarbeit mit Kolleginnen und Kollegen, die didaktischen Erkenntnisse der Diskussion zum erweiterten Lesebegriff schriftlich zusammengefasst hat.

2. Lesearten des erweiterten Lesebegriffs

2.1 Situationen lesen

Sinn- und Bedeutungsträger

- Für den Schüler bedeutsame Personen, die sich durch Mimik, durch Gesten, durch Sprechen und/oder ihr Tun ausdrücken.
- Bewegte und/oder nicht bewegte relevante Gegenstände in bekannten häuslichen und schulischen Situationen sowie in überschaubaren Handlungsabläufen.
- Räume und Plätze an primären Wohn- und Erfahrungsorten (Elternhaus, Schule) sowie auch in darüber hinausreichenden Erkundungs- und Erfahrungsfeldern.
- Vertraute und fremde Haustiere

Beschreibung des Lesevorgangs

- Personen und/oder Gegenstände werden in bestimmten Situationen oder Abläufen wahrgenommen (gesehen, gehört, gefühlt), mit vorher Erlebtem in Beziehung gebracht und wiedererkannt. So entstehen Ereignis- und Sinnerwartungen, die Deutungen ermöglichen und sich auf nachfolgende Situationen übertragen lassen. Handlungen des Schülers können ausgelöst sowie Interaktionen ermöglicht werden.

Voraussetzungen, bzw. Kompetenzen, die dabei erworben werden können

- Fähigkeit sich der Außenwelt zuzuwenden
- Funktionsfähigkeit der Sinne
- Wahrnehmen, erkennen beziehungsweise wiedererkennen von Personen, Gegenständen, Strukturen und Abläufen in der Umwelt
- Figur-Grund-Wahrnehmung. Der Schüler lernt, das, was sich erkennbar vom Hintergrund abhebt, als eigenständiges Objekt oder als Person wahrzunehmen.
- Wahrnehmungskonstanz. Die spezifischen Merkmale eines Objektes (Größe, Form, Farbe) werden unabhängig vom Blickwinkel erkannt.
- Wahrnehmung der Raumlage. Der Schüler lernt, sich selbst in einen räumlichen Bezug zu anderen Personen und Objekten zu bringen.
- Merkfähigkeit
- Emotionale Ansprechbarkeit und Motivation sich einer Person/Sache zuzuwenden
- Elementare Raum- und Zeitvorstellungen

Bedeutung und Nutzen für den Lesenden

- Der Schüler kann mit anderen Menschen Kontakt aufnehmen und diesen situationsangemessen aufrechterhalten.
- Ein wachsendes Interesse für die Umwelt dient der Teilhabe des Schülers am Leben in der Gemeinschaft.
- Durch die Kenntnisse der Personen, das Wissen über die Gegenstände sowie die Funktion der Dinge, beginnt der Schüler die Welt zu verstehen.
- Durch die Kenntnis von Handlungsabläufen und das Wissen über persönlich bedeutsame Personen und Objekte kann sich der Schüler zunehmend richtig und situationsgerecht in der Umwelt verhalten.

(vgl. Hublow 1985, 8-9)

Beispiele und Übungen zum Situationenlesen

Situationen und handelnde Personen beobachten und nachahmen

Die Schüler werden zum Beobachten von Situationen im Klassenzimmer, beim Spielen auf dem Pausenhof, bei Lerngängen in die schulische Umgebung usw. angeregt. Im Vordergrund stehen zunächst kurze, leicht überschaubare und für den Schüler relevante Situationen. Die Schüler beobachten Mitschüler, die Lehrer oder fremde Personen und verbalisieren mit Unterstützung der Lehrperson, im Rahmen ihrer verbalen und nichtverbalen Möglichkeiten, die gemachten Beobachtungen. Sie versuchen deren Handlungen und Handlungsabsichten zu interpretieren beziehungsweise nachzuahmen.

Gebärden, Gestik und Mimik

Die Schüler achten auf Mimik, Gestik sowie Gebärden und finden deren Bedeutung heraus.

Sie ahmen Personen, deren Mimik und die Handlungen mit eigenen mimischen oder gestischen Möglichkeiten nach. Die Nachahmung kann mit oder ohne Einsatz der Sprache erfolgen.

Im Spiel verständigen sich die Schüler ohne Worte mit alltäglichen Gebärden: herwinken, grüßen, Zeigefinger vor den Mund für „leise“, Bewegung der ausgestreckten Hand nach unten für „setzen“, Handbewegung nach oben für „aufstehen“.

Mimik: freundlicher, trauriger, grimmiger,... Blick als Ausdruck der psychisch-emotionalen Befindlichkeit

Körperhaltung: „muntere“, „traurige“, „aufgekratzte“, „wütende“ usw. Körperhaltung, um emotionale Stimmungen auszudrücken.

Bewusstes Demonstrieren

Die Lehrperson macht den Schülern alltägliche Handlungen, zum Beispiel der Selbstversorgung (Hände waschen, Flasche öffnen, Getränke eingießen, mit Serviette den Mund abwischen usw.) vor. Sie demonstriert die Handlungen akzentuiert und regt die Schüler sowohl zum Hinschauen als auch zum Nachahmen an.

Hilfreich für die Demonstrationen sind übersichtliche und zugleich reizarme Situationen. Zum Erlernen alltäglicher Fertigkeiten der Selbstversorgung ist das Demonstrieren und Veranschaulichen notwendig. Alltagspraktische Fertigkeiten erlernt der Schüler einerseits durch eigenständiges Erproben und andererseits durch die Imitation. Demzufolge sollte ein Vormachen durch die Lehrperson oder durch kompetente Mitschüler vorangehen.

Rollenspiel
Die Schüler beobachten unter Anleitung Kommunikations- und Interaktionssituationen in schulischen und öffentlichen Situationen und spielen diese im Rollenspiel im Klassenzimmer nach. Sie spielen Elemente des schulischen und häuslichen Tagesablaufs. Die Schüler stellen die beobachteten Situationen mit und ohne Worte dar.
Die Lehrperson wählt relevante Situationen in der Öffentlichkeit aus, welche der Selbständigkeit dienen, zum Beispiel Einkaufen beim Bäcker, richtiges Verhalten am Postschalter, Kauf von Kinokarten, Fahren mit dem öffentlichen Nahverkehr, ...

Ratespiele
„Ich sehe was, was du nicht siehst.“
Kim-Spiele, Veränderungsspiele

Anregung aller Sinne
Die Lehrperson integriert bei vielen sich im Alltag bietenden Gelegenheiten Schmeck-, Tast-, Hör- und Riechübungen in den Unterricht und in altersgemäße Spiele.

Aktivitätsbereiche im Klassenzimmer
Im Klassenzimmer werden räumliche Aktivitätsbereiche, zum Beispiel für Spielen, Arbeiten, Essen, Ausruhen, Musik hören usw. festgelegt und gegebenenfalls mit Bildern oder Bildzeichen markiert. Die Schüler lernen, sich im Klassenzimmer und in diesen spezifisch markierten Bereichen zu orientieren und können diesen Arealen dauerhaft entsprechende eigene Aktivitäten zuordnen *„Auf dem Spielteppich kann ich spielen.“* oder *„Im Musiksessel höre ich Musik.“*

Fachräume
Im Schulhaus lernen die Schüler die Lage und die Bedeutung der Fachräume durch aktives sich darin Betätigen kennen. Die Funktion der Räume und deren Bedeutung werden mit Gebärden oder sprachlich benannt. Eine Verknüpfung zu den nachfolgenden Lesearten lässt sich herstellen, wenn an den Türen der Fachräume entweder Fotografien, Bildzeichen oder Signalwörter angebracht werden. Kombinationen von Bildzeichen und Signalwörtern begünstigen die Verknüpfung und sensibilisieren die Schüler gleichzeitig für die Sinnentnahme aus Bildern und/oder Schrift.

Akustische Signale
Die Schüler lernen Musikstücke, Gong, Klingelzeichen usw., von denen eine Signalwirkung ausgeht, mit bestimmten Aktivitäten innerhalb und außerhalb der Schule zu verknüpfen. Falls es innerhalb der Schule keine akustischen Zeichen zur zeitlichen Orientierung gibt, lassen sich diese mit den Schülern vereinbaren. So lernen sie sich an diesen zu orientieren und erkennen die akustischen Signale als Handlungsauslöser, z. B. *„Nach dem Klingelzeichen gibt es das Pausenvesper"*.

Puppenspiel
Den Schülern wird Zeit eingeräumt und Belebungsmaterialien im Klassenzimmer zur Verfügung gestellt um im freien Spiel mit verkleinerten Gegenständen und Modellen (Puppenhaus, Bauernhof, Baustelle, Straßenverkehr, Zoo, Supermarkt usw.) Teilausschnitte der individuell erlebten Realität nachzuspielen.

Situationen in der Öffentlichkeit
Alle Schüler erhalten Gelegenheiten altersgemäße öffentliche Einrichtungen, z. B. Spielplatz, Freibad, Bolzplatz, Bibliothek, Supermarkt, Kaufhäuser usw. zu besuchen und durch vielfältige Begegnungen mit den Örtlichkeiten und Räumlichkeiten, aber vor allem durch die darin aktiven Personen herauszufinden, welches Verhalten dort erwartet bzw. erwünscht ist.
Die Schüler lernen Verkehrssituationen als Fußgänger oder Radfahrer kennen und lernen sich darin zunehmend adäquat zu verhalten.

Video
Zeichnen Sie bedeutsame Situationen mit der Digitalkamera auf. Die Schüler entnehmen bei der Wiedergabe der Aufzeichnung die Bedeutung der Situation.
Betrachten Sie mit den Schülern kinder- und jugendgerechte Kurzfilme und sprechen Sie mit den Schülern darüber. Durch den Einsatz von Video lässt sich das Abstraktionsvermögen der Schüler steigern. Die Verknüpfung zum Bilderlesen wird hergestellt. Die meisten Schüler sehen sich gerne auf dem Bildschirm, was die Motivation zum Betrachten bewegter Situationen/Bilder erhöht.

Gegenstände, Geräte, ... erkunden
Im Unterrichtsalltag und in strukturierten Unterrichtseinheiten erhalten die Schüler vielfältige Gelegenheiten Objekte zu erkunden. Sie finden dabei den Verwendungszweck, die Funktionsweise und die Beschaffenheit von alters- und entwicklungsgemäßen sowie lebensweltorientierten Alltagsgegenständen und -geräten heraus und lernen diese adäquat zu nutzen.

Oberbegriffe finden
Lassen Sie die Schüler Realgegenstände nach Oberbegriffen sortieren, z. B. Spielsachen, Kleidungsstücke, Musikinstrumente, Bücher, Lebensmittel,... Durch die verbale Benennung der Gegenstände können die Schüler nebenbei ihr sprachliches Lexikon erweitern.

2.2 Bilder lesen (Präliteral-symbolische Leseleistung)

Sinn- und Bedeutungsträger

- Abbildungen von Personen, Gegenständen, Handlungen, Situationen
  - Einzelbilder (Fotografien, Zeichnungen, Illustrationen, ...)
  - Bilderreihen
- Bilder sind visuell wahrnehmbar und, im Gegensatz zu konkreten Gegenständen, nur zweidimensional präsent.
- Dem Bildinhalt (Aussage des Bildes) ist nicht ein fester sprachlicher Begriff oder eine Aussage zuzuordnen, sondern wird vom Betrachter mit einem subjektiven verbalen Begriff versehen.

Beschreibung des Lesevorgangs

- Die Aufmerksamkeit des Lesers richtet sich auf das Bild.
- Bilder werden vom Betrachter (Leser) in der Regel als Ganzheiten (simultan) oder im Hinblick auf bestimmte (z.B. emotional bedeutsame) Details erfasst.
- Bilder werden als Abbilder (Repräsentanten) der Wirklichkeit erkannt. Sie sind nicht die Realität.
- Der Bedeutungsgehalt des Bildes lässt sich unmittelbar aus der Betrachtung erschließen, sofern ein entsprechendes Vorwissen zur Abbildung vorhanden ist.
- In Bilderreihen werden Einzelbilder als „Momentaufnahmen" einer Handlungskette erkannt und gedanklich zu Handlungsfolgen verbunden.

Voraussetzungen, bzw. Kompetenzen, die dabei erworben werden können

- Willkürliche Lenkung (Fokussierung) der Aufmerksamkeit (Konzentrationsfähigkeit) auf das Bild
- Weitgehend intaktes Sehvermögen (visuelle Wahrnehmung), beziehungsweise Einsatz von Sehhilfen
- Erkennen von Personen, Gegenständen, Handlungen, Situationen in zweidimensionalen Darstellungen
- Bewusstsein, dass das Bild für eine Sache steht, die räumlich und zeitlich nicht präsent sein muss
- Raum- und Zeitvorstellungen, die Einzelbilder als Elemente einer Handlungskette erkennen

Bedeutung und Nutzen

- Die Schüler können unabhängig vom Sprachgebrauch und unabhängig von Ort und Zeit
  - Mitteilungen aufnehmen,
  - Erlebnisse erinnern,
  - Handlungsabläufe verfolgen und nachvollziehen, z.B. bildlich vorgegebene Gebrauchsanweisungen, Bauanleitungen usw. verstehen.
- Die Schüler können Einzelbildern und Geschichten in Bilderbüchern den Sinn entnehmen, also ‚lesen'.

- Durch das Betrachten von Bilderbüchern, Einzelbildern und Bilderreihen kann sich der Schüler zunehmend in eine fiktive Welt versetzen, wobei die Kognition, das Vorstellungsvermögen, die empathische, soziale und emotionale Entwicklung gefördert wird.

(vgl. Hublow 1985)

Beispiele und Übungen zum Bilderlesen

Bilderbücher betrachten

Das Betrachten von Bildern und Bilderbüchern dient einerseits der Sprachförderung und andererseits dem Lesenlernen. Kinder mögen die Situation des Bilderbücher-Anschauens. Geeignet hierfür sind bei jüngeren Schülern Zweier- oder Dreiersituationen. Bilderbücher betrachten, mit der Lehrperson oder allein, soll den Schülern primär Freude bereiten.

Dem zu betrachtenden Bilderbuch soll ein Aufforderungscharakter sowohl zum Hinschauen als auch zum Sprechen innewohnen. Geeignet sind Bilder und Bilderfolgen, auf denen Alltagssituationen dargestellt sind und die den Wortschatz der Kinder/Jugendlichen berücksichtigen. Beim Verbalisieren der Bilder achtet die Lehrperson darauf, dass die Schüler möglichst in Mehrwortsätzen sprechen, also vor allem auch Verben verwenden. Um das Anforderungsniveau zu reduzieren und den Schülervoraussetzungen zu entsprechen, können zunächst Einzelbilder betrachtet werden. Hierzu eignen sich handelsübliche Bilderbücher, oder, wenn diese dem Lebensalter nicht entsprechen, selbst hergestellte Bilderbücher, die Gegenstände und Aktivitäten aus der Lebenswelt, beziehungsweise den persönlichen Interessensbereichen des Schülers abbilden.

Beim gemeinsamen Betrachten eines Bilderbuches erlernt der Schüler Basisfertigkeiten, wie zum Beispiel eine Zeitlang neben der Lehrperson sitzen, den Blick auf das aufgeschlagene Bilderbuch ausrichten (Konzentrationsfähigkeit), Umblättern, Zeigen, Suchen, Nachsprechen und Benennen.

Situation, Realgegenstände oder Personen auf Bildern erkennen und benennen
Ergänzend zum Betrachten von Bilderbüchern werden im Unterricht intentional auch Einzelbilder eingesetzt, denen die Bedeutung eindeutig zu entnehmen ist. Bieten Sie den Schülern in der frühen Entwicklungsphase zunächst Bilder mit nur einem abgebildeten Gegenstand an. Bei der Auswahl der Bilder lassen Sie sich zunächst von den Interessen der Schüler leiten. Zunehmend kommen Bilder aus dem erweiterten Lebensfeld der Schüler hinzu, denn das Betrachten und die Sinnentnahme aus Bildern sollen motivierend sein und zum Denken anregen. Immer die gleichen oder ähnlichen Bilder lassen das Interesse der Schüler zum Hinschauen bald erlahmen. Um Lernen zu fördern, benötigen die Schüler regelmäßig neue Angebote. Abwechslung fördert das Lernen.

Beim Betrachten von Bildern lässt sich das **Substanzstadium** vom Aktionsstadium unterscheiden.

Ein Bild, auf dem nur ein Gegenstand/eine Person abgebildet ist, ist für den Schüler zunächst leichter zu erkennen als ein Bild, auf dem ein Mensch bei einer bestimmten Tätigkeit abgebildet ist. Der Gegenstand oder die Person kann vom Schüler sprachlich zunächst einfach nur mit einem Substantiv (Ein-Wort-Satz) bezeichnet werden. Die Sprachentwicklung verläuft analog. Hierbei erlernt das Kind zunächst viele Substantive, bevor die Verben hinzukommen.

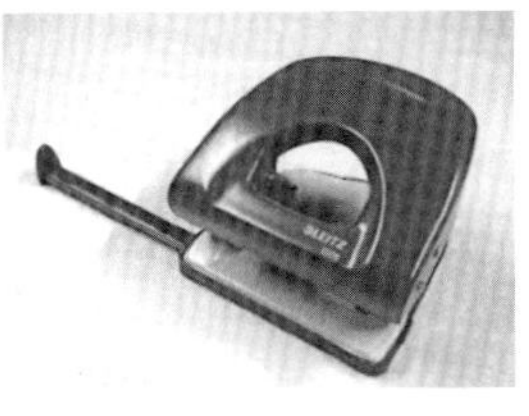

Der Locher

Nach und nach können Sie das Bild auch noch mit dem geschriebenen Wort sowie dem entsprechenden Artikel versehen. In der frühen Leseentwicklungsphase soll der Schüler primär den Blick auf das Bild ausrichten und diesem die entsprechende Bedeutung entnehmen. Das geschriebene Wort ergänzt die Bandbreite der symbolischen Darstellung. Der Schüler erhält als Angebot zur Sinnentnahme: den Realgegenstand, das Bild, das gesprochene Wort und schließlich noch die abstraktere Darstellung des geschriebenen Wortes. Damit soll dem Schüler keine Abstraktionsebene verwehrt werden. Der Schüler kann somit ein Stück weit selbst entscheiden, wann er auch auf das geschriebene Wort (also die abstraktere Form) zur Sinnentnahme zugreift.

Bildhaft dargestellte Handlungen erkennen und deuten

In der Erschwerung zum Bild, auf dem nur eine Person oder ein Gegenstand abgebildet ist, kommen nach und nach auch etwas komplexere Bilder zum Einsatz. Der Schüler soll auf Bildern Handlungen erkennen, diese gegebenenfalls nachahmen und soweit wie möglich mit einem verbalen oder nicht-verbalen Satz versehen.

Paul ➔ Blume

oder

Paul malt eine Blume

Man spricht hier vom **Aktionsstadium** in der Bildwahrnehmung: Handelnde Personen sind in einer Aktion abgebildet. Zur Beschreibung der Bildaussage steht die Verwendung des entsprechenden Verbs im Vordergrund.

Auch für diese Bilder eignen sich Bildunterschriften, damit der Schüler für die Sinnentnahme einerseits auf das Bild und andererseits auch auf die symbolische Ebene (Schriftsprache) zugreifen kann. Die Verwendung des Pfeils als Verbersatz wird im Kapitel 2.6 „Lesen mit Hilfe der Pfeilsätze“ genauer erläutert.

Zur Differenzierung der Bildunterschriften sind hier zwei Varianten dargestellt.

Fotografien des Schülers
Bringen Sie gemeinsam mit den Schülern auf deren jeweiligem Eigentum (zum Beispiel Schultasche, Vesperdose, Schreibheft, ...) das persönliche Foto und den jeweiligen Vornamen an. Das gleiche erfolgt an ihren Plätzen, an ihren Fächern, an ihren Tischen etc.

Bilderbücher in der Klasse selber herstellen
Zum selber Herstellen der Bilderbücher eignen sich Fotografien aus der Klasse, von einzelnen Schülern, der Schulumgebung, des Schulortes, den Heimatgemeinden der Schüler, öffentlichen Gebäuden, Tieren usw.
Eingeordnet werden die Bilder zum Beispiel in Ringordner (A4 oder A5), in denen diese jeweils in Klarsichthüllen eingelegt und ebenso leicht auch wieder ausgetauscht werden können.

Familien-Bilderbuch
Die Erstellung eines Bilderbuches, in dem nahestehende Familienmitglieder abgebildet sind, ist in der Regel eine sehr motivierende Aktivität im Rahmen des Lese- und Schreibunterrichts. Zu den Bildern werden die Namen der Personen geschrieben, sodass, ergänzend zum Bild, immer auch ein geschriebenes Wort auftaucht. Das geschriebene Wort dient der Leseanregung, also der Sinnentnahme und der Verbalisierung des Bildinhaltes.

Foto-Stundenplan und Bilderreihen schulischer Aktivitäten
Die Schüler werden angeregt schulische Aktivitäten eines Tages oder einer Schulwoche in der erlebten chronologischen Reihenfolge zu ordnen. So entwickelt sich neben dem Bilderlesen unter anderem auch die zeitliche Orientierungsfähigkeit.
Lerngänge zum Bäcker, in den Supermarkt, auf den Spielplatz und andere Örtlichkeiten sowie öffentliche Einrichtungen lassen sich in den Einzelschritten fotografisch leicht dokumentieren. Die Einzelbilder dienen nach dem Lerngang zur Reflexion der zurückliegenden Handlung, vor dem nächsten Lerngang zur Antizipation der bevorstehenden Tätigkeit und darüber hinaus zur Sprachförderung.

Fotodokumentation eines Tagesablaufs
Fotodokumentationen lassen sich sowohl für einzelne Schüler als auch für die Gruppenaktivitäten der Klasse erstellen. Diese Dokumentationen liegen im Klassenzimmer aus und können regelmäßig von den Schülern, entweder allein oder gemeinsam, betrachtet (gelesen) und die abgebildeten Handlungen dabei verbalisiert werden.

Fotodokumentation der häuslichen Umgebung
Wo verbringt der Schüler seine Freizeit? Wie sieht die nähere und weitere Wohnumgebung aus? Welche markanten Gebäude gibt es dort? Wo kauft die Familie des Schülers ein? Wo fährt Mama oder Papa zum Tanken hin?

Um diese Fragen zu beantworten, kann der Schüler gegebenenfalls die Digitalkamera aus der Schule mit nach Hause nehmen. Dort kann er allein oder mit Unterstützung der Eltern beziehungsweise der Geschwister fotografieren. Hierzu werden die Eltern über das Vorhaben informiert und – sofern machbar und von den Eltern leistbar – mit einbezogen. Am schulischen Personalcomputer können die Bilder gemeinsam betrachtet und von den Schülern kommentiert werden.
Die Bilder mit den Untertexten bieten sich dann als Inhalte eines Schülerbuches an.

Die Bilder der häuslichen Umgebung des Schülers können aber auch im Rahmen von Lerngängen in die Wohngemeinden der Schüler erstellt werden. Durch solche Lerngänge in die Heimatgemeinden oder die Stadtteile der Schüler erhalten die Mitschüler eine konkrete Anschauung über das Lebensumfeld aller Klassenkameraden. Bei künftigen Erzählungen eines Schülers über Aktivitäten an seinem Wohnort können die Mitschüler nun leichter folgen sowie Verknüpfungen zu den selbst gemachten Erfahrungen am Wohnort des Mitschülers herstellen.

Lieblingsposter
Zu angesagten Künstlern und Sportlern, aber auch von Lieblingstieren etc. können die Schüler Poster von zuhause mitbringen. Diese werden im Klassenzimmer aufgehängt. Die Schüler übernehmen hiermit zum Teil die Mitverantwortung für die ästhetische Gestaltung des Klassenzimmers (Normalisierung!). Vor allem bieten die affektiv ansprechenden Poster vielfältige Betrachtungs- und Gesprächsanlässe.

Ansichtskarten
Auch in Zeiten der Digitalkamera oder des Smartphones mit integrierter Kamera, gibt es noch Ansichtskarten. In Absprache mit den Eltern werden die Schüler angeregt Ansichtskarten in die Schule mitzubringen. Im Klassenzimmer steht eine Pinnwand zur Verfügung, an der die aktuellen Ansichtskarten für eine bestimmte Dauer angeheftet werden. Schüler berichten gegebenenfalls über die abgebildeten Sehenswürdigkeiten und damit verknüpfte Erlebnisse, seien es eigene Ausflüge oder Ferienreisen mit der Familie, eine Freizeit mit anderen Jugendlichen oder gegebenenfalls Motive aus den Heimatländern der Eltern. Vielleicht können die Großeltern der Schüler hin und wieder eine Ansichtskarten an die Schuladresse des Enkelkindes schreiben. Was wäre das für eine Freude für den Empfänger und welche Gesprächsanlässe böten solche Ansichtskarten aus den unterschiedlichsten Ländern dieser Erde!

Bilder-Wandzeitung
Von aktuellen Ereignissen der Klasse oder der Schule wird im Lese- und Schreibunterricht jeweils eine Bilder-Wandzeitung erstellt und für eine vorübergehende Zeit im Klassenzimmer oder im Flur ausgehängt. Fotografieren Sie hierzu regelmäßig die Schüler bei schulischen Aktivitäten. Stellen Sie von Schülern gefertigte Produkte real oder als Fotografie im Klassenzimmer aus. Hieraus ergeben sich

vielfältige Gesprächsanlässe zwischen allen Beteiligten (Schüler, Lehrer aber auch den Eltern).

Foto-Klassenjahrbuch

Die Herstellung einer Klassen-Jahreschronik ist eine motivierende Tätigkeit im Lese- und Schreibunterricht. Eigene Erlebnisse werden dokumentiert, dienen der Erinnerung und gleichzeitig zur Förderung der Fähigkeiten im Lesen sowie der verbalen/nonverbalen Kommunikation. Es handelt sich um eine Form des Eigenlesebuches, die nicht nur für die Schüler, sondern vor allem auch für die Eltern sehr interessant ist. Mit Hilfe des Klassenjahrbuches werden unter anderem auch die zeitliche Orientierungsfähigkeit und die Abspeicherung der eigenen Biografie gefördert.

Foto-Handlungsabfolgen

Bilderreihen alltäglicher lebenspraktischer Handlungen, Bilder-Kochrezepte, Baupläne beim konstruktiven Bauen oder Fotogeschichten zu aktuellen Themen der Schüler begünstigen die Lesemotivation. Bilderreihen oder Bildergeschichten sollen vor allem dazu beitragen, dass die Schüler verstärkt in Sinneinheiten lesen lernen. Beim Legen der Bilder in die richtige Reihenfolge lernen die Schüler nebenbei das Schreiben, sie reihen ein Bild an das andere. Der Schüler stellt eine Sinneinheit (eine ihm bekannte Handlungsabfolge) mit Hilfe vorgefertigter Bilder richtig dar. Es entsteht eine Ordnung. Nichts anderes geschieht später beim Aneinanderfügen der Buchstaben. Der Unterschied besteht darin, dass es sich in diesem Fall weniger um abstrakte Zeichen, sondern um Bilder handelt.

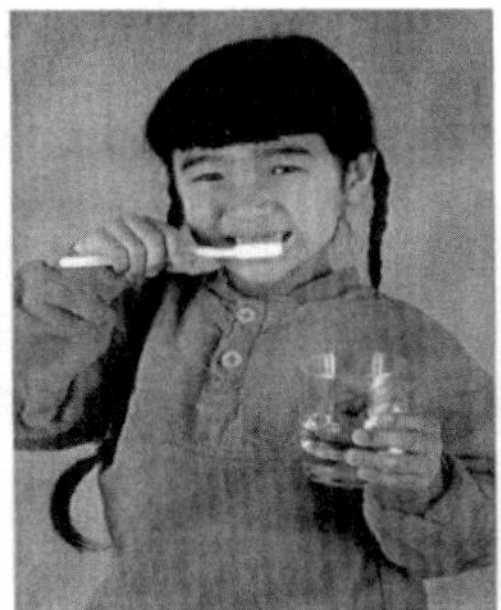
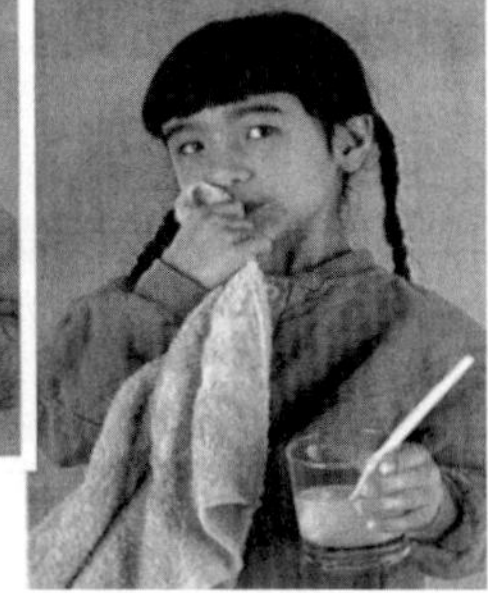

Aus: Schubi: Bildfolgen 1

Mit solchen Foto-Handlungsabfolgen lassen sich weitere kreative und das Denken anregende Übungen durchführen. Nachdem die Tätigkeit des Zähneputzens mit den Schülern real ausgeführt, die Bilderfolge mehrfach gelegt und mit den Schülern besprochen wurde, bekommen diese mal nur die ersten beiden Abbildungen angeboten und müssen nun, mit eigenen Worten beschreiben, was auf dem dritten Bild dargestellt ist. In einem ähnlichen Verfahren kann das erste oder auch das mittlere Bild weggelassen werden. Bei diesen Übungen müssen die Schüler die Lücken mit eigenen Worten beschreiben. Für die Lehrkraft stellt dieses Verfahren unter anderem auch eine Vergewisserung dar, inwieweit diese selbst ausgeführte und mit Bildern thematisierte Handlungsabfolge einer lebenspraktischen Tätigkeit tatsächlich verinnerlicht wurde.

Kategorien bilden

Bekannte Gegenstände, Örtlichkeiten beziehungsweise Besonderheiten im Umfeld der Schule werden entweder von der Lehrperson oder von den Schülern fotografiert. Die hergestellten Papierbilder lassen sich in Kategorien sortieren. Hier zum Beispiel die Kategorie:

„Lernsachen im Klassenzimmer“

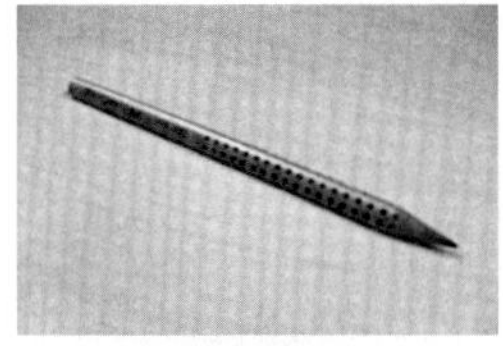

Der Bleistift

Der Spitzer

Der Tesa

oder: ***„Interessantes bei unserer Schule“***

Der Bagger

Unsere Kirche

Der „Plakatturm“

Erstellen Sie die jeweils dazugehörigen Wortkarten gemeinsam mit den Schülern und verwenden Sie gegebenenfalls auch die von den Schülern eingebrachten Begriffe. Die Schüler erleben sich dabei als selbstwirksam. Bei der rechts abgebildeten Litfasssäule kamen die Schüler nicht auf den gültigen Begriff, sondern haben den Namen „Plakatturm“ gefunden, was von der Sache ja zutrifft. Der Begriff Litfasssäule wird vom Lehrer zwar auch genannt, aber im Sinne der Steigerung des Selbstbewusstseins der Schüler wird der von ihnen gefundene Name verwendet.

Bei vielen sich bietenden Gelegenheiten lassen sich mit diesen Materialien Zuordnungsübungen vornehmen. Die Schüler müssen die jeweiligen Wortkarten noch gar nicht alle lesen können. Durch die wiederholte Verbindung von Bild und Wort stellt sich auf Dauer die entsprechende Verknüpfung ein. Bedeutsam ist das kontinuierliche Angebot von Schriftsprache in Verbindung mit den Bildern um die Sinnentnahme aus geschriebener Sprache zu fördern.

Reale oder fiktive Bildergeschichten

Mit Hilfe von Bildern legen die Schüler reale oder Nonsens- beziehungsweise „Lügengeschichten". Für die Schüler ist es durchaus motivierend, einfach mal fiktive Geschichten zu legen und hierzu einen verbalen Text zu formulieren. Sie lesen die Bilder und entnehmen ihnen einen Sinn, eine Bedeutung, gleichzeitig sind sie „literarisch" aktiv, sie schreiben mit den Bildern eigene fiktive oder real erlebte Geschichten mit Bildern.

„Dalli-Klick"

Hierbei handelt es sich um ein integriertes Würfel- und Ratespiel. Vor Beginn der Würfelrunde schiebt die Lehrperson unter die Holzsegmente ein Bild (DIN A4).

Durch Würfeln (Farb- bzw. Mengenwürfel) decken die Schüler nach und nach die entsprechenden Segmente auf. Die Schüler betrachten die nun sichtbaren Bildausschnitte, stellen Vermutungen an und raten, was wohl auf dem gesamten Bild dargestellt ist. Bei diesem Spiel wird die Fähigkeit gefördert von der Teilabbildung auf das Gesamte des Bildes zu schließen. Es handelt sich um eine Fähigkeit, die beim Schriftlesen ständig gefordert wird.

Die „Guckloch"-Karte

Fertigen Sie aus Karton „Guckloch"-Karten in unterschiedlichen Größen. Der Schüler schiebt seine Karte mit dem ausgeschnittenen „Guckfenster" langsam über die Seite eines Wimmelbuches. Zum Vorschein kommt immer nur ein Gegenstand, eine Person oder eine Tätigkeit, also ein Teilausschnitt des gesamten Bildes. Der Schüler beschreibt mit seinen verbalen oder nonverbalen Möglichkeiten, was er im Guckloch sieht. Der begrenzte Bildausschnitt ermöglicht die Zentrierung des Blickes auf den jeweiligen Ausschnitt. Ergänzend zu dieser „Schlüsselloch"-Perspektive ist der Blick auch auf das Gesamtbild erforderlich, damit sich der Schüler immer wieder den Gesamtkontext vergegenwärtigen kann und die Einbettung des Einzelobjekts sichtbar wird.

Einkaufszettel
Lassen Sie die Schüler Einkaufszettel unter anderem auch mit Fotos erstellen. Diese erleichtern vor allem den Schülern, die noch nicht über die Schriftkenntnis verfügen, den Einkauf. Die vom Lehrer gegebenenfalls hinzugefügten schriftlichen Begriffe stellen eine Verknüpfung zwischen Bild und Schrift dar und sensibilisieren den Schüler für das Schriftlesen, ohne dass der Schüler diese Wörter bereits abspeichern muss.

Bilderspiele
Hierzu eignen sich die in der Klasse vorhandenen Spiele, bei welchen Bilder eingesetzt werden, wie zum Beispiel: Lotto, Memory, Bilderdomino, Kofferpacken usw.

Aus: Bücken/Hanneforth 2006

Gezinktes Memory
Schreiben Sie auf die Rückseite der Memorykarten den Namen des auf der Vorderseite abgebildeten Gegenstandes, Tieres etc. Irgendwann bemerkt ein Schüler den Aufdruck und erkundigt sich bei Ihnen, was da steht. Sie lesen dem Schüler wahrheitsgemäß das Wort vor. Warten Sie in Ruhe ab, was weiter geschieht. Für manche Schüler hat dieser Aufdruck noch keine Bedeutung. Andere hingegen erkennen den Vorteil im Spiel und versuchen vor dem Wenden einer Karte durch das Lesen des Wortes Hinweise auf das umseitige Bild zu erhalten. Diese spielerische Motivation fördert das Interesse an den Buchstaben und somit am Lesen.
Abwandlungen dieser gezinkten Karten sind leicht realisierbar. So tauchen zum Beispiel auf manchen Karten eines Tages nur der erste und der letzte Buchstaben oder vielleicht auch nur die ersten zwei Buchstaben auf. Und schon sind manche Schüler intensiv am erwünschten Lesen und Nachdenken.

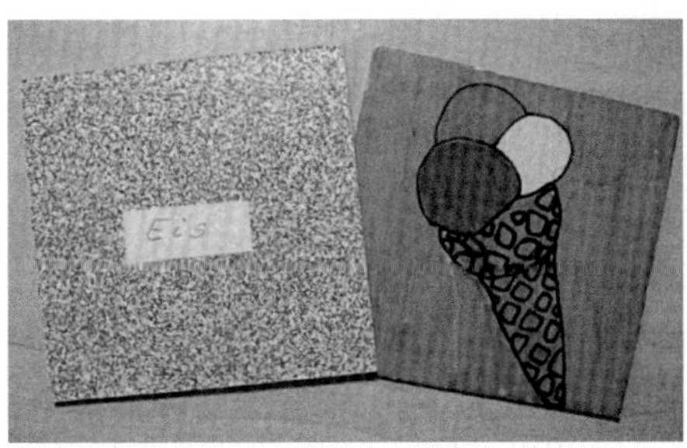

Bilderpuzzle
Bilderpuzzle können Sie mit den Schülern selbst leicht herstellen. Hierzu werden von den Schülern bekannte Bilder zerschnitten, die Einzelteile auseinandergelegt und wieder zusammengefügt. Beim Zerschneiden beziehungsweise beim Zusammenfügen der Einzelsegmente der Bilder üben sich die Schüler einerseits in der Analyse (Zerlegen eines ganzen Bildes in einzelne Teile) und andererseits in der Synthese (Zusammenfügen der Einzelteile zu einem Ganzen).

Einsatz von Powerpoint-Präsentationen
Erstellen Sie zu unterrichtlichen Zwecken, zum Beispiel zur Veranschaulichung einer Handlungskette in der Hauswirtschaft, im Werkunterricht, im Sportunterricht und so weiter, allein oder auch in Zusammenarbeit mit den Schülern Präsentationen am PC und setzen Sie diese zum Lesen von Bildern und zum Erzählen von Geschichten ein. Leistungsstärkere Schüler können durchaus in die Erstellung solcher Präsentationen aktiv einbezogen werden.

Comics
Suchen Sie aus der Erfahrungswelt der Schüler angemessene Comics und legen Sie diese dann den Schülern zum Lesen vor. Beim Lesen von Comics handelt es sich um eine zeitgemäße Lesekompetenz.

Unterschiede erkennen
Legen Sie den Schülern zwei Fotografien vor, die sich voneinander unterscheiden. Die Schüler finden heraus, was der Unterschied zwischen den beiden Bildern ist. Sie üben das differenzierte Betrachten. Hierbei werden Grundlagen für spätere Fähigkeiten gelegt, wenn sie zum Beispiel Wörter, wie *Haus* und *Maus* oder Buchstaben, wie *M* und *N* oder *d* und *b* voneinander unterscheiden (diskriminieren) müssen. Solche bildergestützten Unterscheidungsübungen lassen sich spielerisch im Verlauf des Unterrichtstages durchführen. Als Einstieg eignen sich Übungen mit Materialien, welche den Schülern vertraut sind. Solche Szenen können gegebenenfalls mit den Schülern auch noch einmal selbst real nachgestellt und spielerisch verändert werden.

Sobald die Schüler das Prinzip der Übung verstanden und Sicherheit gewonnen haben, können aus Kinder- und Jugendzeitschriften weitere anspruchsvollere Aufgaben entnommen und den Schülern vorgelegt werden.

10-FEHLER-SUCHBILD

Die berühmten „Freunde“ von Helme Heine erleben jetzt ihr erstes Kinoabenteuer: „Mullewapp“ könnt ihr ab 23. Juli im Kino sehen. **Im unteren Bild haben wir zehn Dinge verändert. Welche?**

Quelle: Treff. Das Wissensmagazin für Schüler, Heft 7/2009

Bauanleitungen

Für Konstruktionsspiele, wie Lego, Baufix, Fischer Technik usw. finden sich in den Baukästen bereits vorgefertigte Bauanleitungen.

Die Schüler machen zunächst intensive Erfahrungen im freien Umgang und beim Bauen mit den Materialien. Sobald sich beim Schüler entsprechende Interessen

und Fähigkeiten zum Lesen eines Bauplanes feststellen lassen, legen Sie einen solchen dem Schüler vor. Bei der Anregung zum Lesen eines Planes handelt es sich um einen logischen Schritt im Sinne der Lese-Kompetenzerweiterung. Hierbei ist das Lesen von Bildern bzw. Illustrationen für den Schüler einsichtig und zugleich motivierend, weil er mit diesem bildhaften Hilfsmittel seinem Ziel, zum selbständigen Nachbauen, näherkommt.
Interessant kann es für den Schüler auch sein, mit dem Fotoapparat selbst eine bildhafte Bauanleitung zu einem von ihm gefertigten Produkt (z. B. im Werkunterricht) herzustellen.

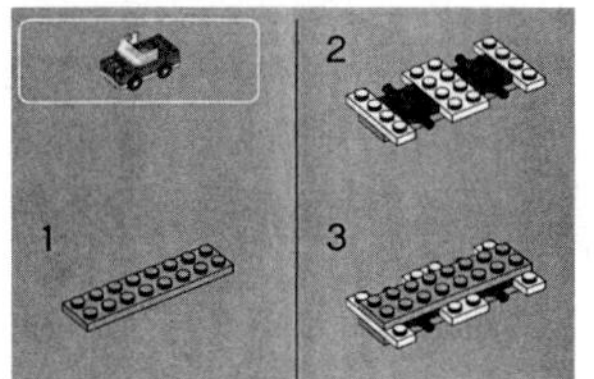

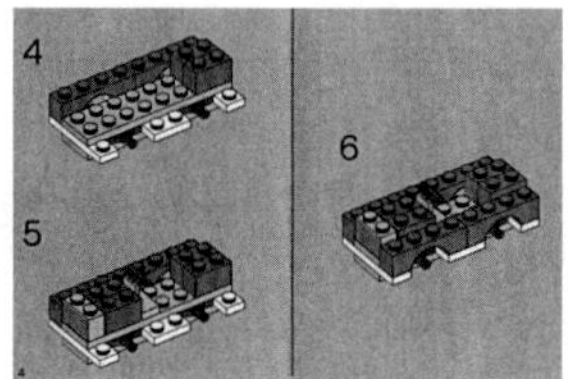

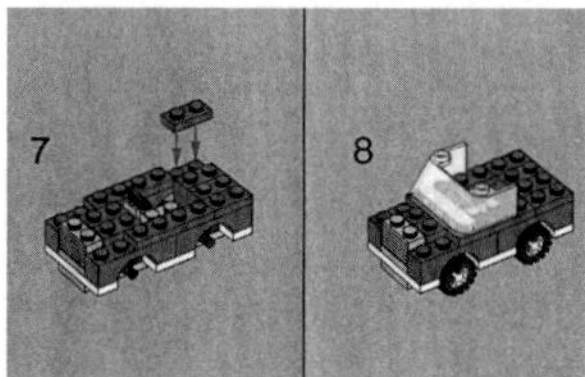

Quelle: Lego Bauanleitung, Artikel 5899

Bilder analysieren

Von herausgehobener Bedeutung für die weitere Leseentwicklung sind Analyseübungen anhand eines Bildes bzw. einer Illustration. Hierzu betrachten Sie mit dem Schüler ein Bild und regen diesen an, die Einzelteile des Bildes zu benennen oder auf diese zu zeigen. Falls der Schüler noch nicht über die entsprechenden Begriffe verfügt, artikulieren Sie als Lehrperson diese. Der Schüler nimmt das Bild nicht nur als Gesamtgestalt, sondern als die Anhäufung unterschiedlicher einzelner Teile wahr. Er erlernt die grundlegende Fähigkeit zur Analyse, also zur Zerlegung einer Gesamtgestalt (eines differenzierten Bildes) in seine Einzelteile.

Aus: Günthner/Lanzinger/Moertl-Rangnick 2002, 19

Anlegen einer Bilder-Sammelmappe innerhalb des Klassenzimmers

Um die alltägliche Unterrichtsvorbereitung zu erleichtern, empfiehlt sich die Anlage einer Bilder-Sammelmappe. Sammeln Sie regelmäßig Bilder, die sich auch als Anschauungsmittel eignen und legen Sie diese nach bestimmten Kategorien geordnet im Klassenzimmer ab. Wenn Sie diese Sammelmappe dann auch noch im Klassenzimmer den Schülern als „Bilderbuch“ zur Verfügung stellen, fördern Sie einerseits die Kompetenz des Bilderlesens und regen andererseits die Schüler dazu an, selbst Bilder zur Erweiterung der Bilder-Sammelmappe mit in die Schule zu bringen.

Bilderquartett

Betrachten Sie mit den Schülern die Abbildungen der Spielkarten und regen Sie diese zum Verbalisieren der Bilder an. Um das Bilderlesen zu begünstigen ist die Verknüpfung mit den realen Lebensmitteln unerlässlich. Diese werden befühlt, verkostet und, zum Beispiel das Apfelmus, auch selbst aus Äpfeln hergestellt. Durch die mehrsinnige Erfahrung erhalten die Schüler über die basal-perzeptiven, die konkret-gegenständlichen, die anschaulichen und die abstrakt-begrifflichen Aneignungsmöglichkeiten einen vertieften Zugang zu den Lebensmitteln, den Abbildungen sowie den verbalen Begriffen. Die Schüler gewinnen vielfältige Informationen über die Nahrungsmittel und können Verknüpfungen zwischen den Pflanzen und den Tieren herstellen, welche uns die Lebensmittel liefern.

Aus: Wo wachsen Kekse? Ein Lernspiel mit drei Varianten über das, was wir essen. Wehrfritz

Verteilen Sie nach diesen Lernerfahrungen die Karten von zwei oder drei Quartetten an die Schüler. Zunächst lernen die Schüler die Spielregeln mit wenigen Karten kennen. Nach und nach können mehr Spielkarten verteilt werden.
Der Schüler, welcher die Karte mit den Äpfeln vor sich liegen hat, soll seine Karte als erstes in die Mitte legen. Die Mitspieler legen nun ihrerseits die dazugehörigen Karten, also das Apfelmus, den Apfelsaft und die Karte des Apfelstrudels dazu. Nach dem ersten Quartett besprechen Sie mit den Schülern nochmals die Zusammengehörigkeit der vier Karten. Der erste Stapel wird beiseitegelegt und die nächste Spielrunde schließt sich an.

Dieses Spiel fördert das Verständnis für die Nahrungsmittel und deren Herkunft. Darüber hinaus lernen die Schüler Bilder zu lesen, den Abbildungen den entsprechenden verbalen Begriff zuzuordnen (Wortschatzerweiterung), zu kommunizieren, Spielregeln und Konzentrationsfähigkeit.

2.3 Bildzeichen (Piktogramme) lesen (Logografische Leseleistung)

Sinn- und Bedeutungsträger (Art des Zeichens)

- Bei Bildzeichen/Piktogrammen handelt es sich um schematisierte Teilabbildungen von Ausschnitten der Lebenswelt. Dies können vereinfachte Gegenstände, Menschen- oder Tierabbildungen sein. Die Bildzeichen können im schulischen und außerschulischen Umfeld für die Schüler von Bedeutung sein.
- Neben den stilisierten Abbildungen gehören zu den Piktogrammen auch Farb- und Formzeichen.
  Beide Bedeutungsträger haben weitgehend allgemeinverständlichen, zum Teil genormten Bedeutungsgehalt (zum Beispiel *rot* am Wasserhahn für heißes Wasser). Es sind sprachunabhängige Handlungssymbole und entsprechen durch ihre Stilisierung nur noch bedingt der abgebildeten oder symbolisierten Realität.

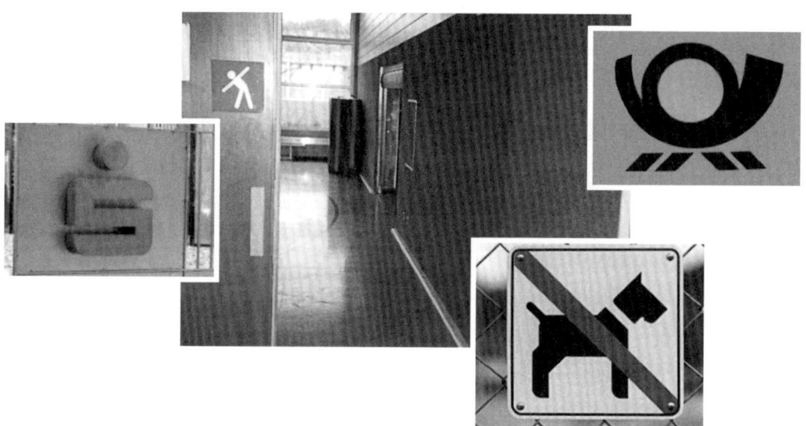

Beschreibung des Lesevorgangs

- Die Bildzeichen (Piktogramme) werden als stilisierte Teilabbilder der Wirklichkeit erkannt und als Orientierungs- bzw. Handlungshilfen verstanden. Je nach Grad der Schematisierung lassen sich Bedeutungen leichter oder schwerer erschließen.
- Farb- und Formzeichen werden als bedeutungstragende Signale erkannt, die in vergleichbaren Situationen und Zusammenhängen immer wieder auftreten und stets das gleiche bedeuten. Die erkannte Bedeutung kann für den Schüler handlungsleitend sein und Orientierung bei praktischen Lebensvollzügen bieten.

Voraussetzungen, bzw. Kompetenzen, die dabei erworben werden können

- Fähigkeit zu differenziertem Sehen, d.h. unterscheiden des Wahrgenommenen nach Form, Größe, Farbe, Richtung etc., auch dann, wenn nur geometrische Grundformen ohne Abbildcharakter auftreten.
- Bewusstes Suchen nach Zeichen

- Wissen, dass Zeichen Symbolcharakter haben und für die Bewältigung des Alltags hilfreich sind
- Stabile Verknüpfung des mehr oder weniger abstrakten Zeichens mit der jeweiligen Bedeutung (Speicher- und Transferfähigkeit)

Bedeutung und Nutzen

- Der Schüler kann sich, je nach individuellen Lernvoraussetzungen, mittels allgemein gültiger, sprachfreier Bild-, Farb- und Formzeichen in der Umwelt relativ selbständig orientieren und betätigen.
- Der Schüler kann Bildzeichen im Alltag als Handlungshilfen benutzen, z. B. innerhalb der Schule und des Elternhauses, in öffentlichen Einrichtungen, auf öffentlichen Plätzen und Straßen.
- Die Kenntnis der Bildzeichen/Piktogramme fördert die Teilhabechancen der Schüler.
- Hinzugewinn von Selbständigkeit und Sicherheit

(vgl. Hublow 1985)

Auswahl von Bildzeichen (Piktogrammen) und Signalwörtern

Für den Unterricht sucht die Lehrperson die Bildzeichen (Piktogramme) und die Signalwörter aus, die die Schüler erlernen sollen. Diese Auswahl erfolgt auf der Grundlage der Lernvoraussetzungen der Schüler.
Hilfreich ist es, wenn sich die Lehrperson auf ein schulinternes Lese- und Schreib-Curriculum beziehen kann, in dem unter anderem auch die zu erwerbenden Piktogramme und Signalwörter aufgelistet sind. Ein Schulcurriculum begünstigt das sachlogisch richtige Angebot im Lese- und Schreibunterricht, gibt der Lehrperson Sicherheit im unterrichtlichen Handeln und bewahrt den Schüler vor Beliebigkeiten beziehungsweise Unter- oder Überforderungen im Leselernprozess.

Nachfolgend finden Sie Kriterien, die bei der Auswahl von Bildzeichen und Signalwörtern leitend sein können.
Die zu erlernenden Bildzeichen (Piktogramme) und Signalwörter

- kommen sowohl in der schulischen als auch der häuslichen Umwelt der Schüler vor.
- sind für die Schüler von aktueller und zukünftiger Bedeutung.
- verhelfen den Schülern zu einer größeren Selbständigkeit und Unabhängigkeit in schulischen, familiären und öffentlichen Situationen.
- haben eine weitgehend eindeutige Aussage, sodass die Schüler den Bildzeichen und Signalwörtern eine klare Bedeutung entnehmen können.
- nehmen Bezug zu den individuellen Lernvoraussetzungen der Schüler.

Erinnert sei hier auch an allgemein gültige Gesichtspunkte zur Auswahl von Unterrichtsinhalten, wie zum Beispiel:

Vom Nahen zum Fernen
Vom Vertrauten zum Fremden

Vom Einfachen zum Komplexen
Vom unmittelbar Erlebbaren zum Anschaulichen
Vom Anschaulichen zum Begrifflich-abstrakten

Methodisches Vorgehen beim Erlernen der Piktogramme beziehungsweise der Signalwörter

Leseunterricht an der Schule mit dem Förderschwerpunkt geistige Entwicklung ist kein Unterricht der ausschließlich im Klassenzimmer stattfindet. Während ausgewählter Phasen des Leseunterrichts befinden sich die Schüler mit der Lehrperson außerhalb des Klassenzimmers, auf der Suche nach Bildzeichen (Piktogrammen), Signalwörtern und weiteren Leseanlässen. Viele Piktogramme und Signalwörter können fast nur in der außerschulischen Wirklichkeit gefunden und auch nur dort kann der Sinn der Zeichen und Signalwörter erkannt, erfahren und begriffen werden. Die Sinnentnahme aus den Zeichen und Signalwörtern ist für Schüler in der konkreten Wirklichkeit oftmals erleichtert. Der sächliche und räumliche Kontext ermöglicht den Schülern Rückschlüsse auf die Bedeutung des Zeichens beziehungsweise des Signalwortes. Dementsprechend muss auch das methodische Vorgehen beim Erlernen der Zeichen und Signalwörter gestaltet sein.

Folgende Vorgehensweise hat sich in der Unterrichtspraxis bewährt und ist für gelingende Lernprozesse der Schüler förderlich:

Handlungsschritte/Aktivitäten	Aneignungsmöglichkeiten
1. Aufsuchen der Bildzeichen/Signalwörter am realen Ort des Vorkommens (in der Schule oder der schulnahen Umgebung). Schüler für die Piktogramme/Signalwörter in der Realität sensibilisieren, aufmerksam machen. Sobald die Schüler die Bedeutung der Piktogramme/Signalwörter erkennen, sind sie in der Regel am Lesen und der Sinnentnahme interessiert.	basal-perzeptiv konkret-gegenständlich
2. An Ort und Stelle mit den Schülern die Bedeutung der Bildzeichen/Signalwörter herausfinden. Die Schüler stellen Beobachtungen an und versuchen den Sinn des Piktogramms möglichst selbst herauszufinden.	basal-perzeptiv konkret-gegenständlich begrifflich-abstrakt
3. Die Schüler versprachlichen zunächst in ihren Worten die Bedeutung des Bildzeichens/des Signalwortes.	begrifflich-abstrakt

4. Übungen mit den Bildzeichen und Signalwörtern im Klassenzimmer zum Unterscheiden, Abspeichern und Verbalisieren.	anschaulich begrifflich-abstrakt
5. Lernerfolgskontrolle (Vergewisserung) in der Realsituation, Anwendung und Transfer, d.h. vom gelernten Bildzeichen auf ähnliche Bildzeichen mit der gleichen Bedeutung schließen.	basal-perzeptiv konkret-gegenständlich begrifflich-abstrakt

Die erlernten und bekannten Piktogramme/Signalwörter stehen den Schülern (auf Karton aufgeklebt und in der entsprechenden Größe) ständig im Klassenzimmer zur Verfügung, so dass diese stets freien Zugang dazu haben und damit entsprechend arbeiten können.
Darüber hinaus kann der Lehrer diese bekannten Piktogramme/Signalwörter in vielen sich bietenden Unterrichtssituationen einsetzen und so nebenbei die Lesebereitschaft der Schüler kontinuierlich anregen.

Übungen

Piktogramme verbalisieren

Um die Schüler zu motivieren, dürfen sie die Piktogramme zunächst mit ihren eigenen verbalen oder nicht-verbalen Möglichkeiten und Ausdrucksformen beschreiben. Neben den individuellen Bezeichnungen bringt die Lehrperson selbstverständlich auch die übliche und allgemein verständliche Bezeichnung der Piktogramme in den Unterricht ein.
Zugelassen sind individuelle Bezeichnungen, z. B.

(Bild 1)

(Bild 2)

„Bubenklo“ oder „Do müsset dia Buaba neigeh, wenn se mol müsset“

für „Jungentoilette“

„Auf dem weißen Streifen darf ich über die Straße gehen“

für „Zebrastreifen“

„Da kommt der Abfall rein“

für „Abfallbehälter“

(Bild 1 und 2: Preuß /Ruge, Mülheim 2008)

Piktogramm der Realsituation zuordnen
Jeder Schüler bekommt von der Lehrperson jeweils eine bekannte Piktogramm-Karte ausgehändigt. Die Bedeutung wird nochmals gemeinsam geklärt. Anschließend erhält der Schüler die Aufgabe, das entsprechende Original des Bildzeichens im Schulhaus oder im Schulgelände zu suchen und seine Karte an der jeweiligen Örtlichkeit (an der Turnhalle, der Küche, der Sporthalle, ...) anzuheften. Nachdem alle Schüler wieder im Klassenzimmer zurück sind, erfolgt bei einem gemeinsamen Rundgang die Vergewisserung, ob der Schüler seine Piktogrammkarte auch der richtigen Örtlichkeit und dem dortigen Original zugeordnet hat. Falls die Schüler nicht allein losgeschickt werden können, kann selbstverständlich auch ein gemeinsamer Rundgang vorgenommen werden.

Piktogramm einem Foto zuordnen
Zunächst machen die Schüler mit Bildzeichen konkrete Erfahrungen in der Realität. Nachdem die Schüler die Piktogramme in der Realität, also dem Ort des konkreten Auftretens, besprochen haben, erfolgt im Klassenzimmer die weitere Vertiefung. Während des Lernganges wurden von den Orten und Situationen, in denen die Piktogramme vorkommen, Fotografien erstellt, welche in der Schule nun zu Übungszwecken eingesetzt werden.

Auf dem Tisch liegen eine Auswahl der seither erlernten Bildzeichen/Piktogramme sowie jeweils die Abbildung einer Realsituation, in der das Piktogramm vorkommt. Gemeinsam ordnen die Schüler die Piktogramme den entsprechenden Bildern zu und umgekehrt (siehe obige Beispiele).
Die Schüler stehen im Klassenzimmer in zwei Gruppen einander gegenüber. Jeder Schüler der einen Gruppe erhält ein Piktogramm, die Schüler der anderen Gruppe erhalten je eine Fotografie, auf dem das Piktogramm in der Realsituation abgebildet ist. Nachdem sich jeder Schüler über die Bedeutung seines Piktogramms beziehungsweise seiner Fotografie vergewissert hat, ordnet er sich seinem entsprechenden Piktogramm-Partner zu. Abschließend verbalisieren die Schüler noch einmal die Bedeutung des Piktogramms beziehungsweise der abgebildeten Situation, in der das Bildzeichen vorkommt.

Handlungsfolgen legen
Mit einzelnen Piktogrammkarten legen die Schüler reale Handlungsfolgen, z.B. *„Wir gehen ins Hallenbad zum Schwimmen"*. Nachdem die Schüler die Reihenfolge richtig gelegt haben, lesen sie die Bilderfolge. Gleichzeitig versprachlichen sie die Handlung, wodurch die Verinnerlichung gefördert wird.
Mit diesen Übungen verknüpfen die Schüler Schreiben und Lesen miteinander. Beim Legen solch einer Bilderfolge erzeugen sie mit Einzelelementen einen Sinn, sie „schreiben" eine Geschichte. Diese selbst verfasste Geschichte wird anschließend gelesen, sie dekodieren die abstrakten Zeichen und entnehmen der mit Piktogrammen dargestellten Handlungskette eine zusammenhängende Bedeutung. Die Schüler üben sich in den Vorläuferfähigkeiten des Schriftlesens.
Als weiterer Leseanreiz lassen sich den Bildzeichen (Piktogrammen) die entsprechenden Wortkarten mit den Tätigkeiten (Verben) hinzufügen. Es kommt in dieser Lesephase noch nicht so sehr auf das Schriftlesen an. Im Sinne des Spracherfahrungsansatzes wird im Unterricht ergänzend zur Verbalsprache auch konsequent die Schriftsprache eingesetzt, wobei die Schüler die Erkenntnis gewinnen, dass die gesprochene Sprache auch durch die geschriebene Sprache symbolhaft dargestellt werden kann.

umkleiden

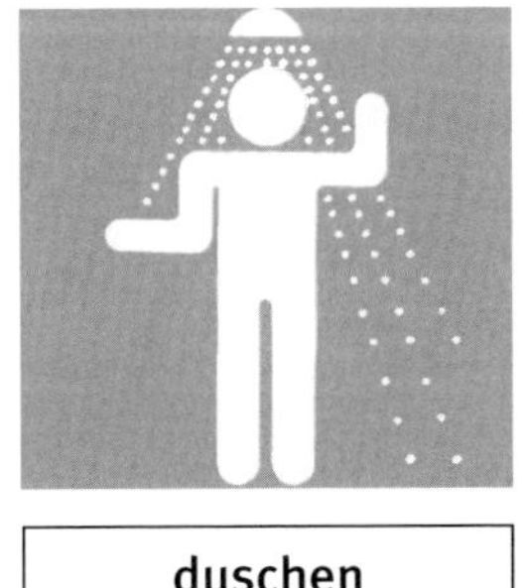

duschen

schwimmen

Quatschgeschichten legen

Lassen Sie die Schüler mit den Piktogrammen auch Quatschgeschichten legen. Nichts bereitet mehr persönliche Zufriedenheit als die Realität zu verfremden, beim Lernen Freude zu empfinden und auch mal über einen Quatsch richtig zu lachen.

Piktogramm-Lesebuch

Stellen sie im Leseunterricht mit den Schülern individuelle Piktogramm-Lesebücher her und lassen sie diese regelmäßig darin lesen, d.h. die Bedeutung der Zeichen versprachlichen.
Hierzu werden in einem Ringordner die erlernten Piktogramme gesammelt. Zum besseren Blättern in dem Lesebuch eignen sich Klarsichtfolien, in die die Bildzeichen eingelegt werden können.
Nach Abschluss einer längerfristigen Leseeinheit werden die Bildzeichen aus der Sammelmappe entnommen und in eigenen themenbezogenen Lesebüchern zusammengeheftet.

Stundenplan mit Piktogrammen

	8.30 – 10.00 Uhr		10.30 – 12.00 Uhr	12.00 – 13.00 Uhr		13.30 – 15.00 Uhr
Montag	Lesen und Schreiben	P a u s e	Musik	Mittag-essen	Freizeit	Textiles Gestalten

Als Einstieg in den Unterrichtstag und als Übersicht für die Schüler, was heute „so abgeht", bringen die Schüler die aktuellen Bildzeichen des Stundenplanes in eine entsprechende Reihenfolge. Hilfreich ist, wenn auch tagsüber der Blick immer mal wieder auf die Bildzeichen hingewendet wird. So lernt der Schüler den Stundenplan als echtes Orientierungs- und Informationsinstrument zu benutzen.

Wenn Schüler in der Leserichtung noch Förderbedarf haben, lassen Sie den Stundenplan von links nach rechts an der Tafel anbringen. Hierbei lernt der Schüler die Leserichtung und im Weiteren auch die Schreibrichtung einzuüben. Als Variation und wenn in der Leserichtung eine gewisse Sicherheit vorhanden ist, können die Schüler später den Plan auch von oben nach unten lesen.
Für die leistungsstärkeren Schüler ist der schriftliche Begriff des Unterrichtsfaches unter dem Bildzeichen ein zusätzlicher Leseimpuls und insofern von Vorteil.

Warnschilder
Die Piktogramme oder Farbzeichen für Gefahrenhinweise, z. B. *Blitz* für „Starkstrom", *rot* für „an der Ampel stehen bleiben" beziehungsweise „heißes Wasser" sind im Sinne der Sicherheit der Schüler besonders und regelmäßig zu thematisieren.

Oberbegriffe / Kategorien
Als Bestandteil der Sprachförderung und zugleich als Leseübung ordnen die Schüler die erlernten Piktogramme nach Oberbegriffen, z. B.
- Welche Bildzeichen tauchen im Stundenplan auf?
- Welche Piktogramme gibt es bei der Turnhalle / dem schuleigenen Hallenbad?
- Welche Piktogramme finden wir an der Bushaltestelle?
- Welche Bildzeichen sind für Fußgänger von Bedeutung?

Memory oder Lottospiel
Stellen Sie gemeinsam mit den Schülern von den erlernten Bildzeichen Bildunterscheidungs- und Zuordnungsspiele im Unterricht her. Diese selbst hergestellten Spiele stehen den Schülern im Unterricht oder in der Freizeit zur Verfügung.
Gegebenenfalls lassen sich auch interessierte Eltern in die Herstellung solcher didaktischer Spiele mit einbeziehen.

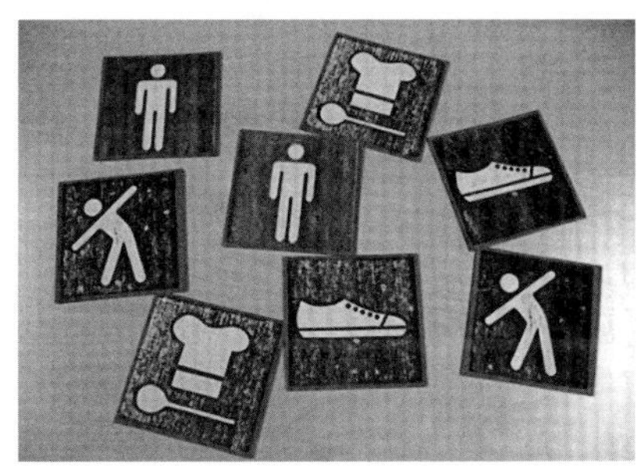

Piktogramm-Puzzle
Um den spielerischen Umgang mit den gelernten Piktogrammen zu fördern, stellen Sie mit den Schülern von den bekannten Bildzeichen Puzzlespiele her. Hierzu wird vom Original eine Kopie in der entsprechenden Größe (z. B. 20 cm x 20 cm) erstellt, die anschließend in Teile zerschnitten wird. Die gemeinsame Herstellung eines Puzzlespiels wirkt sich in der Regel auf die meisten Schüler positiv motivierend aus. Je nach Fähigkeiten der Schüler kann die Anzahl der Puzzleteile pro Piktogramm variieren.

Entweder legen die Schüler die Teile aus dem Gedächtnis zusammen oder sie erhalten eine entsprechende Vorlage.

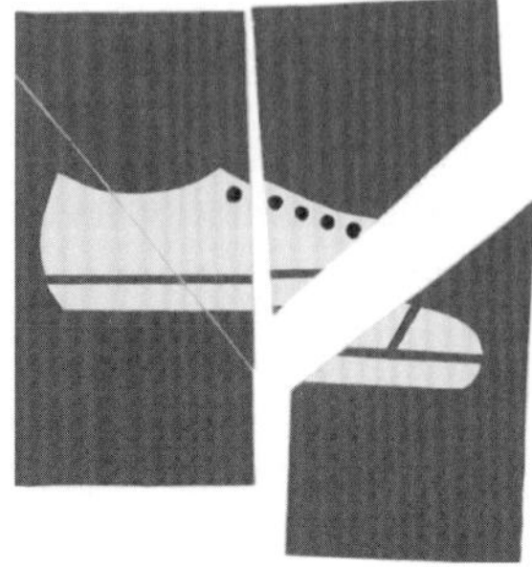

Durch die Herstellung erleben die Schüler wie eine zunächst vorliegende Gesamtgestalt in Teile zerlegt wird (Analyse). Im anschließenden Zusammenfügen der Teile zum Ganzen wird eine Synthese durchgeführt. Auch hier handelt es sich um Vorläuferfähigkeiten zum Schriftlesen.

Dalli-klick

Wie beim Bilder lesen bereits aufgezeigt, lässt sich auch mit bekannten Piktogrammen, zum Beispiel im DIN A4-Format, das Dalli-klick-Spiel durchführen. Nach und nach wird über dem verdeckten Piktogramm ein Segment nach dem anderen aufgedeckt. Die Schüler schließen von den darunter zunehmend sichtbaren Piktogramm-Teilen auf das gesamte Bildzeichen.

Klingendes Übungsbuch

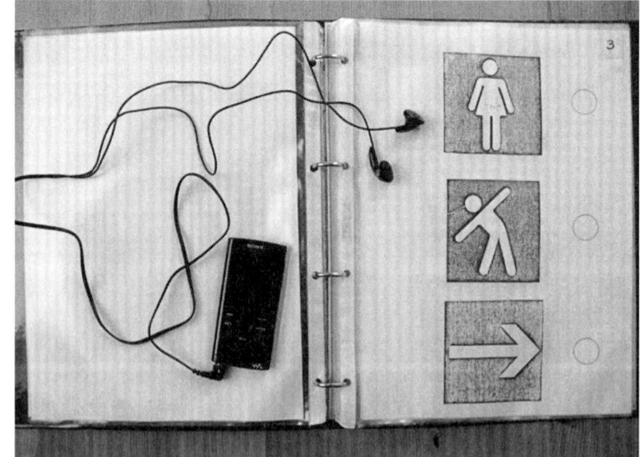

Notwendige Bestandteile zu diesem Übungsbuch:

- MP3-Player oder Diktiergerät
- Kopfhörer
- wasserlöslicher Stift und
- das Übungsbuch,

in dem pro Seite jeweils drei der bekannten Bildzeichen abgebildet sind.

Der Schüler holt sich die erforderlichen Utensilien an seinen Platz. Am MP3-Player oder am Diktiergerät stellt entweder er selbst oder die Lehrperson die entsprechende Aufgabe ein.
Er legt die Kopfhörer an, schlägt das Übungsbuch auf, nimmt den Stift in die Hand und hört auf die verbalen Anweisungen aus dem MP3-Player/dem Diktiergerät.

Der Schüler erhält über die Kopfhörer verbale Anweisungen, welches Bildzeichen er auf jeder Seite des Buches aussuchen und dann ankreuzen soll.
Nachdem der Schüler das seiner Meinung nach richtige Bildzeichen markiert hat, blättert er auf die nächste Seite und erhält wieder eine mündliche Anweisung für das nächste zu markierende Bildzeichen, das er wiederum suchen und ankreuzen soll.
Nach Bearbeitung aller Seiten kann der Schüler anhand der Lösungsseite am Ende des Buches seine Arbeit gegebenenfalls selbst kontrollieren.
Bei diesem Übungsbuch geht es um die weitgehend selbständige Bewältigung der vom Lehrer mündlich auf den MP3-Player/das Diktiergerät gesprochenen Aufgaben.
Er übt, die verbale Benennung beziehungsweise Beschreibung eines Piktogramms mit dem im Buch visuell sichtbaren Bildzeichen zu verknüpfen.
Im Klassenzimmer gibt es für alle Lesearten solche Übungsbücher, sodass unterschiedliche Leistungsstufen der Schüler Berücksichtigung finden. Je nach Leistungsvermögen kann sich ein Schüler ein Übungsbuch mit 5 bis 10 Aufgabenseiten auswählen.

Piktogramme an Regalen und Schränken
Bringen Sie gemeinsam mit den Schülern im Klassenzimmer Bildzeichen an. Auch wenn die Schüler sich ohne Bildzeichen orientieren können, nehmen sie die Zeichen „so nebenbei“ wahr und stellen immer wieder Verknüpfungen zwischen den Gegenständen in den Schränken und den dabei befindlichen Piktogrammen her.
Tauschen Sie die Bildzeichen in regelmäßigen Abständen aus und fügen Sie den Piktogrammen auch eine entsprechende schriftliche Bezeichnung hinzu. Dadurch werden die Schüler in regelmäßigen Abständen auf die (gegebenenfalls neuen) Bildzeichen aufmerksam gemacht.

Sich mit Piktogrammen in der Öffentlichkeit orientieren

In Reutlingen sind alle Busse des Stadtverkehrs, neben der schriftlichen Angabe der Endhaltestelle, zusätzlich mit jeweils einem relevanten Piktogramm versehen. Dieses hilft Nicht-Schriftlesern bei der Orientierung. Suchen Sie mit den Schülern in Ihrer Region in öffentlichen Nahverkehrsmitteln im Inneren der Busse beziehungsweise im Schulbus nach bedeutsamen Piktogrammen, die den Schülern bei der Busbenutzung behilflich sind.

Wetterkarte lesen

Bringen Sie aus der aktuellen Tageszeitung regelmäßig die Wetterkarte mit in die Schule. Wetterkarten bieten vielfältige Leseanlässe. Angefangen von den Bildzeichen für die unterschiedlichen Witterungsarten, bis hin zu Umrissen Deutschlands/Europas. Auf der Wetterkarte finden sich zudem Städtenamen aus der näheren oder weiteren Umgebung. Der ergänzende Blick in den Atlas stößt bei vielen Schülern auf Interesse.

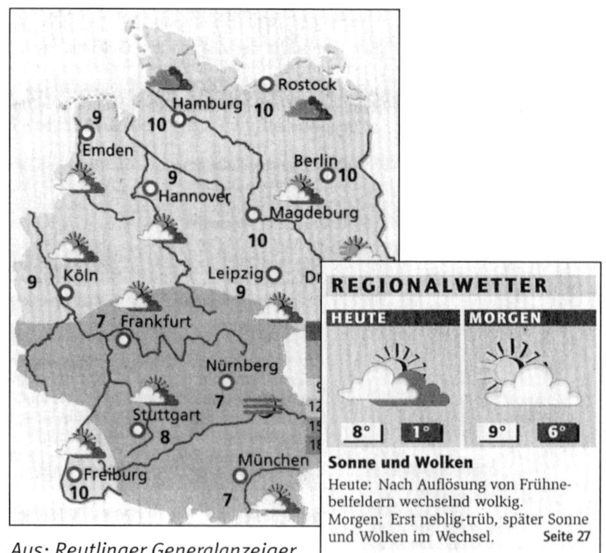

Aus: Reutlinger Generalanzeiger

Leseanlässe: Morgen planen wir einen Lerngang in den Stadtwald.

Wie wird morgen das Wetter?

Welche Kleidungsstücke muss ich anziehen?

Benötige ich einen Regenschutz oder Handschuhe?

oder:
Welches Wetter haben meine Oma und mein Opa gerade in Hamburg?

Bildzeichen erfinden

Erfinden Sie mit den Schülern eigene Bildzeichen für den Unterrichts- und Schulalltag. Die selbst gefundenen Piktogramme bieten Anlass diese im Unterrichtalltag auch regelmäßig zu lesen und sich daran zu orientieren, z. B. Zeichen für *Spielecke* im Klassenzimmer, *leise arbeiten, nicht streiten, Partnerarbeit* usw.

Durch das Herstellen eigener Bildzeichen/Piktogramme gelangen die Schüler zum Zeichnen und zum Schreiben. Die Bedeutung, ein Sinn, wird in graphische Zeichen gebracht, die vom Produzenten selbst und anderen gelesen werden können. Auf diese Weise entstehen konventionelle (vereinbarte) Zeichen, eine Vorstufe der Buchstaben. Die Schüler fühlen sich als Produzenten von Zeichen, sie „schreiben“.

Piktogramme als Erzählhilfe

Wenn Sie am Montagmorgen Erzählrunden mit den Schülern durchführen, dann geben Sie diesen, falls erforderlich, als Unterstützung entweder Bilder oder individuelle Erzählkarten an die Hand.

Auf der untenstehenden Karte sind für einen bestimmten Schüler bedeutsame Sachverhalte seiner persönlichen Freizeitaktivitäten abgebildet, die für ihn in den zurückliegenden Wochen bedeutsam waren und zu denen er auch immer wieder erzählt hat. Die zur Verfügung stehenden Piktogramme sind einerseits bei der Erinnerung behilflich und bieten andererseits Strukturen beim Erzählen.

Erzählkarte, erstellt von Nicole Schönitz mit Hilfe von Boardmaker-Symbolen

Neben den Piktogrammen sind schriftliche Begriffe hinzugefügt, damit sowohl beim Betrachten als auch beim Erzählen eine kontinuierliche Verknüpfung zwischen dem Bild (Inhalt) und dem entsprechenden Wort gewährleistet ist. Der Schüler muss die Wörter noch nicht lesen können, sie sind aber als permanentes Angebot stets präsent. Selbst wenn die Wörter für den erzählenden Schüler derzeit noch nicht lesbar sind, bieten sie gegebenenfalls den Mitschülern interessante Leseanlässe.
Solche Erzählkarten sind auch in anderen Unterrichtsbereichen hilfreich. Egal, ob Sie Hauswirtschaft, Sport, Werken, Gestalten oder therapeutische Bewegungsförderung durchführen, immer ist mit den entsprechenden Abbildungen die Erinnerung an den vorangegangenen Unterricht erleichtert. Diese Erzählkarten dienen also einerseits dem Lesen von Piktogrammen und andererseits der Kommunikation zwischen dem Schüler und seinen Mitschülern beziehungsweise mit der Lehrperson. Im Sinne der Differenzierung entscheidet die Lehrkraft, für welchen Schüler solch eine Erzählkarte hilfreich ist und wer darauf verzichten kann.

2.4 **Signalwörter lesen** (Logographemische Leseleistung)

Sinn- und Bedeutungsträger (Art des Zeichens):

- Abstrakte grafische Gestalten aus Buchstabenreihen, teilweise auch aus Ziffern bestehend oder durch Bildelemente ergänzt
- Schriftzeichen stehen für sprachliche Aussagen
- Signalwörter treten zumeist als Schilder oder Aufdrucke in bestimmten Umweltbereichen und Zusammenhängen beziehungsweise auf Produkten auf.
- Signalwörter tauchen in vielen Fällen immer in der gleichen Schriftart sowie auf einem gleichbleibenden farblichen und grafischen Hintergrund auf.

Beschreibung des Lesevorgangs

- Der Schüler begegnet den Signalwörtern in der schulischen und außerschulischen Wirklichkeit. Er sucht zum Teil bewusst nach den Signalwörtern.
- Solange der Schüler die Schrift noch nicht im Detail entziffern kann, erkennt er die Wortgestalt ganzheitlich wie Bildzeichen und Symbole und erschließt den Sinn weitgehend aus dem Sachzusammenhang, dem Kontext, in dem die Signalwörter vorkommen, z. B. *GOLF* auf dem Fahrzeug, EDEKA beim konkreten Supermarkt, HERREN an der Toilettentür, ARAL an der Tankstelle usw.
- Hilfreich bei der Sinnentnahme sind gleichbleibende spezifische Schriftarten und Hintergrundfarben, auf denen das Signalwort abgedruckt ist, sowie bildhafte Ergänzungen neben dem Signalwort (vgl. duplo, hier sind neben dem Signalwort zwei Haselnüsse abgebildet, die die Sinnentnahme erleichtern können).

Voraussetzungen, bzw. Kompetenzen, die dabei erworben werden können

- Ausdifferenzierung der visuellen Wahrnehmung, Unterscheidung von Details
- Zunehmende Aufgliederung des Schrifttextes in Teilkomplexe
- Verknüpfung des Signalwortes mit der jeweiligen Bedeutung. Sinnentnahme aus Schriftzeichen.
- Speicherfähigkeit

Bedeutung und Nutzen für den Leser

- Der Schüler kann sich anhand vorhandener Aufschriften in bestimmten Sachzusammenhängen orientieren. Signalwörter wirken als Handlungshilfen, z. B. öffentliche Einrichtungen und Orte finden (Orientierung), beim Einkauf unterschiedliche Waren aussuchen, in Zeitschriften oder anderen Druckerzeugnissen einzelne Wörter erlesen und sich dabei als lesend erleben
- Die angemessene Sinnentnahme aus Signalwörtern fördert die Teilhabechancen der Schüler.
- Der Schüler erfährt Selbstsicherheit und wird für weitere Leseaktivitäten motiviert.

(vgl. Hublow 1985)

Kriterien zur Auswahl und methodisches Vorgehen beim Erlernen der Signalwörter

Sowohl die Kriterien zur Auswahl der Signalwörter als auch das methodische Vorgehen beim Erlernen sind weitgehend identisch mit den Hinweisen zum „Piktogramme lesen“.

Bei der Frage nach den wichtigsten und beliebtesten Signalwörtern ergab sich im Rahmen einer nicht repräsentativen Umfrage bei Schülern mehrerer Grund- und Hauptstufeklassen folgende Prioritätenliste:

- Süßigkeiten
- Getränke

- Namen der Fernsehsender
- Begriffe aus Sport und Unterhaltung
- Automarken
- Lebensmittel
- Tankstellen
- Türaufschriften (z. B. Drücken, Ziehen, ...)
- Toilettenaufschriften (z. B. Damen, ER, ...)
- Gefahrenhinweise

Ganz oben in der Beliebtheitsskala rangieren also Süßigkeiten und Getränke. Ob uns Lehrkräften dies nun gefällt oder nicht, ist dies doch ein Hinweis, mit diesen Signalwörtern im Leseunterricht nicht allzu lange zu warten.
Am Ende rangieren die Begriffe wie „Ziehen", „Drücken", „WC" oder ähnliche. Dies sind aber häufig die Signalwörter, die in der Schule am ehesten eingeführt werden und somit bei den Schülern zuweilen auf nur geringes Interesse stoßen. Hier möchte ich darauf hingewiesen, dass die Schüler für die Orientierung innerhalb des Schulgebäudes und auf dem Schulgelände oder im Rahmen der Selbständigkeitsförderung diese Signalwörter nicht, beziehungsweise nur selten benötigen. Die allerwenigsten Schüler orientieren sich zum Beispiel beim schulischen Toilettengang oder beim Gang zur Sporthalle an den dort angebrachten Signalwörtern oder Piktogrammen. Sie wissen aufgrund der konkreten täglichen Erfahrungen, in Verbindung mit dem Situationenlesen, wo sich die entsprechenden Räumlichkeiten innerhalb der Schule befinden.

Neben dem motivationalen Aspekt ist es bei der Auswahl der zu lernenden Signalwörter hilfreich auch noch den Wahrnehmungsaspekt zu berücksichtigen. Ein ungeübter Leser kann nur eine begrenzte Anzahl von Buchstaben simultan erkennen. Je länger ein Wort ist, umso mehr Blicksprünge (Sakkaten) muss der Leser ausführen, um die Gesamtgestalt des Wortes zu erfassen. Falls bei den Schülern die Leserichtung noch nicht sicher ausgeprägt ist, kommen bei längeren Wörtern weitere Schwierigkeiten hinzu. Dies spricht dafür, den Schülern zunächst kurze Wörter als Signalwörter anzubieten.

Übungen zum Signalwortlesen

Sammeln von Signalwörtern, Anlegen einer „Signalwort-Sammelstelle"
Sammeln Sie mit den Schülern aus der schulischen und häuslichen Umwelt (öffentliche Einrichtungen, Tageszeitungen, aber auch in Jugend- und Sportzeitschriften) aktuell bedeutsame Signalwörter, auch solche, die momentan noch nicht gelesen werden können. Vielleicht sind gerade diese noch unbekannten Wörter die Auslöser und die Motivation für neue Anstrengung beim Lesen lernen.
Beziehen Sie in diese Aktivitäten, soweit machbar, die Eltern mit ein. Wichtig ist, dass die Schüler auch aus der häuslichen Umgebung Signalwörter in die Schule, also in den Leseunterricht mit einbringen. Je interessanter die zu erlernenden Wör-

ter sind, umso größer ist in den meisten Fällen auch die Lese-Motivation der Schüler.

Schlüpfen Sie auf der Suche nach Signalwörtern in die Rolle des Kindes, des Jugendlichen (Empathie). Vielleicht bemerken Sie, dass aus der Sicht des Schülers ganz andere Signalwörter von Bedeutung sind als aus der Lehrerperspektive. Lehrer haben ihr eigenes „didaktisches Raster" im Kopf, was die Auswahl von Lerninhalten betrifft. Also, einfach querdenken und nicht nur so genannte lebensrelevante Wörter aussuchen, sondern solche, die in das Interessensraster der Schüler passen. Wie wäre es mit den Signalwörtern „BMW", „Ferrari", „BRAVO", „Bionade", „HSV", „Bayern München"? Zum Zeitpunkt der Bearbeitung dieser Publikation sind zum Beispiel Signalwörter wie „Fußball", „EURO2012" oder „Poland – Ukraine" (Austragungsländer der Fußball-Europameisterschaft) von Bedeutung (Relevanz) für die Schüler.
Es gilt den Blick einerseits auf überdauernde Signalwörter und andererseits auf vorübergehend bedeutsame Signalwörter auszurichten. Beide Signalwort-Arten haben im Unterricht ihre Bedeutung.

Die oben dargestellten Signalwörter **STADTFEST REUTLINGEN** oder auch das Datum **18./19. Juni** sind für eine vorübergehende Zeitspanne regional von hoher Bedeutung. Da sie zudem aktuell an vielen Litfaßsäulen der Stadt zu lesen sind, stellen sie einen eindeutigen Impuls für den Leseunterricht dar.

Die beiden nebenstehenden Piktogramme mit den Signalwörtern **FOUL :-(** und **TOOOR :-)** hatten im Zusammenhang mit den Zuschauer-Festen vorrangig während der Fußball-Weltmeisterschaft 2010, aber auch der EURO 2012 ihre aktuelle Bedeutung, sind aber von der Aussage von überdauernder Relevanz.
Zudem wird hier mit witzigen Mitteln der Smiley-Figur gearbeitet, denen zum Text ergänzende Informationen entnommen werden können.

Signalwörter-Lesebuch
Legen Sie mit den Schülern individuelle Lesebücher an. In diesen können die erlernten Signalwörter und ergänzend dazu die Bildzeichen, entweder ungeordnet oder nach Themen sortiert, eingelegt werden. Schüler mit geistiger Behinderung haben Anspruch auf ästhetisch gestaltete Lernmittel, demzufolge ist bei der Ge-

staltung der Signalwörter-Lesbücher auf eine ansprechende äußere, gut handhabbare und stabile Form zu achten.

Signalwörter versprachlichen
Die Schüler lesen die Signalwörter und versuchen die Bedeutung des Begriffes herauszufinden. Von Bedeutung ist, dass es nicht nur auf das Erlesen, sondern vor allem auf die Sinnerfassung ankommt.

Signalwort der Fotografie zuordnen
Erstellen Sie von den Süßigkeiten, den Getränken, den Gegenständen, den Örtlichkeiten, den Fahrzeugen usw., auf denen Signalwörter vorkommen, Fotografien.

Im Unterricht ordnen die Schüler das jeweilige Signalwort der entsprechenden Fotografie des abgebildeten Gegenstandes oder der infrage kommenden Situation zu und umgekehrt.

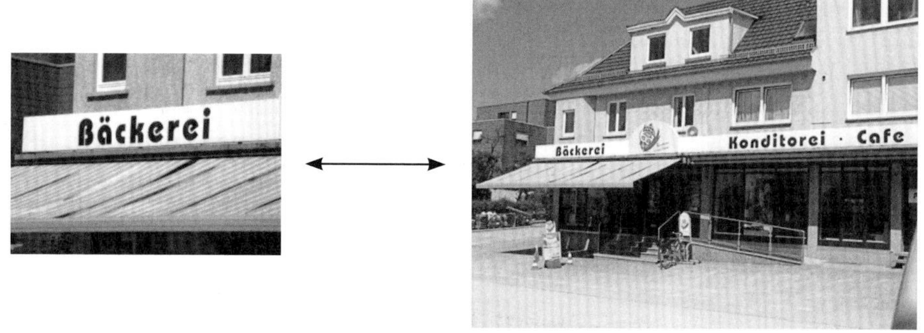

Signalwort dem entsprechenden Piktogramm zuordnen
Sofern entsprechende Piktogramme in der Schule oder im Klassenzimmer vorhanden sind, ordnen die Schüler die neu erworbenen Signalwörter den bereits früher erlernten Piktogrammen zu.

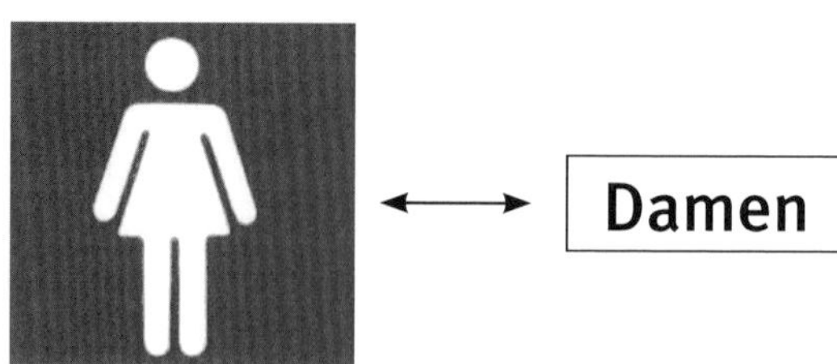

Signalwort einem Signalwort zuordnen
Die Schüler ordnen Signalwörter mit gleicher Bedeutung, aber in unterschiedlicher Schriftart, mit unterschiedlichem Farbuntergrund, in unterschiedlicher Schriftgröße usw. einander zu.
Geübt werden hierbei die Flexibilität des Lesens, nämlich, grafisch unterschiedlich dargestellte Signalwörter haben jeweils die gleiche Bedeutung.

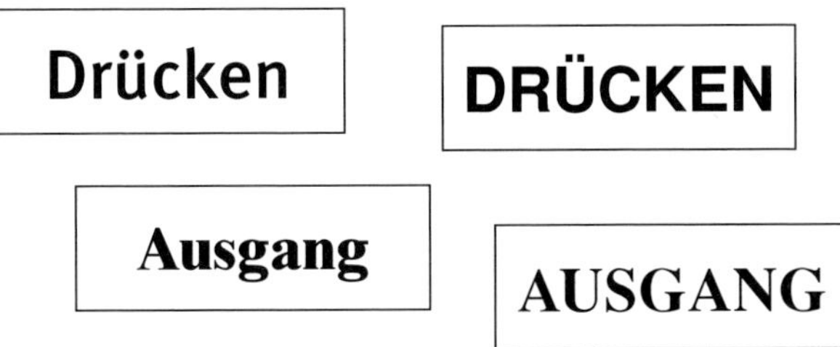

Memory-Spiel
Stellen Sie gemeinsam mit den Schülern für das Memory-Spiel paarweise Signalwortkarten her. Die Herstellung der Karten ist einerseits Unterrichtsinhalt und andererseits Leseunterricht. Durch die aktive Einbindung der Schüler in die Spielherstellung erhöht sich erfahrungsgemäß der Bezug zum Material und zum anschließenden Spielen.

Signalwortpuzzle
Zerschneiden Sie vor den Augen der Schüler bekannte Signalwörter in wenige Teile, die von den Schülern dann wieder zu jeweils sinntragenden Signalwörtern zusammengefügt werden.

Pars-Pro-Toto („Ein Teil steht für das Ganze“)

Decken Sie mit einem kleinen Karton Teile des Signalwortes ab. Der Schüler muss vom sichtbaren Teil auf das ganze Wort und dessen Bedeutung schließen.
Das Gehirn „verrechnet“ hierbei die von den Augen gelieferten Sinnesinformationen über den sichtbaren Teil des Wortes mit den vorhandenen Erfahrungswerten (also dem abgespeicherten Signalwort) und kann so die fehlende Information ergänzen.

Signalwort einem Ganzwort zuordnen

Aus Signalwörtern entstehen, sobald sie aus ihrem Kontext herausgelöst und in einer anderen Schriftart geschrieben werden, Ganzwörter. Die für die Abspeicherung und die Sinnentnahme hilfreichen Farb- und Formkomplexe des Signalwortes sind bei einem Ganzwort nicht mehr vorhanden. Beim Lesen des Ganzwortes ist der Sinn nun vollständig aus dem geschriebenen Wort zu entnehmen.

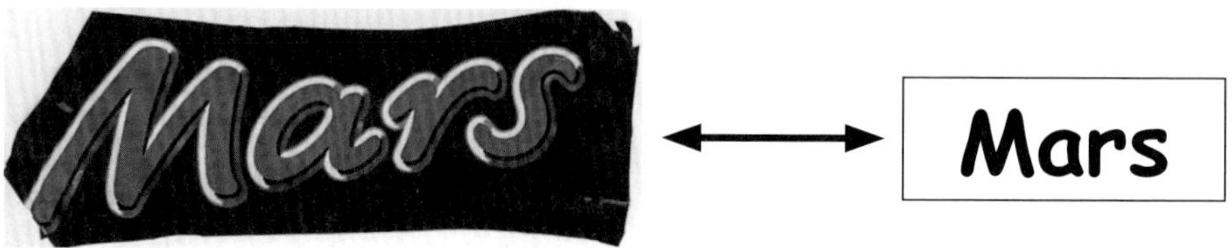

Sortieren der Signalwörter nach bestimmten Kategorien

Legen Sie den Schülern eine größere Auswahl der erlernten Signalwörter vor und sortieren Sie diese gemeinsam nach bestimmten Kategorien, z. B. Süßigkeiten, Namen von Fernsehsendern, Automarken, schulische Signalwörter, ...
Sobald die Schüler in der Kategorienbildung eine gewisse Sicherheit erworben haben, können diese die Aufgabe zum Teil auch selbständig oder mit geringer Hilfestellung durchführen.

Signalwörter in einem Kontext finden

Wiederholen und vertiefen Sie mit den Schülern eine Auswahl der erworbenen Signalwörter. Legen Sie hierzu den Schülern Bilder, Zeitungs- oder Textausschnitte vor. Aus einem mehr oder weniger komplexen Kontext sucht der Schüler das Signalwort und zeigt darauf.

Durch solche Kontextübungen wird das Leseinteresse und die Neugierde der Schüler im besonderen Maße gefördert. Das Signalwort steht nicht mehr nur isoliert, sondern wird in ein weiteres grafisches und schriftsprachliches Umfeld eingebettet.

Der Schüler kann sich den Text von der Lehrperson vorlesen lassen. Oder, was im Weiteren mit dieser Übung beabsichtigt wird, der Schüler macht sich auf den Weg und versucht selbst das eine oder andere Wort in den Lesevorlagen zu entziffern.

HARRY POTTER UND DIE HEILIGTÜMER DES TODES (1)

Start: 18.11.

Das gigantische Finale Der beste „Potter" aller Zeiten: härter, erwachsener, spektakulärer. Immer wieder wurde das Drehbuch umgeschrieben, Szenen gestrichen, neue hinzugefügt – dann 18 Monate für 400 Millionen Dollar gedreht. Ergebnis: Ein fantastischer, zweiteiliger Zauber-Thriller (Fortsetzung: Juli 2011) mit den bislang gefährlichsten Herausforderungen für den Zauberlehrling (Daniel Radcliffe). Nur wenn er den finsteren Lord Voldemort besiegt, wird die Welt in Frieden leben.
FAZIT: Pure Kino-Magie!

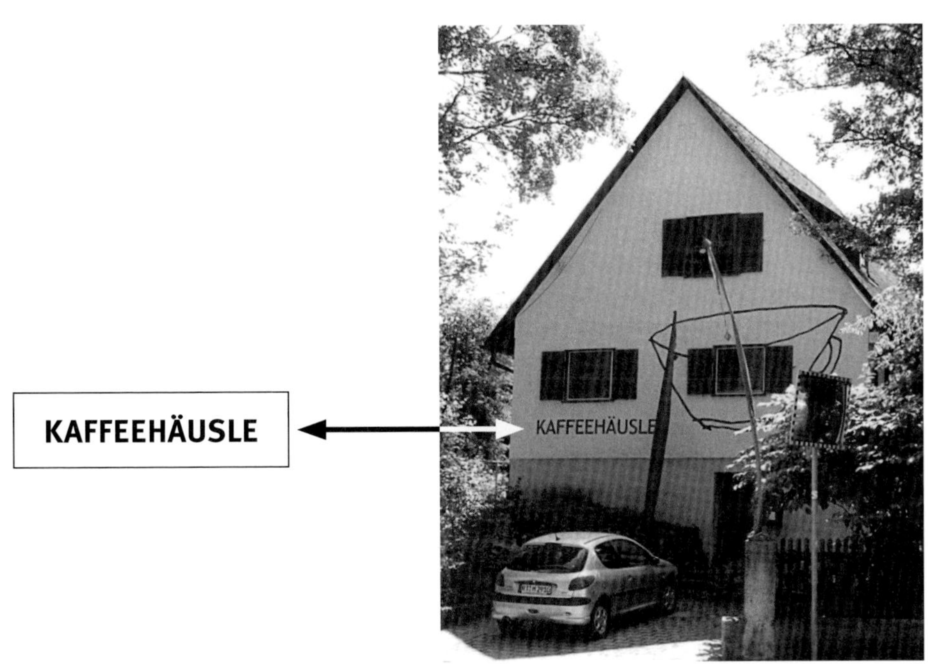

2.5 **Ganzwörter lesen** (Logographemische Leseleistung)

Sinn- und Bedeutungsträger (Art des Zeichens)

- Buchstabenkomplexe, die als „Ganzwörter“ im Unterricht angeboten und als Schriftsymbole für bestimmte Worte erfasst werden.
- Ganzwörter können einerseits einen Zusammenhang mit dem aktuellen unterrichtlichen Themenschwerpunkt haben, ergeben sich andererseits aber auch aus themenunabhängigen Unterrichtsinhalten.

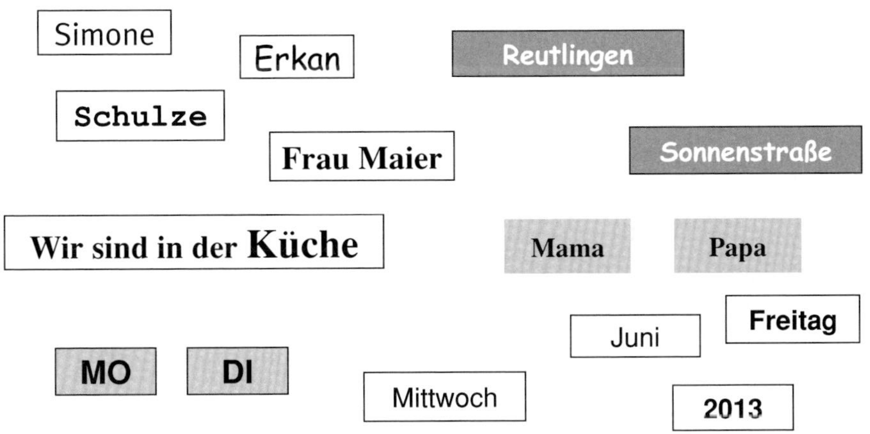

Beschreibung des Lesevorgangs

- Die Wortgestalten werden vom Schüler visuell als Gesamt-Komplexe erfasst. Bei ähnlichen Wörtern müssen Wortanfang, Wortende oder einzelne Buchstaben optisch präzise unterschieden und verglichen werden, z. B. Sonntag – Samstag, Juni – Juli.
- Über das hörbare Lesen des Ganzwortes erhält der Schüler eine Wortklanggestalt, durch die er dem Ganzwort den Sinn entnehmen kann.

Voraussetzungen, bzw. Kompetenzen, die dabei erworben werden können

- Bildhaftes Abspeichern der Ganzwörter
- Unterscheiden von Details bei ähnlich aussehenden Ganzwörtern
- Direktes Zuordnen vom grafischen Gebilde des Ganzwortes zum gesprochenen Wort der deutschen Sprache

Bedeutung und Nutzen für den Lesenden

- Der Schüler empfindet sich zunehmend als lesend und dadurch in seinem Selbstwert erheblich bestätigt.
- Er erfährt in der Regel Anerkennung durch die Umwelt (extrinsische Motivation) und kann sich dadurch verstärkt auch selbst motivieren (intrinsische Motivation).
- Der Schüler begreift zunehmend, dass Schriftzeichen genaue Entsprechungen gesprochener Worte sind.
- Er kann einfache Mitteilungen und Informationen lesend verstehen.

(vgl. Hublow 1985)

Anzahl der Ganzwörter

Die Anzahl der zu lernenden Ganzwörter sollte auf eine bestimmte Anzahl begrenzt bleiben. Zu viele Wörter ganzheitlich zu erlernen und abzuspeichern wäre unökonomisch und würde die Speicherfähigkeit vieler Schüler überfordern. Denken wir nur an die große Zahl von Piktogrammen und Signalwörtern, die die Schüler auch schon ganzheitlich abspeichern mussten.
In den 1960-er Jahren wurde im Leselernprozess die Ganzheitsmethode propagiert. Die Kinder mussten also nicht erst lernen, wie einzelne Laute geschrieben und artikuliert werden, vielmehr sollten sie sich das Aussehen der Wortgestalt und kurzer Sätze einprägen. Diese Vorgehensweise hat sich rasch als Überforderung für die Kinder herausgestellt (vgl. Paulus 2009). Viele Schüler neigen beim Ganzwortlesen zum Raten, demzufolge ist die Fehlerhäufigkeit beim Ganzwort lesen recht hoch.

Schließlich haben wir in unserer Schriftsprache Einzelbuchstaben, die sich weitgehend auf die gesprochenen Laute unserer Sprache beziehen. Bei Schülern, die bereits bis zur Stufe des Signalwort- oder des Ganzwortlesens vorangeschritten sind, muss das nächste Ziel das Erlernen der Buchstaben und die Verknüpfung mit den entsprechenden Lauten sein. Mit diesen Fertigkeiten wären sie dann in der Lage, neue (und nicht nur ganzheitlich abgespeicherte) Wörter zu erlesen.

In der Phase des Signal- oder Ganzwortleseprozesses zeigt sich, ob der Schüler die Elemente der Wörter (die einzelnen Buchstaben und die Laute) optisch und akustisch analysieren kann. Ist diese Fähigkeit beim Schüler zu beobachten, sollten ihm weitergehende Übungen zum Schrift lesen, also Analyse- und Syntheseübungen angeboten werden. Ganzwortlesen wäre demnach innerhalb des Leselernprozesses nur eine vorübergehende Durchgangsphase.
Erwähnt werden muss aber, dass routinierte Leser, nachdem sie die Analyse und die Synthese erworben haben, die allergrößte Zahl der gelesenen Wörter nicht mehr buchstabenweise erlesen, sondern beim Lesen auf vorhandene Ganzwortmuster zurückgreift. Der geübte Leser ist in der Lage den Wortbildern in Sekundenbruchteilen die entsprechende Bedeutung zu entnehmen. Hilfreich ist hierbei auch der Bedeutungskontext, in den die einzelnen Wörter eingebettet sind. Um zu diesem routinierten Lesen zu gelangen, sind vielfältige Übungen zur Analyse, zur Synthese und zur Sinnentnahme erforderlich. Vor allem muss der Schüler regelmäßig Lesemöglichkeiten angeboten bekommen.

Gesichtspunkte für die Auswahl der Ganzwörter

- Die zu erlernenden Ganzwörter sollten häufig im Schulalltag, aber auch im Elternhaus schriftlich vorkommen, die Schüler emotional ansprechen und zugleich für diese handlungsbedeutsam sein, z. B. eigener Name, Namen der Mitschüler, Name der Lehrerin/des Lehrers, Name von Mama, Papa und der Geschwister, Wochentage, Monatsnamen, Wohnort und Straße, kurze Mitteilung et cetera.
- Die Wörter sollten möglichst in der **Gemischt-Schreibweise** (Groß- und Kleinschreibung) angeboten werden und nicht zu komplex sein. Wörter in der Gemischt-Schreibweise lassen sich visuell leichter durchgliedern und abspeichern
- Bieten sie den Schülern auch so genannte **passagere Ganzwörter** an. Hierbei handelt es sich um Wörter, die vorübergehend von Bedeutung sind, im aktuellen Unterricht häufig vorkommen und dann aus dem Gedächtnis vorübergehend wieder „gelöscht" werden, z. B. Monatsnamen. Die Schülerin/der Schüler kann zum Beispiel in den Sommermonaten die Ganzwörter „Juni", „Juli" und „August" spontan erkennen und lesen. Um die Weihnachtszeit gelingt dies eventuell mit den Monatsnamen „Dezember" und „Januar". Zu diesem Zeitpunkt sind die vom Schüler ein halbes Jahr zuvor beherrschten Monatsnamen Juni, Juli oder August dagegen nicht mehr spontan präsent und nur mit größerem Aufwand oder mit viel Raten zu erlesen

Übungen zum Ganzwort lesen

Eigener Name

Die Schüler lesen regelmäßig den eigenen Namen und sollen diesen auch handschriftlich oder mit dem PC schreiben. Zusätzlich drucken und stempeln sie den eigenen Namen, um damit den eigenen Platz, Arbeitsmittel, das eigene Fach, selbst hergestellte Produkte, Arbeitsblätter usw. zu kennzeichnen.

Namen der Mitschüler und Lehrer/innen lesen
Erstellen Sie von allen Schülern und in der Klasse mitarbeitenden Lehrkräften Namenskarten und lassen Sie die Schüler die Karten bei vielen sich bietenden Gelegenheiten den Mitschülern oder den Lehrkräften zuordnen. Im Spiel werden die Namenskarten auch vertauscht und wieder richtig zugeordnet.

Ganzwort zum Gegenstand zuordnen
Lassen Sie die Schüler die bekannten Ganzwörter den entsprechenden Gegenständen oder gegebenenfalls den Abbildungen zuordnen.

Wochentage und Monatsnamen lesen
Die Schüler ordnen für das aktuelle Datum die erforderlichen Wörter in der richtigen Reihenfolge, suchen und lesen diese dann im Abreißkalender etc.

In Verbindung mit dem Stundenplan ordnen die Schüler aus dem Gedächtnis oder mit Hilfe des Wortbildes einem ausgewählten Wochentag bestimmte schulische oder außerschulische Aktivitäten zu.
Diese Übung trägt unter anderem zur zeitlichen Strukturierungs- und Orientierungsfähigkeit der Schüler bei.

In der nebenstehenden Abbildung finden Sie ein gelungenes Beispiel, wie die Schüler täglich mit den jeweils aktuellen Ganzwörtern konfrontiert werden können.

Abkürzungen dem vollständigen Wort zuordnen
Bei dem dargestellten Lernmittel üben die Schüler die Zuordnung der Abkürzungen zu den vollständig ausgeschriebenen Wochentagen.
Ähnliche Aufgaben lassen sich auch mit den Monatsnamen durchführen.

Dieses Übungsmaterial können Sie mit etwas handwerklichem Geschick selbst herstellen. Aus dünnen Sperrholzplatten sägen Sie die gewünschte Form aus und beschriften diese nach den spezifischen Bedürfnissen. Das Material eignet sich auch gut für das selbständige Arbeiten oder das Üben mit einem Lernpartner.

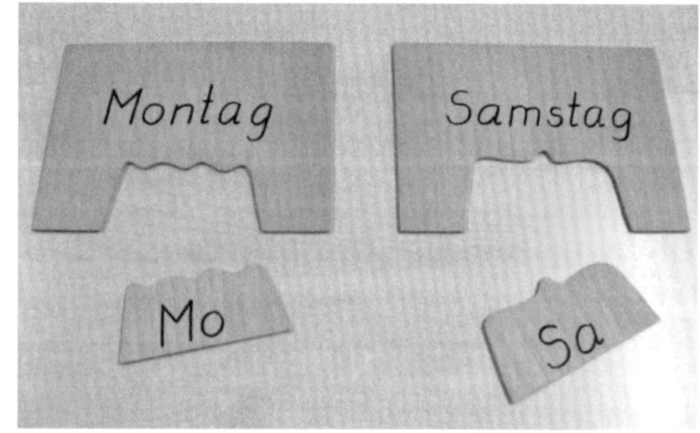

Memory-Spiel mit Ganzwörtern
Fertigen Sie mit den Schülern Memorykarten zu den bekannten Ganzwörtern und spielen Sie dieses Spiel nach den bekannten Regeln.

Wörter schreiben
Im schulischen Tagesablauf lesen und schreiben (stempeln, drucken) die Schüler regelmäßig die geübten Ganzwörter (Namen, Wochen- oder Monatsnamen). Schreiben fördert die Lesekompetenzen. Die Schüler müssen die Wörter selbstverständlich noch nicht aus dem Gedächtnis schreiben, sondern erhalten im ganz herkömmlichen Sinn die Möglichkeit diese abzuschreiben. Erst durch die vielfältige Konfrontation mit den Wörtern kann sich der Schüler die Struktur der Wörter abspeichern. Schreiben, stempeln und drucken unterstützen die Verinnerlichung des ganzheitlich abgespeicherten Ganzwortes. Gleichzeitig wird der Schüler auf die Einzelelemente (Buchstaben) des Wortes aufmerksam. Beim Schreiben üben sich die Schüler sowohl in der Analyse als auch in der Synthese. Bei diesen Schreibübungen steht allerdings die Freude am Schreiben und das lautgetreue Schreiben im Vordergrund und erst nachrangig das orthografisch richtige Schreiben eines Wortes.

Ganzwort dem gesprochenen Wort zuordnen
Der Lehrer spricht bekannte Wörter vor und die Schüler suchen aus den vor ihnen liegenden Wortkarten das entsprechende Wort aus, sie zeigen darauf und lesen dieses. Hierbei findet die Verknüpfung zwischen dem auditiv wahrgenommenen Wort und der visuellen Wahrnehmung der Wortgestalt statt.

Oberbegriffe/Kategorien
Die Schüler ordnen die erlernten Ganzwörter nach Kategorien, zum Beispiel die Schülernamen, die Namen der Lehrpersonen, Wochentage, Monatsnamen und ähnliches.

Einsatz von Ganzwörtern im Unterricht
Vor allem im Themen- oder Sachunterricht, darüber hinaus aber in vielen weiteren sich anbietenden Unterrichtsbereichen, werden die Schüler im Verlauf einer Woche mit Lese- und Schreibmöglichkeiten aus unterschiedlichen Inhaltsbereichen konfrontiert, zum Beispiel Natur, Technik, Umwelt, Sportunterricht, Werken, Selbstversorgung, Mobilität, Arbeit, Lerngänge etc. In jedem Unterricht lässt sich, ergänzend zu Bildern, Illustrationen und realen Anschauungs- und Lernmitteln, auch die Schriftsprache einsetzen. Hierbei werden die Schüler mit Wörtern konfrontiert, die sie gegebenenfalls noch nicht vollständig lesen können. Sollen die Wörter dann überhaupt angeboten werden? Selbstverständlich, ja. Schüler müssen von Schrift umgeben sein, auch wenn sie manche Wörter noch nicht lesen können. Erst durch ein kontinuierliches Angebot ist ihnen die Möglichkeit eingeräumt, dass sie diese Wörter als Ganzes oder in Teilen lesen lernen.

Im untenstehenden Beispiel bietet die Lehrerin den Schülern die bedeutsamen Begriffe des Unterrichtsinhaltes an der Wandtafel als Ganzwörter an, nämlich „Specht“ und „Baumhöhle“. Nur wenige Schüler können diese beiden schriftsprachlichen Begriffe tatsächlich sinnentnehmend lesen. Aber durch die Verknüpfung mit Bildern oder einem Teilmodell des Spechts erhalten die Schüler die Gelegenheit geboten entsprechende Verknüpfungen zwischen Bild und Wort beziehungsweise Modell und Wort herzustellen.

Unterrichtsbeispiel Verena Kimmich

Gleiches gilt für das untenstehende Beispiel des Igels. Um die differenzierten Aneignungsmöglichkeiten der Schüler zu berücksichtigen, erhalten sie gegenständliche, anschauliche (Modell und Bild) und abstrakt-begriffliche (Wort) Aneignungsmöglichkeiten im Unterricht angeboten. Mit diesen verschiedenen Repräsentationsebenen kann den unterschiedlichen Lernvoraussetzungen der Schüler im besonderen Maße entsprochen werden.

Unterrichtsbeispiel Daniela Fink

Verknüpfung zwischen Bildern, Piktogrammen und Schrift

Bei außerschulischen Aktivitäten, wie zum Beispiel Lerngängen in die Stadt, Freibadbesuchen, Spielen auf dem Spielplatz, Fahrten mit öffentlichen Nahverkehrsmitteln, Wanderungen, Schulausflügen etc. kommt es immer wieder zur Begegnung mit Schildern, welche der räumlichen Orientierung dienen.

Im untenstehenden Beispiel kann der Schüler zu seiner eigenen Orientierung sowohl bildhaften Elementen als auch Piktogrammen und der Schriftsprache die Bedeutung entnehmen. Nutzen Sie mit den Schülern regelmäßig diese Leseanlässe. Durch eine Fotografie können Sie solche Lagepläne als Bild auch ins Klassenzimmer holen und hier das Lesen der Aufschriften üben.

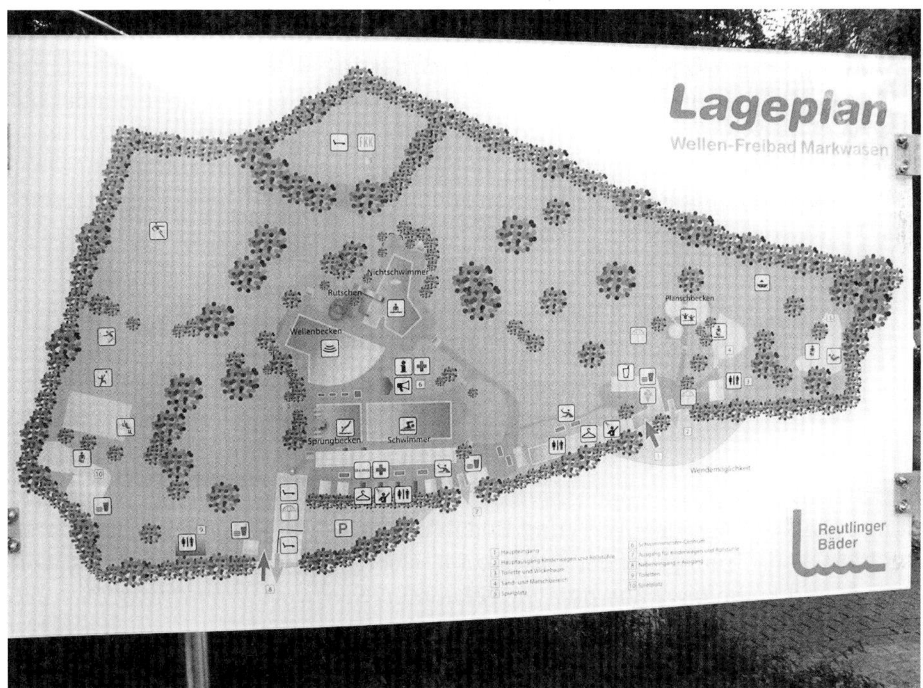

2.6 Lesen mit Hilfe der Pfeilsätze, Pfeil-Lese-Methode (PLM)

Geeignet ist diese Lesetechnik vor allem für Schüler, die Bilder, Piktogramme und eine Reihe von Ganzwörtern (zum Beispiel den eigenen Namen, den der Mitschüler oder des Lehrers) lesen können.

Im Leseunterricht sollen die Schüler in dieser Lese-Entwicklungsphase nicht immer nur mit einzelnen Bildern, Piktogrammen bzw. Ganzwörtern konfrontiert werden. Damit würde man den Interessen und den Potenzialen der Schüler dauerhaft nicht gerecht. Die Schule unterfordert Schüler, wenn diese immer nur Lese-Bruchstücke, also einzelne Piktogramme oder einzelne Ganzwörter angeboten bekommen.

Bedeutsam ist das Lesen von Pfeilsätzen vor allem auch für die Lesemotivation, denn damit werden die Schüler befähigt interessante und vor allem sinntragende Sätze, oder, durch die Aneinanderreihung einzelner Pfeil-Sätze, kurze Geschichten zu lesen.

Ein vollständiger Satz besteht im Wesentlichen aus

Subjekt	Prädikat	Objekt
Anna	fährt	Roller

Anna kann in diesem Beispiel ihren eigenen Namen ganzheitlich erkennen, aber die beiden folgenden Wörter noch nicht. Sie weiß, dass die Wörter aus einzelnen Buchstaben bestehen, kann diese aber optisch noch nicht eindeutig voneinander unterscheiden und kann ihnen auch noch nicht die entsprechenden Laute zuordnen. Folglich gelingt es ihr auch noch nicht die Wörter „fährt“ und „Roller“ zu erlesen. Um ihr die Sinnentnahme, also das Lesen des Satzes, zu ermöglichen, ersetzen wir das Objekt-Wort „Roller“ durch ein Bild. Nun steht da:

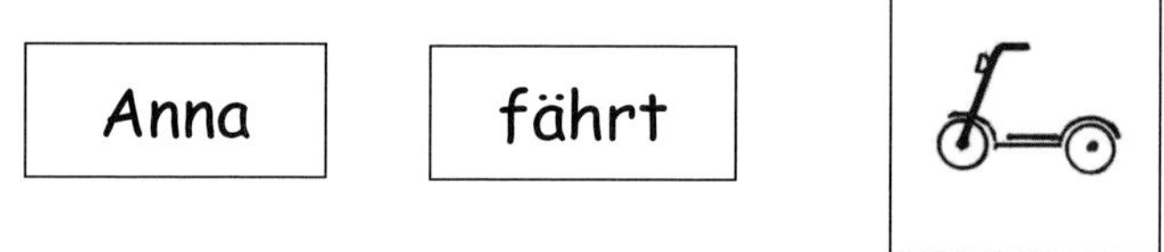

Jetzt stellen wir fest, dass Anna ihren eigenen Namen mit dem Roller in Verbindung bringt. Sie kann aus der Wort- und Bildabfolge einen Satz sprechen, kann aber das Wort „fährt“, aufgrund der Komplexität, nicht lesen. Sie ignoriert dieses Wort einfach und kombiniert aus dem ihr bekannten Ganzwort „Anna“ und dem Bild des Rollers einen Sinn.
Wenn es den Lehrpersonen ein Anliegen ist, dass Schüler bereits in dieser Leseentwicklungsphase vollständige Sätze lesen sollen, dann können wir zu einem lesedidaktischen Kunstkniff greifen, nämlich zur Ersetzung des Verbs, das noch nicht gelesen werden kann, durch einen Pfeil. Es macht wenig bis gar keinen Sinn die Schüler die Verben als Ganzwörter abspeichern zu lassen. Betrachten wir das mal an dem Verb „fahren“. Welche Beugung sollten die Schüler lernen? fahre, fährt, fährst, fahren, gefahren? Alle diese möglichen Beugungen sind nicht als Ganzwörter zu lernen und dauerhaft abzuspeichern.

Also ersetzen wir das Verb durch einen Pfeil, dann sieht der Satz folgendermaßen aus.

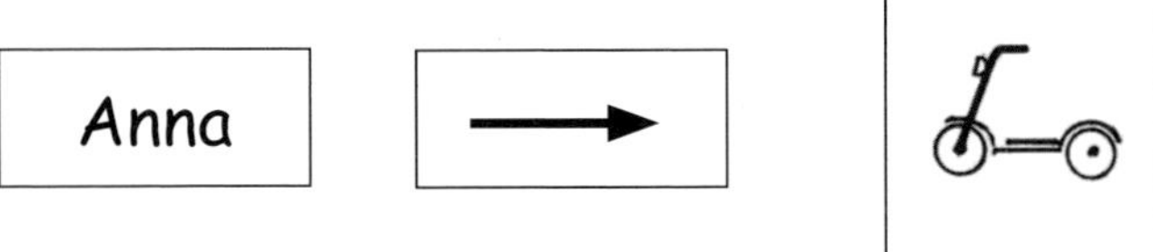

Nun liest Anna, das ihr bekannte Ganzwort „Anna“, das Bild des Rollers und konstruiert unter Zuhilfenahme des Pfeiles aus diesen drei Elementen einen mündlich artikulierten vollständigen Satz, zum Beispiel:

Anna fährt Roller.
Anna fährt mit einem Roller.
Anna möchte Roller fahren.
Anna ist mit dem Roller gefahren.
Anna hat einen Roller.
Ich fahre Roller.
Anna möchte einen Roller.
...

Die Schüler können mit einem Subjekt (meist ein bereits bekanntes Ganzwort), einem Pfeil für die Tätigkeit (Verb als Prädikat) und einem Objekt (meist ein Bild oder ein Piktogramm) sinnvolle und subjektiv bedeutsame Sätze lesen.
Im Gegensatz zu dem Ganzwort und dem Bild beziehungsweise dem Piktogramm, ist der Pfeil kein eindeutiges Zeichen, sondern erlaubt innerhalb des Satzes mehrere Bedeutungen. Bei den eindeutigen Wörtern und Bildern/Piktogrammen kommt es beim Lesen auf das Wiedererkennen und Erinnern der Bedeutung an. Beim vieldeutigen Zeichen des Pfeils verschiebt sich die Lesetätigkeit auf die Sinnentnahme. Ist es sinnvoll, was ich lese? Der Schüler muss sich beim Lesen des Ganzwort – Pfeil – Bild/Piktogramm-Satzes Gedanken machen über die passende Tätigkeit. Das kann sein: Sie fährt ... Sie hat ... Sie möchte ... Sie ist ... usw.

Das Wissen des Schülers um die Dinge, wie sie gebraucht werden sowie der Kontext, in den die Dinge eingebettet sind, fließt in die Sinndeutung mit ein. Die Vieldeutigkeit des Satzes motiviert die Schüler zum Denken, Sprechen und Lesen. Lesen (als Sinnentnahme aus grafischen Zeichen) realisiert sich in einer kognitiv-kreativen sowie sprachlich-schöpferischen Aktivität. Die von den Schülern gefundenen Möglichkeiten der Sinnzuordnung berücksichtigen die vielfältigen Variationen einer möglichen Bedeutung des Satzes.
Auf Artikel oder andere mögliche Wörter kann in der schriftlichen/grafischen Darstellung zunächst verzichtet werden. Selbstverständlich können die Schüler diese, in der schriftlichen Form fehlenden, Wörter mit artikulieren.

Das Anforderungsniveau wird durch die Begrenzung auf die wesentlichen Satzelemente reduziert. Der Schüler soll Erfolgserlebnisse beim Lesen erfahren. Mit zunehmenden Fähigkeiten der Schüler können die Sätze durch die fehlenden Wörter erweitert und vervollständigt werden.

Leicht lassen sich die Objekte mit einer entsprechenden Wortkarte verknüpfen.

Roller

Schüler, welche Schrift nur bedingt lesen können, orientieren sich beim Lesen des Pfeilsatzes und bei der Sinnentnahme weitgehend am Piktogramm. Um die dauerhafte Abspeicherung zu begünstigen, ist es förderlich, wenn das Piktogramm, so oft wie möglich mit dem entsprechenden Wort verknüpft angeboten wird, sodass auf Dauer der Zusammenhang zwischen dem abgebildeten Gegenstand und dem dazugehörigen Wort hergestellt werden kann.

Materialien
Im Lese- und Schreibunterricht liegen den Schülern die bekannten und einzuführenden Ganzwörter als Wortkarten zum Hantieren vor. Geeignet ist eine Größe von 4 cm x 10-12 cm. In dieser Größe kann ein Wort simultan (auf einen Blick) gut erfasst werden.

Zusätzlich liegen den Schülern Bild- und Piktogrammkarten der interessanten schul- und lebensbedeutsamen Gegenstände/Objekte vor. Diese Bild- und Piktogrammkarten haben eine Größe von ca. 8 cm x 8 cm. Bei dieser Kartengröße ist ebenfalls eine simultane optische Wahrnehmung möglich.

Die genannten Materialien bestehen aus Karton und lassen sich von den Schülern auf dem Arbeitstisch immer wieder zu neuen Reihenfolgen legen. Darüber hinaus sollten von den gängigen Ganzwörtern und Bildzeichen ebenfalls Demonstrationskarten in einer entsprechenden Größe vorliegen, denn diese werden von der Lehrperson immer wieder benötigt, um zum Beispiel an der Tafel oder in Setzleisten Sätze in der hier beschriebenen Art zu legen, nein, zu schreiben. Interessant wird es für den Schüler vor allem dann, wenn für bestimmte Subjekte oder Objekte keine Wort- oder Bildkarten vorliegen, denn so besteht für die Lehrperson die Notwendigkeit diese Wörter vor den Augen der Schüler zu schreiben beziehungsweise zu skizzieren.
Von den Wortkarten und den Bild-/Piktogrammkarten sollten für jeden Schüler jeweils mindestens zwei Exemplare vorliegen, sodass sich die Schreibvariationen erhöhen.

Im Nachfolgenden finden Sie stichwortartig einige Übungen zum Pfeilsatz-Lesen dargestellt:
— Bilder/Piktogramme isoliert betrachten und den Sinn der Abbildung verbalisieren

- Bilder/Piktogramme visuell unterscheiden
- Memory-Spiel mit den Bildern/Piktogrammen
- Bilder-/Piktogrammreihen legen, den Sinn entnehmen und verbalisieren
- Eigene Bild/Piktogramm-Reihen legen (schreiben) und den Satz lesen vorlassen
- Ganzwörter im Unterrichtsalltag kontinuierlich verwenden und lesen/verbalisieren lassen
- Ganzwörter unterscheiden
- Ganzwort und Bild/Piktogramm kombiniert anbieten und frei verbalisieren lassen
- Eigene Ganzwort – Bild/Piktogramm-Reihen legen (schreiben) und den Satz vorlesen lassen
- Ganzwort, Pfeil und Bild/Piktogramm kombiniert anbieten und frei verbalisieren lassen
- Bedeutung des Pfeils im Satzkontext besprechen
- Eigene Ganzwort – Pfeil – Bild/Piktogramm-Reihen legen (schreiben) und den Satz vorlesen lassen

Die Einführung des Pfeiles als Verbersatz erfordert einen längeren Zeitraum und kann nicht in wenigen Wochen bewerkstelligt werden. Damit sich ein dauerhafter Übungserfolg einstellt, müssen die Schüler mehrmals in der Woche mit den Pfeilsätzen konfrontiert werden. Lernbegünstigend wirkt sich für die Schüler auch aus, wenn die Schule im Rahmen ihres Schulkonzeptes sich auf ein solches, durchgängig angebotenes, Lesekonzept verständigt.

3. Analytisch-synthetisches Leselernverfahren

3.1 Grundlagen

In der allgemeinen Lesedidaktik – sei es in der Grundschule, der Förderschule oder auch in der Schule mit dem Förderschwerpunkt geistige Entwicklung – hat sich das analytisch-synthetische Leselern-Verfahren bewährt. Was ist damit gemeint? Dauerhaft abgespeicherte Signal-, Ganz- bzw. Schlüsselwörter sind Ausgangspunkt für die im Leselernprozess weiterführende Analyse, Synthese und Sinnentnahme. Ausgehend von den bereits ganzheitlich und dauerhaft abgespeicherten Wörtern, erfolgt nach und nach das Erkennen einzelner Buchstaben in den bekannten Wörtern sowie die Herauslösung einzelner Buchstaben (Analyse).
Nach der Analyse der ersten Buchstaben/Laute erwirbt der Schüler im weiteren Verlauf die Fähigkeit mit Hilfe der analysierten Buchstaben einfache Silben und neue Wörter zu lesen (Synthese). Lassen Sie mich dieses Verfahren im nachfolgenden darstellen.

Analyse
Ausgangspunkt für die Zerlegung/Aufgliederung eines Wortes sind die seither erworbenen und weitgehend ganzheitlich abgespeicherten Signal-, Ganz- oder Schlüsselwörter (zum Beispiel Manuel, Firat, Lisa, Fanta, MARS, FIAT, Anna, SAT 1, Edeka, Mama, Papa, Oma, Opa, am, im, mit, so, ...). Viele Schüler haben parallel zum Aneignungsprozess der Signal- und Ganzwörter die Erkenntnis gewonnen, dass die Wörter aus Einzel"bausteinen" (Buchstaben) zusammengesetzt sind. Diese von den Schülern gewonnenen Einsichten werden von der Lehrperson aufgegriffen und in einem strukturierten Lese- und Schreibprozess fortgeführt. Damit sich bei den Schülern diese Erkenntnisse überhaupt einstellen, weist die Lehrperson bereits in der logographemischen Leselernstufe, also wenn die Schüler die Signal- und Ganzwörter erlernen, immer wieder auf diesen Sachverhalt hin. Wörter bestehen aus einzelnen Buchstaben. Diese Erkenntnis ist elementar für die Analyse.

Das Ausgliedern von Buchstaben (Graphemen), beziehungsweise das Zerlegen eines Wortes in seine Einzelteile, ist die Tätigkeit der **optischen Analyse**. Zum Erwerb dieser Fähigkeit lenkt der Lehrer den Blick der Schüler immer wieder auf die Buchstaben der bekannten Signal- und Ganzwörter, aber auch auf die Schlüsselwörter, welche im Tagesverlauf immer wieder von Bedeutung sind. Sehr effizient kann dies beim Schreiben geschehen. Die Lehrperson schreibt im Tagesverlauf immer wieder vor den Augen der Schüler. Hierbei können diese nachvollziehen, dass die Wörter aus Buchstaben bestehen, die zusammengefügt (geschrieben) ein Wort ergeben.

In der nachfolgenden Übersicht ist die optische und akustische Aufgliederung eines Ganzwortes schematisch dargestellt.

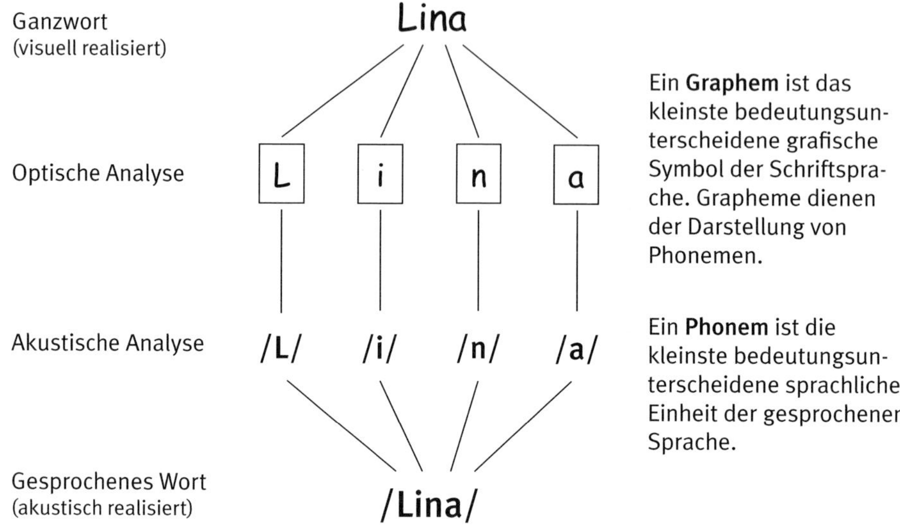

Parallel zur visuellen erfolgt die akustische Analyse eines Wortes. Hierbei wird das gesprochene Wort in seine Lautbestandteile (Phoneme) zerlegt. Die lautliche Analyse ist ein sehr komplexer Prozess und fordert vom Schüler eine hohe Konzentration sowie die Fähigkeit zum genauen Hören, sodass in dieser Phase die Frage nach dem Inhalt des analysierten Wortes eher vernachlässigt werden kann (vgl. Hänni 2007, 16).

Im Leselernprozess spielen sowohl das Graphem als auch das Phonem ihre jeweils bedeutsame Rolle. Die Wahrnehmung und Unterscheidung erfolgt beim Graphem (Buchstaben) über den visuellen und beim Phonem (Laut) über den auditiven Kanal.

Buchstaben-Laut-Zuordnung (Graphem-Phonem-Korrespondenz)
In der Lautschrift muss der Schüler eine Beziehung, eine Verknüpfung, zwischen der gesprochenen Sprache und der geschriebenen Sprache herstellen. Im Mittelpunkt der einführenden Übungen in die Analyse sollte nach Blumenstock (1995, 11) demnach zunächst „die Beziehung zwischen den Grundelementen der geschriebenen Sprache (Buchstaben) und denen der gesprochenen Sprache (Laute) stehen“. Gemeint ist, dass sich der Schüler in diesem Lernprozess zwingend die Verbindung zwischen einem Buchstaben und dem zugehörigen Laut, also die Buchstaben-Laut-Zuordnung, die Graphem-Phonem-Korrespondenz, aneignen muss. Wesentlich für das erfolgreiche Lesen der Schriftsprache ist, dass eine sichere und dauerhafte Verknüpfung zwischen dem Buchstaben und dem entsprechenden Laut vorhanden ist. Diese Verknüpfung gilt es durch vielfältige Angebote und Übungen zu automatisieren.

Hierbei kommt der Lehrperson eine herausragende Bedeutung zu. Sie muss im Unterricht diese Verknüpfung zwischen Buchstaben und Lauten konsequent herstellen. Schüler mit Lernbeeinträchtigungen sind im besonderen Maße auf die Lehrperson und deren ständig angebotenen Buchstaben-Laut-Verknüpfungen angewiesen. Im Lernen nicht beeinträchtigte Kinder sind zum Teil bereits vor der Einschulung in der Lage sich diese Buchstaben-Laut-Verbindungen allein anzueignen und die Gesetzmäßigkeiten selbst zu erschließen. Schüler mit geistiger Behinderung benötigen hingegen eindeutig strukturierte Hilfen, vor allem regelmäßige und lang andauernde Lern- und Übungsgelegenheiten.

Die Laute unserer Sprache sind idealtypisch Einzelbuchstaben oder Buchstabengruppen zuzuordnen.

/m/ → M / m
/o/ → O / o
/g/ → G / g

Schwieriger wird die Zuordnung bei Lauten wie /sch/, /ng/ oder /ch/, denen mehrere Buchstaben zugeordnet werden müssen. Diese Buchstabenverbindungen, welche einen Laut repräsentieren, werden im Leselernprozess später angeboten.

Phonologische Bewusstheit
Der Schüler entwickelt durch vielfältige Begegnungen mit gesprochener und geschriebener Sprache eine phonologische Bewusstheit. Hiermit ist die Fähigkeit gemeint, die lautlichen Aspekte der Sprache differenzieren zu können, also in Sätzen einzelne Wörter, in Wörtern einzelne Silben sowie einzelne Phoneme zu erkennen und voneinander zu unterscheiden. Hilfreich für die Entwicklung einer phonologischen Bewusstheit sind bereits die Erfahrungen beim Erzählen oder Vorlesen von Geschichten, dem Nachsprechen von Reimen, dem Klatschen von Silben, dem Spielen mit selbst erzeugten verbalen Tönen jeglicher Art etc.
Der Schüler macht in den Erzähl-Situationen sowie beim aktiven Nachlautieren/ Nachsprechen von Reimen und Versen viel-sinnige und freudvolle Erfahrungen zur Lautstruktur der Sprache. Er erkennt mit zunehmender Erfahrung die Laute im gesprochenen Wort und stellt durch die parallele Konfrontation mit der Schriftsprache Verknüpfungen zu den geschriebenen Buchstaben her.
Die phonologische Bewusstheit im engeren Sinn bezeichnet die fürs Lesen erforderliche Fähigkeit der akustischen Analyse, nämlich in einem gesprochenen Wort die einzelnen Laute zu erkennen, die wiederum das Fundament für die Phonem-Graphem-Korrespondenz bildet. „Die phonologische Bewusstheit gehört daher zu den bedeutenden Basiskompetenzen eines erfolgreichen Schriftspracherwerbs und eine wirksame Förderung ermöglicht einen besseren Start in den Leselernprozess" (Hagen/Hillenbrand 2012, 328).

Zu den immer wiederkehrenden Übungen gehören Lausch- und Reimaufgaben, die die Aufmerksamkeit des Schülers auf die gesprochene Sprache lenkt. Die akustische Segmentierung eines Wortes in seine Silben bereitet die Schüler auf die Phonemanalyse vor. Hilfreiche Übungen hierzu können mit dem Silbenklatschen durchgeführt werden. Über die Anzahl der Silben eines Wortes lassen sich auch Wortlängen miteinander vergleichen. (Vergleichen Sie hierzu auch das Kapitel „Literalität – Literacy" in diesem Heft.)
Der Schüler übt sich in der auditiven Diskriminationsfähigkeit, das heißt, er ist zunehmend in der Lage einen Laut vom anderen zu unterscheiden. Der Schüler soll zunächst Laute in einem starken Kontrastverhältnis unterscheiden, zum Beispiel /a/ im Gegensatz zu /m/. Durch weitere Diskriminationsübungen (Unterscheidungsübungen) gelangt ein Teil der Schüler dahin, dass er ähnlich klingende Laute in einem schwachen Kontrastverhältnis, wie zum Beispiel /d/ und /t/ oder /b/ und /p/ unterscheiden kann.

Verwendung von Lautgebärden
Bei der optischen Analyse zerlegt der Schüler ein visuell dargebotenes Wort in seine Elemente (Grapheme). Dazu kann sich der Schüler dieses Wort so lange anschauen und zu durchdringen versuchen, wie er möchte und wie es vonnöten ist.

Anders ist es bei der akustischen Analyse, bei der es um das Heraushören bestimmter Laute aus einem gesprochenen Wort geht. Beim Sprechen handelt es sich um eine verflüchtigende Ausdrucksform. Ganz anders beim Schreiben, bei dem ein materielles Zeichen – der Buchstabe oder das geschriebene Wort – zurückbleibt und längere Zeit betrachtet oder gelesen werden kann. Das gesprochene Wort ist hingegen nach dem Verklingen des letzten Lautes der Wort-Klanggestalt materiell nicht mehr präsent.
Schülern mit auditiven Wahrnehmungsschwierigkeiten fällt die akustische Analyse sehr schwer. Sie gelingt vielen Schülern nur eingeschränkt oder gar nicht.

Es gibt eine hilfreiche Methode, um die akustische Analyse zu erleichtern, indem wir nämlich die eigentlich nur hörbaren Laute „sichtbar" machen. Um die Einzellaute eines Wortes „sichtbar" zu machen, lassen sich als Hilfsmittel bei der akustischen Analyse Lautgebärden verwenden. Lautgebärden, die mit der Hand gebildet werden, sind Merkhilfen bei der Zuordnung des Lautes (Phonem) zum geschriebenen Zeichen (Graphem). Jeder neu gelernte Buchstabe wird mit einer Klanggestalt (Phonem) verknüpft und zusätzlich – als Assoziationshilfe – mit einem einfach zu bildenden Handzeichen versehen.
Zum akustischen Wahrnehmungseindruck des gesprochenen Lautes kommt der ergänzende visuelle Eindruck durch die Lautgebärde hinzu. Die einzelnen Laute innerhalb eines Wortes werden durch die parallele Verwendung der entsprechenden Lautgebärden „visualisiert" (das heißt, vor Augen geführt) und erleichtern somit die Durchgliederung eines akustisch dargebotenen (gesprochenen) Wortes.

Die Klanggestalt des gesprochenen Wortes wird in die Einzelteile (Phoneme) zerlegt. Beim Zusammenlesen (Synthese) werden Wortklanggestalten als motorische Handlungsabfolgen sichtbar gemacht. Aus einzelnen Lauten entsteht durch das Aneinanderfügen / die Verknüpfung ein bedeutungs-, ein sinntragendes Wort. Die Synthese wird unterstützt durch die motorische Aneinanderreihung und Verknüpfung einzelner Lautgebärden.
Sowohl die akustische Analyse als auch die Merkfähigkeit wird durch die motorische Unterstützung der Lautgebärde erleichtert, beziehungsweise verbessert.

Meiner Erfahrung nach reicht es, wenn Lautgebärden bei der Analyse der ersten zehn bis zwölf Laute/Buchstaben im Leselernprozess eingesetzt werden. Wenn die Schüler das Prinzip erkannt haben, dass ein gesprochenes Wort aus mehreren Einzellauten besteht, und sie durch eine Reihe von Übungen zur akustischen Analyse beim Zerlegen eines Wortes Sicherheit erworben haben, möchten die Schüler zum Teil auch von sich aus auf die Verwendung von Lautgebärden verzichten.

Manchmal kann es auch vorkommen, dass die Gebärden beim anzustrebenden flüssigen Zusammenschleifen der Buchstaben/Laute zu einem Wort eher hinderlich sind, weil sie zu sehr die einzelnen Laute betonen, also eher ein „Zerstückeln" in Einzelphoneme zur Folgen haben, wohingegen es beim zusammenhängenden Lesen, der Synthese, auf die Erzeugung einer akustischen (zusammenhängenden) Wortklanggestalt ankommt.

Ein weiterer Grund, der für den nur begrenzten Einsatz der Lautgebärden spricht, liegt darin, dass auch die deutsche Sprache nicht durchgängig lautgetreu geschrieben wird. Schon das einfache Wort „Katze" hat zwar fünf Buchstaben, aber nur vier Laute: /k a z e/. Das „t" ist nicht hörbar, muss aber nach der „reinen Lehre" der Verwendung der Lautgebärden mit gebärdet werden. Ein weiteres häufiges Wort wie „Auto" hat vier Buchstaben, aber nur drei Laute. „Au" wird beim Sprechen als ein Phonem /au/ gesprochen.
Gebärden stören umso mehr, je komplexer die zu erlesenden Wörter werden.

Innerhalb der Schule muss die Diskussion über Vor- und Nachteile des Einsatzes von Lautgebärden geführt werden. Noch relevanter wird die Pro und Contra-Diskussion, wenn in der Schule für die nicht-verbal sprechenden Schüler bereits sprachbegleitende beziehungsweise sprachunterstützende Gebärden verwendet werden. Gelingt es den Schülern die vielfältigen Gebärden voneinander zu unterscheiden?

Nachfolgend finden Sie beispielhaft vier Gebärden, welche sich für die akustische Analyse gut eignen. Leitend bei der Auswahl von Lautgebärden sind unter anderem folgende Kriterien:

Die Mundstellung bei der Artikulation eines /a/ ist weit geöffnet. Diese etwas geweitete Mundstellung bei der Aussprache eines /a/ wird in der Lautgebärde mit einem gewissen Öffnungswinkel zwischen dem Daumen und den vier Fingern dargestellt. Es besteht eine unmittelbare Verknüpfung zwischen der Mundstellung und der ebenfalls leicht geöffneten Hand.

Die Buchstabenform lässt sich mit einem Finger darstellen. Der Buchstabe „I" wird in der Lautgebärde durch den ausgestreckten Zeigefinger symbolisiert.
Ebenso leicht lässt sich das „O" darstellen, indem wir nämlich den Daumen und die Finger zu einer angedeuteten Kreisform zusammenbringen.

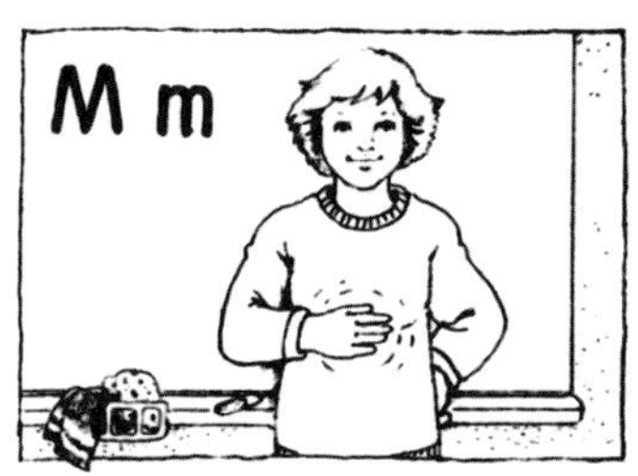

Das „M" lässt sich mit einem Wohlbehagenslaut /mmh/ in Verbindung bringen und dazu die entsprechende Gebärde durchführen, nämlich eine leicht kreisende Handbewegung vor dem Magen.

Auf Körperteile mit einem prägnanten Anfangslaut kann mit dem Finger gezeigt werden. Der Laut /n/ wird als Lautgebärde dargestellt, indem der Schüler beziehungsweise die Lehrperson mit dem Zeigefinger auf die Nase zeigt.

Gebärden entnommen aus Günthner/ Lanzinger/Moertl-Rangnick 2002

Falls Sie an Ihrer Schule Lautgebärden einsetzen, sollten Sie sich innerhalb der Schule zwingend auf ein verlässliches und über die Schulstufen hinweg verbindliches Gebärdensystem verständigen. Hilfreich bei dieser fachdidaktischen Diskussion ist das Buch von Holger Schäfer und Nicole Leis: Lesen und Schreiben im Handumdrehen, München, Reinhardt

Reihenfolge der zu erlernenden Buchstaben/Laute
Vokale lassen sich leicht artikulieren, demzufolge werden in der Sprechentwicklung auch die Vokale mit als erste Laute erlernt. In der Reihenfolge der Analyse können Sie folgendermaßen vorgehen: a, o, i, e und schließlich das u.

Neben den Vokalen eignen sich für den Einstieg in die Analyse einfach zu artikulierende Konsonanten, zum Beispiel: m, n, l, b und d, die in der Sprechentwicklung ebenfalls früh artikuliert werden
Später kommen schwieriger zu artikulierende Laute, wie k, g, f, s oder r hinzu. Diese Laute treten in der Sprechentwicklung eines Kindes erst später auf, denn sie sind schwieriger zu artikulieren.

Günstig sind Konsonanten, die gedehnt artikuliert werden können. Hierzu gehören zum Beispiel Laute wie LLLL-iiii-llll-oooo

Ähnlich klingende Laute (Phoneme), wie zum Beispiel p/b, d/t, f/v und k/g sollten wegen der „Ähnlichkeitshemmung" nicht gleichzeitig oder direkt aufeinander folgend angeboten werden. Wenn der Schüler über den Laut /p/ einigermaßen sicher verfügt, kann in einem zeitlichen Abstand der Laut /b/ angeboten und geübt werden.

Ähnlich aussehende Buchstaben (Grapheme), wie z. B. D/O, d/p, m/n, sollten aus den oben genannten Gründen der Ähnlichkeitshemmung ebenfalls nicht gleichzeitig oder direkt aufeinander folgend zum Lernen angeboten werden.

Konsonantenverbindungen, wie z. B. pf in Apfel, Bl in Blume, sch in schwimmen können dann angeboten werden, wenn wesentliche Grundlagen in der Analyse und Synthese vorhanden sind.

Synthese
Sobald ein Schüler über eine kleine Anzahl analysierter Buchstaben/Laute verfügt, kann er mit diesen „Bausteinen" Syntheseübungen durchführen. „Um zu einem gesprochenen Wort zu kommen, muss ich die einzelnen Laute einer Reihe nach sprachlich miteinander verbinden (Lautsynthesen herstellen)" (Mahlstedt 1996, 18). Synthese meint also das Zusammenfügen, das Zusammenlesen, das Verbinden von Einzelelementen (Buchstaben, Lauten) zu einem hörbaren oder innerlich gesprochenen Wort.

Phonologische Stufe

Der Einstieg in die Synthese erfolgt über die phonologische Stufe. Einzelne Buchstaben werden aneinander gefügt, zusammen gelesen. Beim Synthetisieren bestimmt die Reihenfolge der Buchstaben des Wortes die Lautfolge.

Das Kind liest Buchstaben für Buchstaben. Einzellaut wird an Einzellaut gereiht, und so, nach vielen Versuchen, zusammengeschliffen.

Für die erlernten Buchstaben und Laute dürfen keine Buchstabennamen, wie zum Beispiel /em/ für den Buchstaben M/m oder /pe/ für den Buchstaben P/p verwendet werden. Die Verwendung von Buchstabennamen wird sonst das Zusammenschleifen (Synthese) gravierend erschweren.
„Lina“, mit Buchstabennamen gelesen, liest sich dann in etwa so: /el: i: en: a/ (: = gedehnt gesprochen).

Silben lesen

Nachdem die Schüler eine erste Sicherheit beim Zusammmenlesen einzelner Buchstaben erworben haben, sollte, um unter anderem auch die Lesegeschwindigkeit zu erhöhen, das Erlesen von Silben geübt werden. Aus Buchstabengruppen bildet der Schüler kleine Verarbeitungseinheiten, hier Sprechsilben. Silben sind kleinste Sprecheinheiten und haben für sich noch keine sinntragende Bedeutung.
Weil bei diesen Übungen die Schüler zwingend die Erfahrung machen müssen, dass sie sinnvolle Wörter erlesen können, sollten die zusammengelesenen Silben, zumindest in der Anfangsphase der Synthese, sinntragende Wörter sein. Sowohl die Lesegeschwindigkeit als auch die Erfahrung des Erlesens von sinnvollen Wörtern ist für die Lesemotivation von großer Bedeutung. Bei einer zu geringen Lesegeschwindigkeit ist die Sinnentnahme aus den gelesenen Wörtern erschwert. Wenn Schüler in der bedeutsamen Einstiegsphase in die Synthese überwiegend mit sinnleeren Wörtern konfrontiert werden, stellt sich nur bedingt die Erfahrung ein, dass den zusammengelesenen Wörtern eine Bedeutung entnommen werden kann. Folglich wird sich die Motivation erst gar nicht richtig entwickeln oder bald wieder erlahmen.
Die Synthese ist per se eine sehr schwierige Leseaufgabe, folglich muss hierbei den Schülern das Lernen erleichtert und freudvoll für sie gestaltet sein. Das Singen der Silben, also die Einbindung dieser Übungen in ein Lied, und das damit verknüpfte Zusammenfügen der Silben zu sinntragenden Wörtern, stellt zum Beispiel eine lustvolle Übungsform in dieser Lesestufe dar. Hierzu können die Schüler gegebenenfalls auch noch klatschen. Durch das Bewegungselement erhöht sich die Motivation noch weiter.

Morphematische Stufe

In der morphematischen Stufe ist das Wort bereits in Wortbausteine (Morpheme) gegliedert, was die Lesegeschwindigkeit weiter erhöht. Mit zunehmender Leseerfahrung speichert der Schüler häufig vorkommende Wortbausteine ab und kann diese aufgrund vielfältiger Übungen spontan erkennen/erlesen, ohne dass er diese Wortbausteine (Morpheme) Buchstabe für Buchstabe durchgliedert. Hierdurch erhöht sich die Lesegeschwindigkeit wesentlich und verbessert in der Folge auch die Sinnentnahme.

Morpheme sind die kleinsten bedeutungstragenden Strukturelemente der gesprochenen und geschriebenen Sprache mit einer Bedeutungs- und einer grammatischen Funktion.

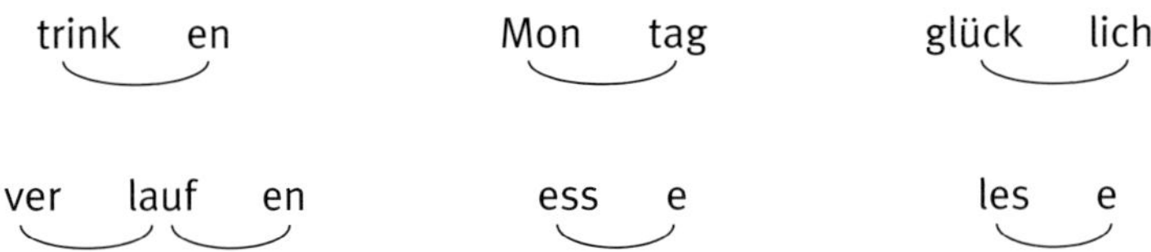

Das Erlesen sinntragender Wörter stellt für die Schüler einen bedeutsamen Motivationsfaktor dar. Beim Zusammenlesen entsteht eine Klanggestalt, ein gesprochenes Wort, dem der Schüler den Sinn entnimmt. Demzufolge müssen den Schülern zu Beginn des Syntheseprozesses Lese-Wörter aus dem bekannten Wortschatz angeboten werden, denn nur so kann eine Sinnerwartung entstehen. Das Gelesene wird in Verbindung gebracht mit dem, was die Schüler schon kennen, was sie zur Bedeutung der gelesenen Wörter schon wissen.

Durch anhaltende und intensive Übungen können die Schüler dann bald einfache Wörter rasch erlesen, ohne dass sie auf die einzelnen Buchstaben zurückgreifen und das Wort durchbuchstabieren müssen. Durch kontinuierliche Wiederholungen erkennen sie „die meisten Worte automatisch – wissen wie sie ausgesprochen werden und was sie bedeuten“ (Paulus 2009). Der Leseprozess erfordert im Gehirn eine Art Lexikon, auf welches das Kind beim flüssigen Lesen zurückgreifen kann. Demzufolge ist Lesenlernen eng verknüpft mit dem Vorhandensein eines angemessenen Wortschatzes. An dieser Stelle wird deutlich, dass die Schule die Aufgabe hat, den Schülern zu einem möglichst umfassenden Wortschatz zu verhelfen, denn dieser ist neben der Verbalsprache auch für das sinnentnehmende Lesen von Vorteil.

Als eine das Zusammenlesen erleichternde Methode hat sich das „Lese-Tandem“ gut geeignet. Als Lehrperson setzen Sie sich neben den Schüler oder ihm direkt gegenüber. Halten Sie den Schüler dazu an, dass er mit einem Finger unter dem zu lesenden Wort von Buchstabe zu Buchstabe gleitet beziehungsweise bei einem Satz von Wort zu Wort. Der Schüler und sie lesen gleichzeitig hörbar. Für den Schüler stellt Ihre (leise) Artikulation eine Stütze dar. Hören Sie bei einfachen Wörtern mit Mitsprechen auch mal auf und lassen Sie den Schüler allein weiterlesen. Bei

schwierigen Wörtern artikulieren Sie wieder mit. Somit entsteht ein Lesefluss, welcher die Sinnentnahme aus dem Satz oder dem einzelnen Wort erleichtert.
Um das Mitgleiten des Fingers unter dem Wort zu erleichtern, sollten die Buchstaben in einer entsprechenden Größe angeboten werden.

Neben dem Erlesen stellt das Schreiben eine gute Möglichkeit zur Übung der Synthese dar.
Eine Lautfolge wird beim Schreiben der Buchstaben in ein orthografisches Zeichensystem übertragen. Orthografie meint die richtige Reihenfolge der grafischen Zeichen (Rechtschreibung). Das frühe parallele Angebot von Lesen und Schreiben erleichtert den Schülern die Einsicht in die Verknüpfung der Laut- mit der Schriftsprache. Lesen und Schreiben bedingen und unterstützen einander.

Sinnentnahme
Die Sinnentnahme aus den erlesenen Wörtern erfolgt zu Beginn des Leselernprozesses weitgehend über das gehörte Wort.
Schüler können nur eine begrenzte Anzahl von geschriebenen Wörtern ganzheitlich abspeichern und durch Sehen simultan erkennen (lesen). Der Hör-Wortschatz ist hingegen wesentlich höher als die abgespeicherten Ganzwörter. So verfügt zum Beispiel ein nicht behindertes siebenjähriges Kind über einen passiven Wortschatz von ungefähr 10 000 Wörtern (Paulus 2009).
Regen Sie demzufolge die Schüler bei der Synthese dazu an, die zu erlesende Buchstabenfolge in eine akustisch wahrnehmbare Lautgestalt (ein gesprochenes Wort) zu übertragen, also hörbar zu lesen. Die Sinnentnahme des gelesenen Wortes ist dann dem Schüler über das selbst artikulierte und gehörte Wort möglich. Beim hörbaren Erlesen eines Wortes kommt es zu einer so genannten akustischen Rückkopplung. Der Schüler entnimmt dem selbst gesprochenen, also hörbaren, Wort die Bedeutung. Hilfreich kann hier auch sein, wenn die Lehrperson beim Synthetisieren flüsternd unterstützt. Der Lesen lernende Schüler entnimmt also zunächst weniger dem gelesenen Wort, sondern vorrangig dem gesprochenen und gehörten Wort den entsprechenden Sinn. Deshalb ist es hilfreich in der ersten Phase des Syntheseprozesses weitgehend nur einfache Wörter zu verwenden, die im Sprachwortschatz der Schüler vorkommen und denen sie auch bereits eine entsprechende Bedeutung entnehmen können. Das Lesenlernen nach Gehör ist für den Leselernprozess von Vorteil. Auf Dauer wäre es selbstverständlich nicht die geeignete Lesemethode.

Beim Lesen eines Satzes beziehungsweise eines Textes bewegen sich die Augen in der Zeile nicht flüssig von links nach rechts. Vielmehr verharren die Augen zwischen einer viertel und einer halben Sekunde an einer Stelle und erfassen einen Teil eines Wortes oder eines Satzes. In ruckartigen Bewegungen springen die Augen bis zu acht oder neun Buchstaben weiter um dann wieder für einen Sekundenbruchteil bei einem Wortteil zu verharren. Diese Augensprünge werden auch Sakkaden genannt. Geübte Leser sind in der Lage Wortteile oder kurze Worte wie „am“, „in“, „mit“, „und“ zu überspringen und den Sinn aus dem Kontext des Satzes abzuleiten. Schüler mit geistiger Behinderung müssen aufgrund der eingeschränkten Leseroutine in der Regel jedes Wort bewusst lesen um dem Satz die entsprechende Bedeutung zu entnehmen.

Erklärtes Ziel des Leseunterrichts muss das flüssige Lesen einfacher Texte sein. Denn wer nicht flüssig lesen kann, dessen "Arbeitsspeicher" ist durch das Dekodieren der Wörter und Sätze so in Anspruch genommen und überlastet, dass er zum Verstehen etwas schwierigerer Texte kaum oder gar nicht vordringt (vgl. Paulus 2009). Das flüssige Erlesen der Wörter darf keine Schwierigkeit mehr sein, damit der Kopf frei wird für das Verstehen des Textes, das eigentliche Lesen.

3.2 Mehrdimensionale Übungsformen

Bei den nachfolgend aufgeführten Übungen zur Analyse, Synthese, dem Schreiben der Buchstaben sowie den Übungen zur Steigerung der Lesefertigkeit ist der Lese- und Schreibvorgang eng miteinander verbunden. Lesen und Schreiben lernen verstehen sich als parallel ablaufende Lernprozesse.
Miteinander verknüpfte Übungen erhalten Vorrang vor einem isolierten und getrennten Vorgehen. Bei den Lern- und Übungsvorschlägen steht das mehrdimensionale Lernen im Vordergrund. Der Lese- und Schreibunterricht berücksichtigt die in dem untenstehenden Schaubild dargestellten Entwicklungsbereiche. Beim Lesen und Schreiben kommt es zu einem dynamischen Zusammenspiel aller genannten Aspekte. Die Berücksichtigung möglichst vieler Bereiche im Lernprozess begünstigt die ganzheitliche Aneignung der Lese- und Schreibfertigkeiten.

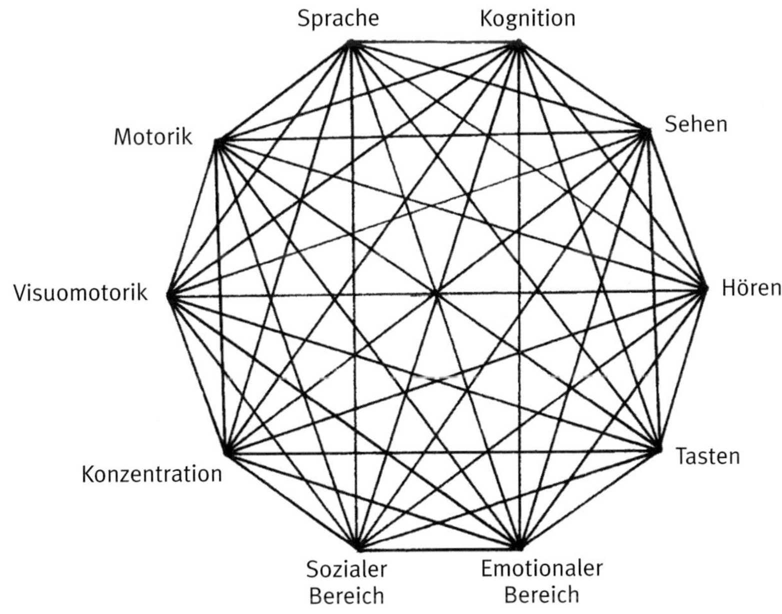

Die Übungen finden nicht nur an den Tischen und an der Tafel des Klassenzimmers statt, sondern auch auf dem Boden, im Flur, im Rhythmikraum, im Freien, auf dem gesamten Schulgelände. Vielfältige, multifunktionale, entwicklungs- und altersentsprechende Übungsmaterialien sind in den Unterricht ebenso einzubeziehen wie die Verwendung spielerischer Elemente.
Vermitteln Sie den Schülern durch die Auswahl der Übungen und durch Ihre persönlichen Rückmeldungen, ja, auch ihrer Begeisterung an der Sache, Ermutigung und Selbstwertgefühl. Ein Schüler, der für sein Bemühen gelobt wird und sich seines Lernerfolgs bewusst ist, entwickelt aus sich heraus eine eigene Motivation. Das Arbeitsverhalten verbessert sich mit dem Lernerfolg und der positiven Rückmeldung durch die schulischen und häuslichen Bezugspersonen. Kinder und Jugendliche auf dem Weg zur Schriftsprache benötigen Zuversicht, Geduld und auch den Lohn für ihre Mühen.
Bei Schülern mit geistiger Behinderung besteht bei allen Lernprozessen im besonderen Maße die Notwendigkeit der individuellen Unterstützung durch die Lehrperson. Dazu gesellt sich ein strukturiertes, fachlich richtiges Vorgehen bei der Vermittlung der kognitiv anspruchsvollen Tätigkeiten des Lesens und des Schreibens.

Nicht nur beim Erlernen des Lesens und des Schreibens ist ein selbständiges Üben der Schüler von Bedeutung. Zeitweise selbständig lernende Schüler ermöglichen der Lehrperson eine schülerbezogene Differenzierung. Können die Schüler ein Arbeitsblatt oder eine Aufgabe selbständig bearbeiten, kann sich die Lehrperson in dieser Zeit jeweils einzelnen Schülern zuwenden und diese in ihrem Lernprozess unterstützen. Selbständiges Arbeiten der Schüler setzt voraus, dass die Übungen zum einen intensiv trainiert wurden und zum anderen die Lernaufgaben sowie Arbeitsblätter klar und unmissverständlich gestaltet sind, die Schüler nicht überfordern, sie aber auch nicht unterfordern.

Entwickeln Sie, auch im Team, weitere Übungsmaterialien, die auch anderen Kollegen in der Schule zur Verfügung stehen. Beziehen Sie in die Herstellung ausgewählter Materialien auch dazu befähigte Schüler mit ein.
Aus gemachten Erfahrungen, kann ich ergänzend den Einbezug der Eltern in die Herstellung und Beschaffung von Lernmaterialien empfehlen. Warum nicht mal einen Elternabend für die Herstellung von Lernmitteln für die Schüler konzipieren? Mancher Vater, der eventuell seither bei der Zusammenarbeit mit der Schule eher „außen vor“ stand, bringt seine handwerklichen Fähigkeiten gerne mit ein und entwickelt hierbei einen neuen Bezug zur Schule seines Kindes.

Auf den folgenden Seiten erhalten Sie Übungsvorschläge um die Einzelfertigkeiten des analytisch-synthetischen Leseprozesses des Schülers zu unterstützen. Die hier getrennt dargestellten Übungen überschneiden sich – wie oben angedeutet – im Lese- und Schreibunterricht ständig und stellen auch keine Hierarchie dar.

3.3 Übungen zur optischen Analyse

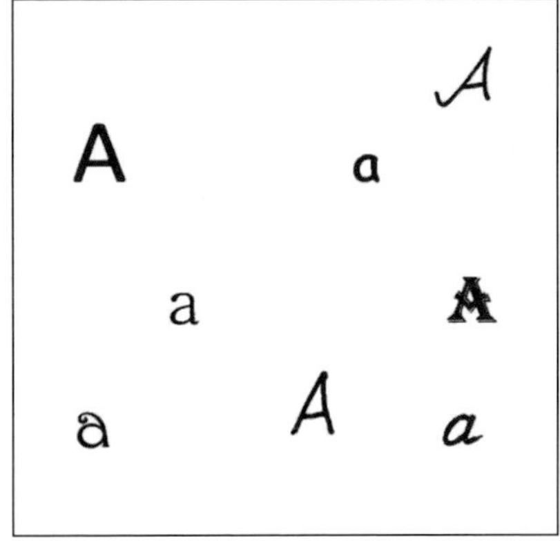

Bieten Sie den Schülern unterschiedlich geschriebene oder gedruckte Formen der Buchstaben an. Ziel der Übungen ist, neben der Analyse, auch eine stabile „invariante Repräsentation" (Dehaene 2010, 162) der Buchstaben zu entwickeln. Im Verlauf der Übungen muss der Schüler, unabhängig, ob der Buchstabe handschriftlich geschrieben oder gedruckt dargeboten wird, diesen immer als gleichen Buchstaben erkennen. Es ist immer ein „A/a", egal in welcher Schriftart oder Größe er zu lesen ist.

Neben den unterschiedlichen Darstellungsarten der Buchstaben, ist es zielführend den Schülern auch Groß- und Kleinbuchstaben parallel anzubieten. Beim Angebot eines kleinen „a" und ein großes „A" muss sich die gleiche Assoziation einstellen. Auf einer höheren Ebene kommt es bei der Zusammenführung von Buchstaben und Lauten zu ähnlichen invarianten Repräsentationen, nämlich der Buchstaben-Laut-Korrespondenz.

Lehrperson als Schreibvorbild

Schreiben Sie vor den Augen der Schüler bekannte Wörter auf Kartonstreifen. Die Betonung liegt auf „vor den Augen der Schüler". Es geht im besonderen Maße darum, dass die Schüler die Lehrperson regelmäßig als Schreibvorbild erleben. Mit der Schere zerschneiden Sie (oder einzelne Schüler) das Wort anschließend. Hierbei wird das Wort in seine Einzelbuchstaben zerlegt (Analyse). Beim anschließenden Zusammenfügen der Buchstaben durch die Schüler oder die Lehrperson entsteht wieder das Ausgangswort. Die Schüler erfahren und erkennen, dass bislang ganzheitlich erfasste und gelesene Wörter aus Einzelelementen, nämlich Buchstaben sowie den dazugehörigen Lauten bestehen.

Blankokarten

Schreiben Sie Einzelbuchstaben auf Blankokarten in Spielkartengröße. Damit lassen sich leicht Wörter legen (schreiben) und wieder in seine Einzelelemente (Buchstaben) zerlegen, zergliedern, analysieren. Damit die Schüler die Raumlage des Buchstabens leicht erkennen und dauerhaft sicher abspeichern können, markieren Sie die untere Seite der Buchstabenkarte mit einem dünnen Querstrich. Somit ist eher gewährleistet, dass die Schüler die Buchstabenkarten richtig vor sich hinlegen.

Buchstaben erkennen

Die Schüler legen ihre Buchstabenkarten in beliebiger Anordnung vor sich auf dem Tisch aus. Der Lehrer zeigt einen Demonstrationsbuchstaben. Nun suchen die Schüler aus ihren Buchstabenkarten die entsprechenden Karten aus, zeigen darauf oder markieren diesen Buchstaben mit einem Markierstein.

Buchstabenposter

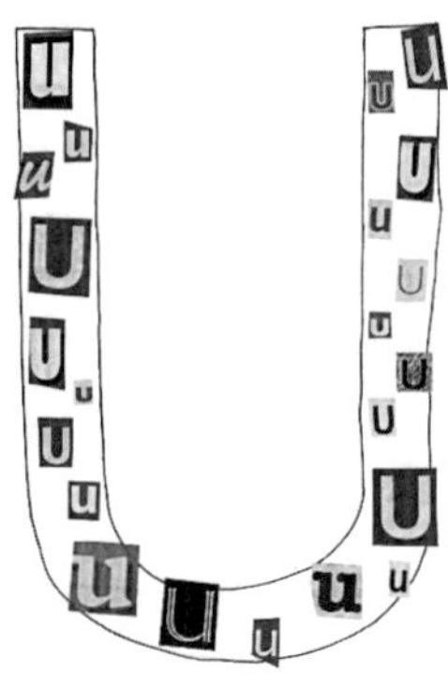

In Zeitschriften und Zeitungen suchen die Schüler die aktuell zu lernenden Buchstaben, schneiden diese aus und kleben sie auf das Buchstabenposter. Hierzu bietet die Lehrperson den Schülern die Form des entsprechenden Buchstabens in einer angemessen Größe (ca. 25-30 cm) und als Kontur an, sodass die Schüler die gesuchten und ausgeschnittenen kleinen Buchstaben gut in die vorgegebene äußere Form einkleben können. Wichtig ist, dass die Grundform des Buchstabens nach dem Einkleben noch deutlich wahrnehmbar ist.

Memoryspiel

Um die Buchstabendiskrimination spielerisch zu üben, bietet sich das allseits bekannte Memory an. Hierfür eignen sich entweder Karten in der Größe der herkömmlichen Memory-Spielkarten oder die bereits im Unterricht eingesetzten Buchstabenkarten in Spielkartengröße. Auch diese Memorykarten beschriften Sie idealerweise im Unterricht vor den Augen der Schüler.

„Mein rechter, rechter Platz ist leer"

Jeder Schüler bekommt eine Buchstabenkarte, die er für die Mitschüler, welche im Stuhlkreis sitzen, gut sichtbar vor sich hält oder am Pullover befestigt. Im Spiel wünscht sich dann Alexander auf seinen rechten Platz nicht die Simone, sondern das „A" her, das diese vor sich hält.

Buchstabensuppe, Russisch Brot

Die Schüler kochen eine Buchstabensuppe oder essen Russisch Brot. Sie suchen in der Suppe die gelernten Buchstaben und legen diese auf den Tellerrand. Mit den Buchstaben des Russisch Brot lassen sich auch leicht einfache Wörter auf den Tisch legen und lesen.

Buchstabenhaus

Die Schüler legen in das Buchstabenhaus gleiche Buchstaben ein. Als Aufgabenstellung legt die Lehrperson in das Dachgeschoss die erste Karte, hier das A, ein. Aus den danebenliegenden Karten suchen die Schüler alle A und ordnen diese in die darunter befindlichen Wohnungen ein. Solch ein Buchstabenhaus lässt sich mit etwas handwerklichem Geschick selbst herstellen. Alternativ können Schüler aus der Berufsschulstufe diese Spielvorlage als Auftragsarbeit produzieren.
Selbstkontrolle: Es dürfen keine A-Karten übrig bleiben.

Buchstabenpuzzle

Sägen Sie ein vorgefertigtes dünnes Sperrholzplättchen (6 cm x 12 cm) mit der Dekupiersäge in der Mitte durch, so dass eine Kontur entsteht. Sofern möglich, beziehen Sie die Schüler in die Herstellung dieses Arbeitsmittels ein. Auf einen ausgesägten Teil schreiben Sie nun den Großbuchstaben, auf den anderen den Kleinbuchstaben. Aufgabe für die Schüler: Aus mehreren Buchstabenplättchen das jeweils passende Paar der Groß- bzw. Kleinbuchstaben zusammenfügen. Beide Teile greifen entsprechend dem Sägeschnitt fugenlos ineinander. Dadurch wird dem Schüler die Selbstkontrolle erleichtert.

Klammerkarten

Die beiden Buchstaben in der Kopfzeile, der aus stabilem Karton hergestellten Aufgabenkarte, haben verschiedene Farben (M = rot, m = gelb). Der Schüler markiert mit den entsprechenden farbigen Klammern die Groß- oder Kleinbuchstaben. Auf der Rückseite befinden sich rote beziehungsweise gelbe Punkte, welche die Selbstkontrolle ermöglichen. Der Schüler lernt Groß- bzw. Kleinbuchstaben voneinander zu unterscheiden.

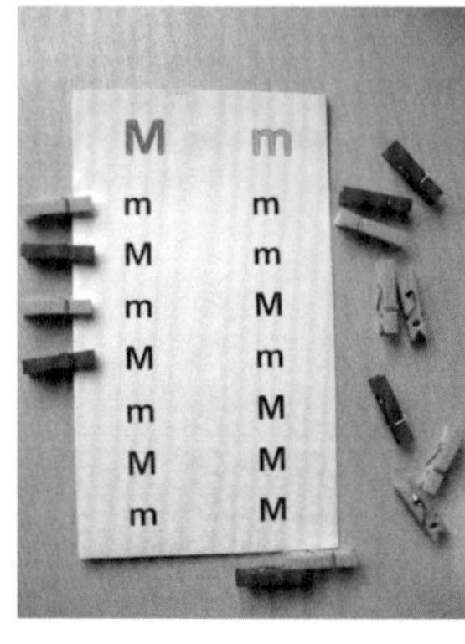

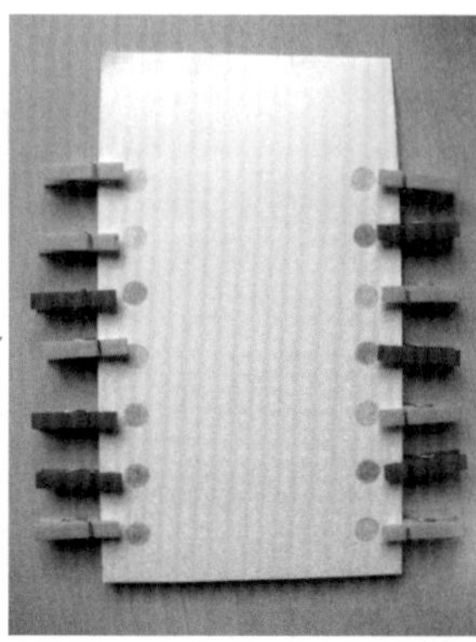

Buchstaben würfeln

Reihum würfelt jeder Schüler mit einem Buchstabenwürfel, auf dem die seither gelernten Buchstaben abgebildet sind. Zu dem gewürfelten Buchstaben sucht der Schüler aus einer Menge von Buchstabenkarten die entsprechende Karte aus. Diese werden von jedem Schüler gesammelt.
Zum Abschluss können die erspielten Buchstabenkarten betrachtet, benannt und gezählt werden:

Simone hat 2 x A, 1 x a, 3 x M, 2 x O und 2 x o gewürfelt.

Peter hat 1 x A, 2 x M, 2 x m, 3 x O und 2 x o gewürfelt.

Das gleiche Spiel ist auch mit einem Buchstabenkreisel durchführbar.

Buchstaben auf den Rücken schreiben

Die Form des Buchstabens wird von der Lehrperson einem Schüler mit den Fingerkuppen auf den Rücken geschrieben, vom Schüler erspürt und benannt. Leistungsstarke Schüler können sich auch gegenseitig Buchstaben auf den Rücken schreiben.

Buchstabenquartett

Beschriften Sie in Anwesenheit der Schüler je vier Spiel-Karten mit dem gleichen Buchstaben. Das nachfolgende Spiel erfolgt nach den Quartettregeln.

Buchstabenangeln

Sägen Sie aus Styroporplatten (4–5 cm dick) mit der Dekupiersäge verschiedene Buchstabenformen aus und versehen Sie diese am oberen Ende mit einer Drahtschleife. Mit einem Angel- oder Magnethaken können die Schüler dann bestimmte Buchstaben aus dem „Buchstabensee“ angeln.

Die Styroporbuchstaben (Größe: 10–12 cm) lassen sich auch gut als Stempel verwenden. Als Stempelfarben eignen sich Finger- oder Wasserfarben.

Buchstaben-Klapp-Buch

Mit diesem von der Lehrperson beschrifteten Blanko-Klapp-Buch lernt der Schüler gleiche Buchstaben einander zuzuordnen. Der Schüler blättert im Klapp-Buch so lange, bis er drei gleiche Buchstaben untereinander angeordnet gefunden hat.

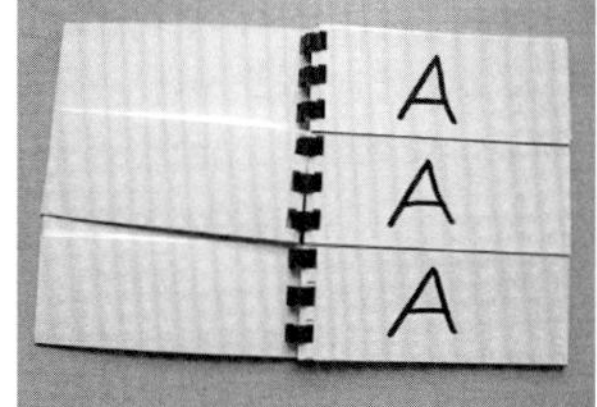

Buchstabendomino

Schreiben Sie die bekannten Buchstaben auf Blanko-Dominokarten. Im Spiel gelten die Spielregeln für Domino.

Buchstabenformen unterscheiden

Der Schüler malt alle Buchstabenfelder des Arbeitsblattes in den entsprechend angegebenen Farben aus. Nach dem Bemalen der Felder wird auf dem Blatt ein Motiv sichtbar, sodass für den Schüler eine Selbstkontrolle möglich ist.

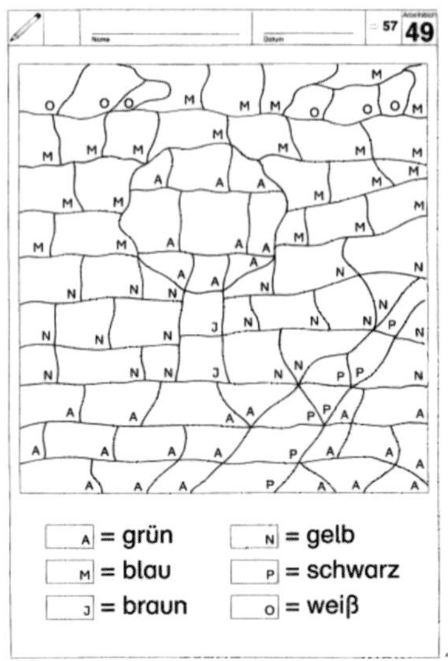

Lochkasten

Der abgebildete Lochkasten ist im Lernmittelhandel käuflich zu erwerben, oder, Sie können diesen mit etwas handwerklichem Geschick selbst herstellen.
In den Kasten legen Sie vorbereitete Karten (DIN A6-Karteikarten). Der Schüler stöpselt den Stecker neben der richtigen Lösung in die Bohrung. Bei richtiger Lösung O → O lässt sich die Karte aus dem Lochkasten links herausziehen. So kann der Schüler sein Ergebnis selbst kontrollieren.

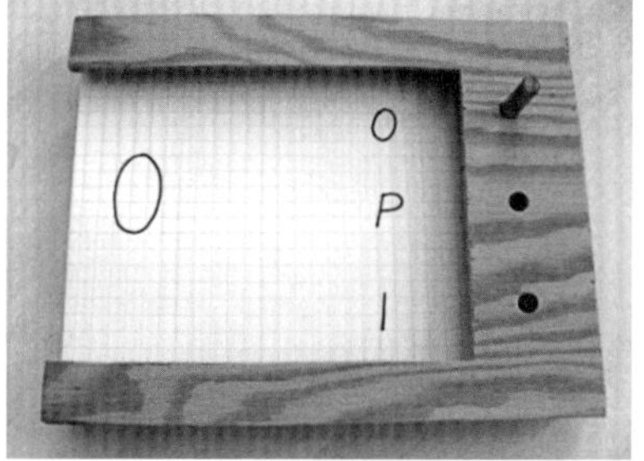

Buchstaben-Trio

Buchstaben begegnen den Schülern in der gesamten Umwelt, zu Hause sowie innerhalb und außerhalb der Schule. Buchstaben sind in der Regel eingebettet in geschriebene Wörter. An manchen Stellen tauchen sie aber auch isoliert auf. Und wenn man ganz genau hinschaut, verstecken sich viele Buchstabenformen in unterschiedlichsten Alltagsgegenständen. Wenn Schüler erst mal für die in oder an öffentlichen Gebäuden „versteckten" Buchstabenformen sensibilisiert sind, suchen und finden sie bei den Lerngängen in die Öffentlichkeit immer wieder bekannte Buchstabenformen.
Sensibilisieren Sie die Schüler zum Suchen der Buchstabenformen, zum genauen Hinschauen und beteiligen Sie sich auch selbst an diesen Suchspielen.

Buchstaben Trio. Das ABC-Memo, Wehrfritz

Erstellen Sie mit den Schülern Fotografien. Wenn Sie dann noch einen auf Karton geschriebenen Druckbuchstaben hinzufügen, ergibt sich ein Zuordnungsspiel, bei dem ein Trio aus dem Druckbuchstaben, dem tatsächlich in der Wirklichkeit vorkommenden Buchstaben und der Phantasiegestalt des Buchstabens gelegt wird.

3.4 Buchstaben schreiben und Buchstaben formen

Übungen zum Schreiben der Buchstaben gehören doch zum Kapitel „Schreiben" und nicht zum „Lesen", werden Sie vermutlich an dieser Stelle einwenden. Ich führe die Schreibübungen im Schwerpunkt „Lesen" bewusst auf, um die Verknüpfung und die Zusammenhänge zwischen beiden Fertigkeiten aufzuzeigen. Schüler, die Buchstaben lesen und voneinander unterscheiden (diskriminieren) lernen, sollen Gelegenheit erhalten diese auch parallel handschriftlich oder mit einem technischen Hilfsmittel zu schreiben.

Als Grundsatz kann gelten, dass die Schüler, bei denen ein Interesse am graphomotorischen Schreiben beobachtet wird, möglichst viele Gelegenheiten zum Schreiben der Buchstaben erhalten sollen. Erforderlich sind Schreibvorbilder, welche die Kinder zum eigenen Schreiben ermutigen, auch wenn die kindlichen Fertigkeiten zum Schreiben noch nicht vollständig ausgereift sind. Im Vordergrund steht die Beachtung des individuellen Zugangs des Kindes beziehungsweise des Jugendlichen zur Buchstabenschrift. Hierzu akzeptieren die Lehrer zunächst die eigenen Schreibversuche und bieten zu gegebener Zeit behutsame Schreibhilfen und Unterstützung an.

Nicht behinderte Kinder finden bereits im Vorschulalter in aller Regel nach einiger Zeit des spielerischen Übens weitgehend selbständig den Weg zu lesbaren Druckbuchstaben. Kinder mit Lernbeeinträchtigungen benötigen intensivere Unterstützung im Schreiblernprozess. Hierzu dienen einerseits Übungen zum graphomotorischen Schreiben der Buchstaben und andererseits Übungen, bei denen die Buchstaben nicht geschrieben, sondern aus unterschiedlichen Materialien (Knete, Salzteig, Sand, ...) geformt werden. Die Übungen zum Formen der Buchstaben machen den Schülern in aller Regel Freude. Wichtig ist, dass als Ergebnis dieser Formübungen eine möglichst gut zu erkennende Buchstabenform sichtbar und greifbar wird, sodass diese Form/Kontur bei der Einprägung des Buchstabens hilfreich wirken kann.

Zwingen Sie die Schüler nicht zu früh zum Nachspuren oder Nachschreiben vorgefertigter Buchstaben auf Übungsblättern oder käuflich zu erwerbenden Schreibvorlagen. Die Gefahr ist gegeben, dass die Schüler die unbeschwerte Schreibmotivation verlieren. Klar ist, Schüler mit Lernbeeinträchtigungen benötigen vielfältige personale und materielle Hilfen, auch in Form der Wertschätzung und des Lobes. Der Zeitpunkt und die Qualität der Hilfen müssen von der Lehrperson nach vorangegangenen Beobachtungen sensibel festgelegt werden und angemessen erfolgen.

Schreibvorübungen
Schreibvorübungen erfolgen mit allen Schreibmitteln, welche die Schüler in der Hand halten oder mit denen sie Spuren auf einer Schreibunterlage hinterlassen können. Hierzu gehören Wachsmalstifte, Straßen- und Tafelkreide, Pinsel und schließlich Farb- oder Bleistifte. Lassen Sie die Schüler auf unterschiedlichen Unterlagen und in verschiedenen Größen schreiben. Vorrangig bedeutsam ist, dass die Schüler Freude am Schreiben, also am „Spuren hinterlassen" entwickeln. Zwingen Sie die Schüler nicht zu früh zum Schreiben der Buchstabenformen, sondern bieten Sie ihnen vielfältige Erfahrungsmöglichkeiten in der individuellen Ausbildung der Graphomotorik an.

Buchstaben in Sand
Bieten Sie den Schülern hierzu auf einem Tablett (30 x 50 cm) dünn ausgestreuten feinen Sand an. Es ist ein angenehmes haptisches Gefühl Spuren in den Sand zu schreiben. Nicht nur Buchstaben, auch weitere Formen lassen sich mit den Fingerkuppen im Sand gestalten. Wichtig ist, dass der Sand dünn ausgestreut wird, damit die Schüler die geschriebenen Spuren auf dem dunklen Untergrund des Tabletts wahrnehmen können. Der Lehrmittelhandel bietet hierzu die entsprechenden Materialien an. Beginnen Sie aber einfach mal mit einem herkömmlichen Servierbrett, streuen Sie darauf feinen Sand aus und schreiben sie vor den Augen der Schüler einzelne Buchstaben.

Buchstaben formen
Die Schüler formen aus Knete oder Salzteig selbst die Buchstabenformen. Die Möglichkeit, den Buchstaben dreidimensional wahrzunehmen, beziehungsweise die Form allein oder mit Hilfe der Lehrkraft selbst herzustellen, kann die Verinnerlichung der Buchstabenform begünstigen. Beim Herstellen steht die Form des Buchstabens (also das Produkt) und weniger der Herstellungsprozess im Mittelpunkt.

Markieren Sie bei den selbst hergestellten Buchstaben, was die Vorderseite und wo unten ist, damit der Buchstabe bei der Handhabung in der richtigen räumlichen Lage visuell wahrgenommen werden kann.
Eine Variante stellt der Einsatz von Buchstabenförmchen dar, welche im Spielzeughandel erworben werden können. Eingefüllter feuchter Sand oder Schnee hinterlassen nach dem Umstülpen schöne Buchstabenformen, die zwar nicht in die Hand genommen werden können, aber trotzdem ein deutliches Abbild des Buchstabens bieten.

Sandpapierbuchstaben

Geeignet sind unter anderem die Sandpapierbuchstaben der didaktischen Lernmittel nach Montessori. Mit den Fingerkuppen spuren die Schüler die Form nach. Nicht alle Schüler betasten aber gerne die Buchstaben aus Sandpapier, auch wenn dieses noch so fein ist. Probieren Sie für das Nachspuren der Buchstabenform auch den Einsatz von selbst hergestellten Buchstaben, zum Beispiel aus Pappe, Moosgummi, Holz, Cordstoff oder ähnlichen Materialien. Der Schüler soll freudig mit diesen Nachspurbuchstaben umgehen und diese aufgrund der Materialbeschaffenheit nicht von vornherein ablehnen. Für das Nachspuren mit den Fingerkuppen sind Buchstaben in der Höhe von ca. 15 cm gut geeignet.

Holzbuchstaben

An der Positivform des Holzbuchstabens erkunden die Schüler mit den Händen dreidimensional die Form eines Buchstabens. Beim Befühlen der Buchstabenform ist darauf zu achten, dass der Buchstabe in der richtigen Raumlage vor dem Schüler liegt und von ihm untersucht wird. Wenn die Buchstabenform vom Schüler aus betrachtet zum Beispiel auf dem Kopf steht, wird die Internalisierung der Form erschwert.

Hilfreicher für die Verinnerlichung der Buchstabenform ist die Negativform des Buchstabens, in der der Schüler die Form des Buchstabens mit der Fingerspitze nachfahren, nachspuren, nachschreiben kann. Bewegt der Schüler seinen Finger durch die Vertiefung, erfährt er eine klare Begrenzung. Diese Begrenzung erleich-

tert das Nachspuren und somit die Aneignung der Buchstabenform. Durch Anbringen von Pfeilen in den Vertiefungen erhält der Schüler bezüglich der Schreibrichtung ergänzende Hilfen.
Die durch motorische Erfahrungen begünstigte Aneignung der Buchstabenform kann das visuelle Wiedererkennen der Buchstaben erleichtern.

Buchstabenformen aus Natur- und Alltagsmaterialien gestalten
Die Schüler erhalten in der angemessenen Größe (ca. 20-25 cm) Konturbuchstaben auf einem weißen Blatt Papier oder auf Karton angeboten. In die Form des Konturbuchstabens kleben die Schüler entsprechende Natur- oder Alltagsmaterialien.

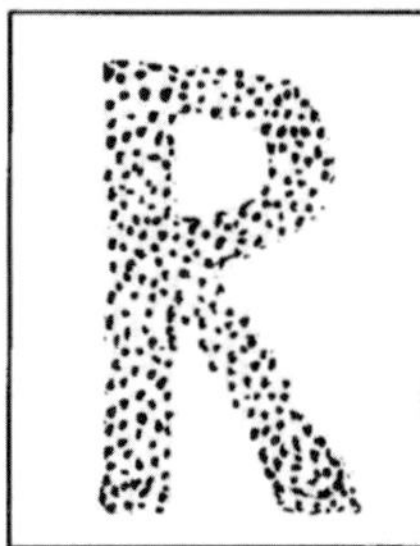

So lassen sich zum Beispiel in die Kontur des Buchstabens **P** Papierschnipsel (die zuvor von den Schülern ausgerissen wurden) aufkleben.
In den Kontur-Buchstaben **R** kleben die Schüler zum Beispiel Reiskörner. Die Gestalt des Buchstabens lässt sich taktil recht gut nachspuren.

Buchstaben legen mit einem Gardinenband
Auf dem Tisch formen die Schüler mit einem Gardinenband oder einer flexiblen Kordel den zu erlernenden Buchstaben. Die Größe des Buchstabens sollte 30 cm nicht überschreiten, denn nur so ist eine simultane Erfassung der Buchstabenform für die Schüler relativ gut möglich.
Durch das Legen setzen sich die Schüler intensiv mit der Form des Buchstabens auseinander. Der graphomotorische Schreibablauf kann eingeübt werden, indem die Schüler die gelegte Form mit den Fingerkuppen behutsam nachspuren.
Eine weitere Übung besteht darin, die Kordel in einen vorgegebenen Konturbuchstaben einzulegen.

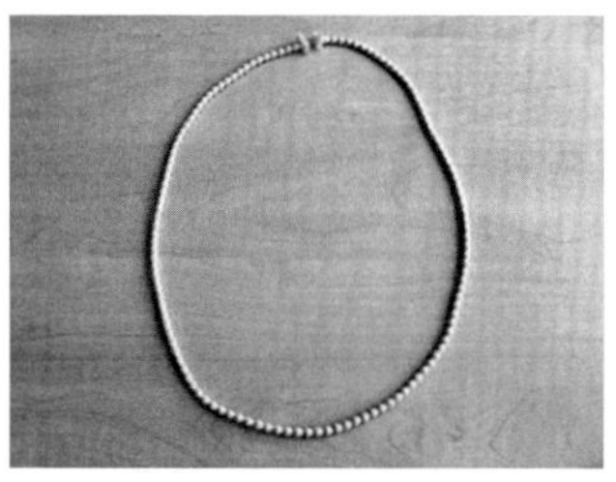

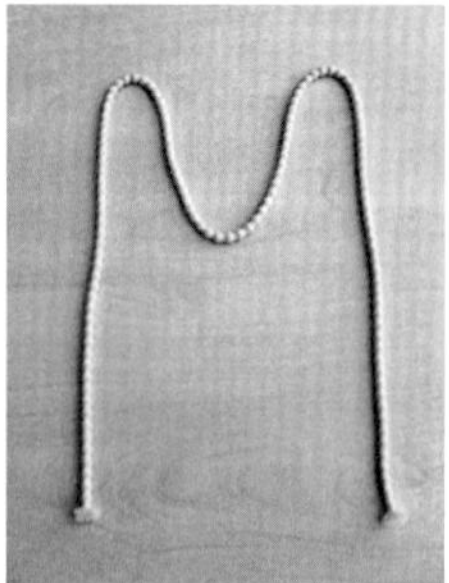

Großbuchstaben mit dem Meterstab legen

Die Großbuchstaben E, F, I, K, L, M, N, T, V, W, X und Z lassen sich mit einem handelsüblichen Meterstab legen. Erforderlich sind Kenntnisse zur Handhabung eines Meterstabes und ein gewisses Vorstellungsvermögen zu den Aufklappmöglichkeiten eines Zollstockes.

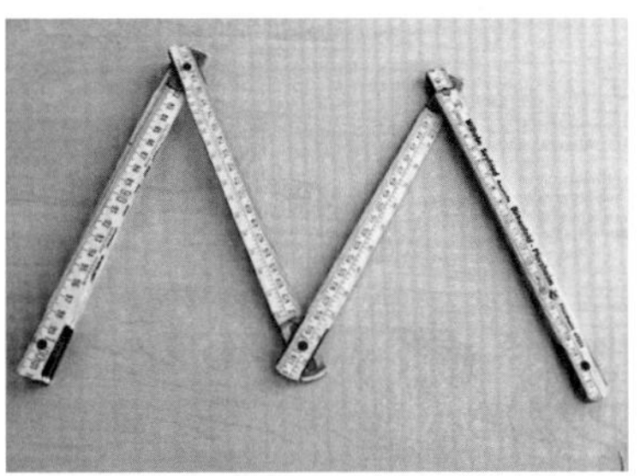

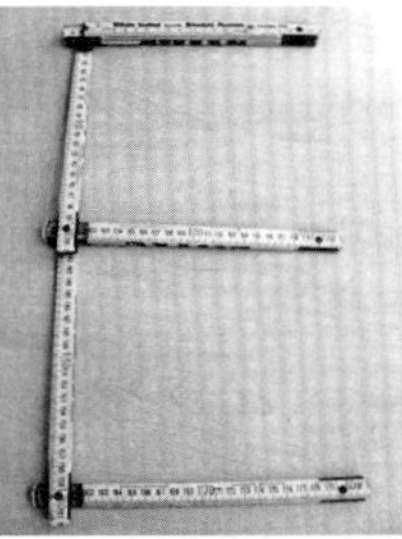

Punktierte Buchstaben

Um sich die Form eines Buchstabens und den entsprechenden graphomotorischen Schreibablauf anzueignen, können die Schüler punktierte beziehungsweise gestrichelte Buchstaben nachschreiben. Die Größe der Buchstaben ist abhängig von der jeweiligen Zielsetzung. Befindet sich der Schüler noch in einer frühen Phase des Buchstabenschreibens, können die punktierten Buchstaben größer angeboten werden. Im Vordergrund stehen dann grobmotorische Übungen, welche bei der Einprägung der Buchstabenform gegebenenfalls unterstützend wirken können.

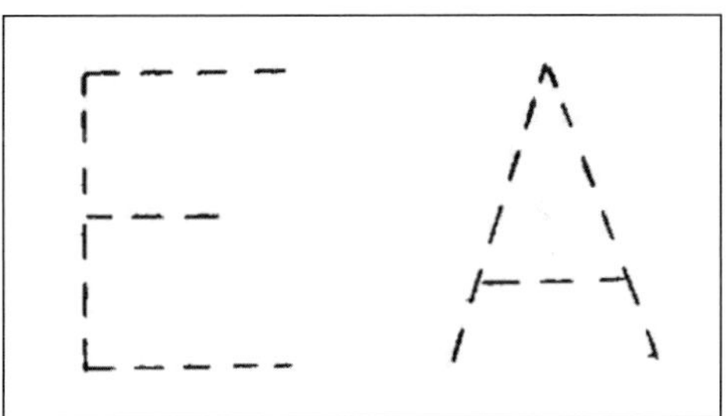

Steht hingegen die Förderung der Graphomotorik im Mittelpunkt der Zielsetzung, sollten die punktierten Buchstaben möglichst nicht größer als 2 cm sein. In dieser Größe lässt sich der Buchstaben mit aufgelegtem Handballen und mit Bewegungen aus dem Handgelenk heraus schreiben.

Gelbe Buchstaben

Schreiben Sie die Buchstaben mit einem gelben oder einem andersfarbigen hellen Farb- oder Filzstift auf einem Blatt vor. Der Schüler schreibt auf dieser Vorlage mit einem Bleistift die Buchstabenform nach. Die gelbe oder die helle, vorgeschriebene Buchstabenform regt den Schüler zum genauen Hinschauen an und bietet ihm beim Schreiben eine dezente, aber hilfreiche Schreibvorlage.

Im obenstehenden Beispiel hat der Schüler das T und das o geschrieben und fährt nun mit b und i weiter fort.

Arbeitsblätter zum Schreiben
Fertigen Sie Arbeitsblätter mit Konturbuchstaben.
Die Schüler erkennen, welchen Buchstaben Sie aus dem Buchstaben-Angebot auswählen und nachschreiben sollen. In diesem Beispiel ist der zu suchende und nachzuschreibende Buchstaben rechts oben hervorgehoben. Ein zusätzlicher Impuls besteht darin, dass sie in einen Konturbuchstaben vor den Augen der Schüler mit Bleistift schreiben und somit für die individuelle Weiterarbeit ein konkretes Beispiel vorgegeben ist.
Beachten Sie, dass sich die Buchstaben bei den anfänglichen Übungen noch deutlich voneinander unterscheiden, damit das Nachschreiben des jeweiligen Buchstabens eindeutig erfolgen kann und die Fehlerquote somit reduziert wird.

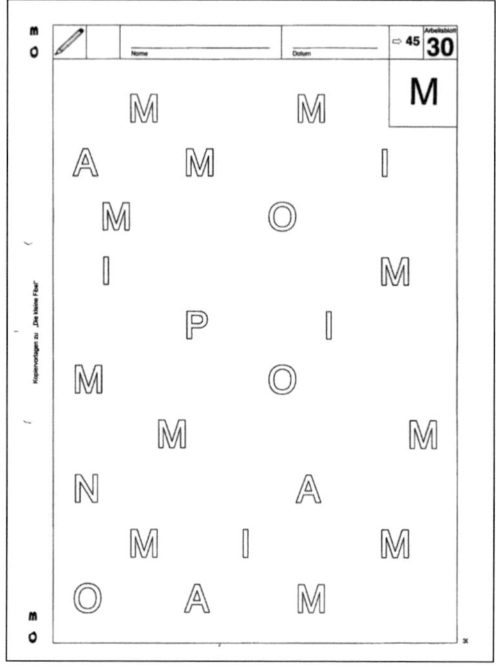

Aus: Günthner/Lanzinger, 2001. Kopiervorlagen

Beim Bearbeiten dieses Arbeitsblattes sollen die Schüler die Kontorbuchstaben nicht ausmalen, sondern in dem erforderlichen Bewegungsablauf nachschreiben.

3.5 Übungen zur akustischen Analyse

Buchstaben dem Laut zuordnen
Die Schüler legen vor sich auf dem Arbeitstisch die erlernten Buchstabenkarten aus. Je nach Leistungsvermögen der Schüler können dies sowohl Klein- als auch Großbuchstaben sein. Lautieren Sie nun einzelne Phoneme, zum Beispiel /m/ oder /a/. Nachdem die Schüler den Laut gehört haben, suchen sie die entsprechende Buchstabenkarte, zeigen darauf und artikulieren den Buchstabenlaut mit. Dabei wird kontinuierlich die Buchstaben-Laut-Verknüpfung (Graphem-Phonem-Korrespondenz) hergestellt und vor allem vertieft.

Laut dem Buchstaben zuordnen
Zeigen Sie den Schülern einen bekannten Buchstaben, zum Beispiel auf einer Buchstabenkarte oder – noch wirksamer – Sie schreiben den Buchstaben vor den Augen der Schüler an die Tafel oder auf ein Blatt Papier. Die Schüler artikulieren

den entsprechenden Laut. Gegebenenfalls lässt sich auch die Lautgebärde dazu bilden.

Laut der Lautgebärde zuordnen
Demonstrieren Sie, ohne den dazugehörigen Laut auszusprechen, die Lautgebärde eines bekannten Buchstabens. Die Schüler artikulieren den entsprechenden Laut und gebärden diesen eventuell auch selbst. Als Ergänzung können die Schüler aus einer Anzahl von Buchstaben auch noch den entsprechenden Buchstaben aussuchen, zeigen und schreiben.

Bestimmung der An-, End- und Binnenlaute
Der Lehrer spricht einfache und bekannte Wörter langsam und betont den Schülern vor. Aus dem gehörten Wort hören die Schüler die oben genannten Laute heraus. Der An- beziehungsweise der Endlaut eines Wortes lässt sich leichter akustisch analysieren (heraushören), als ein Binnenlaut. Die akustische Analyse setzt ausgeprägte Fähigkeiten im Bereich der akustischen Wahrnehmung voraus und erfordert demzufolge viele Wiederholungen und Übungsmöglichkeiten.
Etwas leichter fällt die akustische Analyse, wenn das Wort langsam mitgebärdet wird. Hierbei werden die Laute „sichtbar“ gemacht.

Verwendung der „Gummisprache“
Sprechen Sie mit den Schülern die bekannten Wörter stark gedehnt im Chor. Dabei lassen sich die Laute (Phoneme) recht deutlich heraushören.

/MMMMaaaammmmaaaa/

/OOOOmmmmaaaa/

Durch die sogenannte Gummisprache wird den Schülern klar, dass ein Wort nicht nur eine diffuse Klanggestalt ist, sondern sich jedes Wort aus akustischen Einzelelementen (Phonemen) zusammensetzt. Das Gummisprechen ist unter anderem für das Schreiben relevant. Schüler, die das zu schreibende Wort langsam vor sich hin lautieren können, sind eher in der Lage, dieses Wort auch richtig niederzuschreiben.

„Ich sehe was, was Du nicht siehst, …“
Dieses bekannte Kinderspiel lässt sich in Abwandlung so durchführen, dass die Lehrperson nicht die zu erkennende Farbe nennt, sondern den Buchstaben, mit dem der gesuchte Gegenstand beginnt beziehungsweise endet, also *„Ich sehe was, was Du nicht siehst, das beginnt mit /m/.*

Buchstabentisch
Suchen Sie mit den Schülern Gegenstände oder Bilder im Klassenzimmer, die mit einem bestimmten Buchstaben/Laut beginnen und sammeln Sie diese auf dem Buchstabentisch. Informieren Sie gegebenenfalls auch die Eltern, damit die Schü-

ler aus dem Elternhaus entsprechende Gegenstände oder Bilder mitbringen und eine Zeitlang in der Schule lassen dürfen. Interessierte Eltern helfen gerne mit und freuen sich, wenn sie von der Lehrperson hin und wieder mit machbaren Aufgaben aktiv in den Unterricht eingebunden sind. Vor allem ist es auch für die betroffenen Schüler eine freudvolle Erfahrung, wenn im Unterricht Materialien eingesetzt werden, die ihnen Mama oder Papa mit zur Schule gegeben haben.

Buchstabenlaute von den Lippen ablesen

Sprechen Sie akzentuiert, aber stimmlos den Schülern einen Buchstabenlaut vor und achten Sie darauf, dass der Schüler sich auf Ihre Lippen beziehungsweise die Mundstellung konzentriert.

Als Ergänzung lassen sich auch Spiegel einsetzen, damit die Schüler ein Bewusstsein für die eigene Mundstellung beim Artikulieren eines bestimmten Lautes entwickeln können.

Darüber hinaus können Sie mit den Schülern die Mundstellung des zu erlernenden Buchstabens fotografieren. Durch die Fotos der Schüler wird eine weitere Motivation zum genauen Hinschauen geschaffen.

Arbeitsblätter zur akustischen Analyse

Nachdem die Schüler entsprechende Vorübungen zur Bearbeitung solch eines Arbeitsblattes durchgeführt haben, zum Beispiel aus einer Sammlung von realen Gegenständen alle passenden Gegenstände aussuchen, die mit /m/ beginnen oder auf einem abstrakteren Niveau aus einer Anzahl von Bildern die entsprechenden Gegenstände aussuchen, die mit /m/ beginnen, bearbeiten die Schüler selbständig oder mit Hilfestellung dieses Arbeitsblatt. Entweder kreisen die Schüler die illustrierten Gegenstände, die mit /m/ beginnen, ein oder sie markieren diese nur mit einem Strich beziehungsweise einem Punkt.

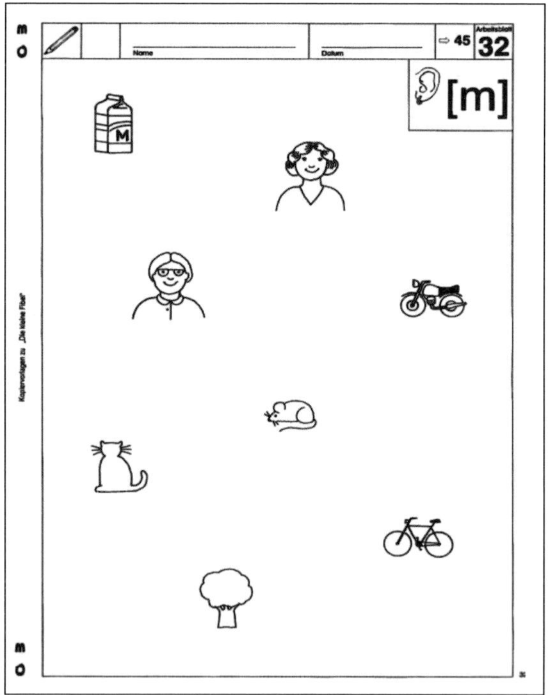

Aus: Günthner/Lanzinger, 2001. Kopiervorlagen

Anlautposter

In Katalogen und Zeitschriften suchen die Schüler bildhaft abgebildete Gegenstände, Personen oder Wörter, die mit einem bestimmten Buchstaben/Laut beginnen. In die Mitte des Posters schreiben Sie groß den Buchstaben, um den es geht, und die Schüler kleben die entsprechenden Abbildungen darum herum. Halten Sie die Schüler regelmäßig zum Betrachten des Anlaut-Posters und zum entsprechenden Lautieren an. So zeigt der Schüler zum Beispiel auf dem L-Poster auf das aufgeklebte Lamabild und sagt: *„Lama fängt mit l an."* Ebenfalls auf dem Poster befindet sich der geschriebene Name des Schülers Lukas. Hierzu sagt der Schüler *„Lukas fängt auch mit l an"* und zeigt auf das geschriebene L.

Bei jedem käuflich zu erwerbenden Lesekurs (Leselernfibel und Arbeitsblätter) sind Anlautposter mit beinhaltet. Falls Sie in der Klasse nach einem bestimmten Lesekurs arbeiten, sind solche Anlautposter unerlässlich. Untenstehend ist exemplarisch ein Ausschnitt aus einem Anlaut-ABC dargestellt.

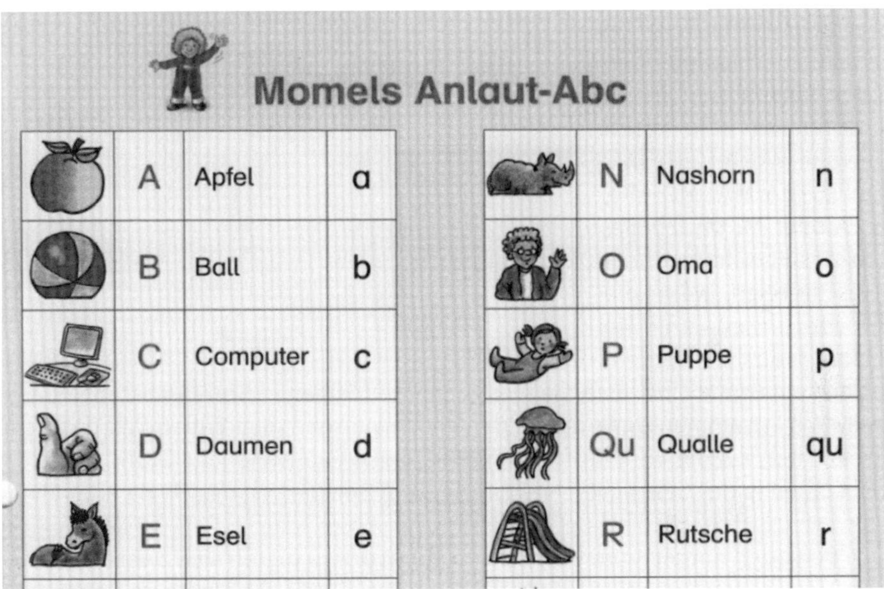

Momels Anlaut-Abc

A	Apfel	a	N	Nashorn	n
B	Ball	b	O	Oma	o
C	Computer	c	P	Puppe	p
D	Daumen	d	Qu	Qualle	qu
E	Esel	e	R	Rutsche	r

Aus: Dreher/Pfaffendorf: Momel lernt lesen

3.6 Übungen zur Synthese

Ein umfangreicher Wortschatz, also das sichere Verfügen über Wortbedeutungen, stellt eine wesentliche Voraussetzung für das sinnentnehmende Lesen dar. Zum Lesen lernen geht demnach die Ausweitung des Wortschatzes parallel einher. Damit die Sinnentnahme beim Lesen erleichtert wird, sind zu Beginn der Syntheseübungen zwingend Wörter zu erlesen, die im Wortschatz, im Lexikon der Schüler vorhanden sind.

Paralleles Mitsprechen bei der Synthese

Sprechen Sie bei den Syntheseübungen der Schüler leise mit. Die akustische Stütze erleichtert dem Schüler die Synthese, das Zusammenlesen, und im besonderen Maße die Sinnentnahme. Vor allem misserfolgsängstlichen Schülern verhilft die selbstverständliche Unterstützung durch die Lehrperson zu einem wachsenden Selbstbewusstsein, denn sie können sich zunehmend als lesend erfahren. Der einzelne Schüler signalisiert der Lehrperson, wenn er sich das Zusammenlesen alleine zutraut. Spätestens dann kann die Lehrkraft die Hilfe zurücknehmen. Intensive Syntheseübungen sollen verhindern, dass Wörter hauptsächlich nur ganzheitlich gelernt und abgespeichert werden.

Silben lesen

Empfehlenswert ist, wenn zunächst kurze Silben zusammengelesen werden, zum Beispiel MA, MO, PA, MI und so weiter. Aus den einfach zu artikulierenden Silben lassen sich durch Verdopplung sehr rasch sinnvolle Wörter erlesen, nämlich MA MA, MO MO, PA PA oder MI MI. Zu Beginn des Synthetisierens ist es hilfreich, wenn die Anforderungen an die Schüler reduziert werden. Aus diesem Grund sind auch die hier genannten Silben in Großbuchstaben dargestellt. Das Zusammenfügen der beiden gleich aussehenden Silben fällt den Schülern leichter, als die Verknüpfung unterschiedlich aussehender Groß- und Kleinbuchstaben in der Gemischtschreibweise, zum Beispiel Ma ma, Pa pa oder Mi mi.

Nach den oben dargestellten doppelsilbigen Wörtern bieten sich zweisilbige Wörter mit einfachen unterschiedlichen Silben an. Hierzu gehören zum Beispiel Ma mi, Pa pi, To ni, Li na, Mi na. Lauttreue Wörter erleichtern das Zusammenlesen signifikant.

Fertigen Sie für diese Syntheseübungen mit den Schülern aus Pappe oder dünnem Sperrholz Silbenpuzzles. Hierbei wird ein doppelsilbiges Wort zunächst vor den Augen der Schüler auf den Kartonstreifen beziehungsweise den dünnen Sperrholzstreifen geschrieben. Anschließend trennen (schneiden, sägen) Sie dieses zusammenhängende Wort in die zwei Silben. Durch die dabei entstandene Schnittkontur lassen sich die beiden zueinander passenden Silben wieder leicht zusammenfügen (synthetisieren). Mit diesem Material (mit integrierter Erfolgskontrolle) kann der Schüler in angeleiteten oder gegebenenfalls selbständigen Übungen das Synthetisieren üben.

Buchstaben umklappen

Befestigen Sie zwei kleine Spiralblöcke (A 7) auf einem stärkeren Karton. Die einzelnen Blätter des Blockes beschriften Sie vor den Augen der Schüler mit den bereits bekannten Buchstaben. Durch Umklappen der einzelnen Blätter entstehen leicht zu lesende Silben. Der etwas stabilere Karton mit den beiden aufgeklebten Spiralblöcken lässt sich in eine Nutleiste einstellen und kann so, fast senkrecht stehend, von den Schülern gut wahrgenommen werden.

Auf- und Abbauübungen

Bei den Aufbauübungen kommt zu einem Buchstaben beziehungsweise zu einer Buchstabenreihe, aufsteigend jeweils ein neuer Buchstabe hinzu, sodass die Buchstabenreihe immer länger wird und komplexer zu lesen ist. Solche Auf- und Abbauübungen lassen sich sowohl an der Tafel als auch mit Buchstabenkarten der Schüler durchführen. Die Schüler lernen hierbei unter anderem auch die notwendige Flexibilität beim Erlesen.

M
Mo
Mon
Moni

Abgebaut wird das Wort, indem nach und nach ein Buchstabe weggenommen wird.

Moni
Mon
Mo
M

Schreiben zur Unterstützung der Synthese

Ergänzend zum Lesen der ersten einfachen Buchstabenkombinationen sollen die Schüler die Wörter auch schreiben. Zum einen mit den Buchstabenkarten und zum anderen mit dem Stift, dem PC oder den Buchstabenstempeln. Schreiben ist eine der wirksamsten Syntheseübungen. In Beobachtungen zeigt sich immer wieder, dass die Schüler beim Schreiben die Buchstaben parallel, Laut für Laut, mitartikulieren und so im motorischen Schreibvollzug zum lauthaften „Zusammenschleifen“ des Wortes kommen. Dieses intuitive Vorgehen fördert das mehrkanalige Lernen.

Buchstabenkarten einfügen

Geben Sie den Schülern von bekannten Wörtern auf einem separaten Karton nur die Höhe und die Größe der Buchstaben (siehe Beispiel) an. Daneben legen Sie die zum Wort gehörigen Buchstabenkarten. Die Schüler sollen aus den Buchstaben, in Verbindung mit der Formvorgabe, ein sinnvolles Wort legen. Sie schreiben das Wort, indem sie einen Buchstaben an den anderen reihen und so zu einem sinntragenden Wort kommen.

Fingerlesen

Schreiben Sie auf die Fingerkuppen der Schüler einzelne bekannte Buchstaben. Je nachdem, welche Finger beider Hände vom Schüler zusammengefügt werden, entsteht eine neue Silbe, die zusammengelesen (synthetisiert) wird. Im nebenstehenden Beispiel können das die Silben MI, MA, LI und LA ergeben. Wird jeweils noch eine dritte Fingerkuppe einer Hand mit zwei weiteren Buchstaben versehen, erhöhen sich die Silbenvariationen.

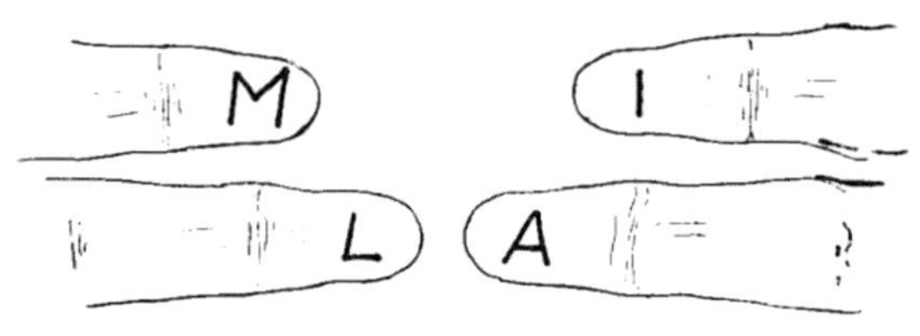

Eine Steigerung besteht darin, auf jede Fingerkuppe Silben zu schreiben, sodass durch das Zusammenfügen zweier Finger einfache sinntragende Wörter oder Nonsenswörter entstehen.

Klappbuch

Im Lehrmittelhandel können Sie Blanko-Klappbücher erwerben, die Sie je nach Lernstand der Schüler in deren Beisein beschriften können. Durch Umblättern einzelner Buchstabenkarten entstehen jeweils neue Wörter. Dieses können sinntragende, aber auch sinnlose (Nonsens-) Wörter sein. Absicht hierbei ist die Synthese und die Flexibilität beim Zusammenlesen zu fördern.

Buchstaben verbinden

Schreiben Sie die Buchstaben der seither erlernten Wörter nicht direkt zusammenhängend, aber doch in einer noch erkennbaren sukzessiven Anordnung auf das Papier. Mit einem Stift muss der Schüler die Buchstaben miteinander verbinden, sodass sinnvolle Wörter entstehen. Geübt wird das Zusammenlesen der Wörter, unterstützt durch eine motorische Handlung, nämlich Linien zwischen den zu erlesenden Buchstaben zu ziehen.
Diese Übungen führen die Schüler entweder an der Tafel oder auf Arbeitsblättern durch.

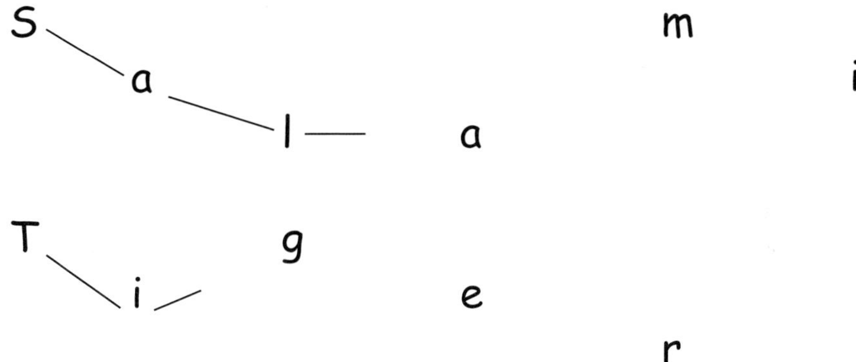

„Lesemaschine“

Beschriften Sie mit den Schülern Wortkarten der erlernten Wörter. Diese Wortkarten legen Sie in die „Lesemaschine“, schließen das Schiebebrett, sodass die Wortkarte nicht mehr sichtbar ist. Nun ziehen Sie das Schiebebrett der „Lesemaschine“ langsam nach rechts. Vor den Augen der Schüler erscheint von links nach rechts Buchstabe nach Buchstabe. Die Schüler lesen die Buchstabenabfolge und kommen so in der Synthese zum gesamten Wort. Da das Schiebebrett von der Lehrperson nach rechts herausgezogen wird, kann sie bestimmen, in welcher zeitlichen Abfolge Buchstabe für Buchstabe sichtbar wird. Weitergezogen wird immer erst dann, wenn die zuvor sichtbaren Buchstaben sicher synthetisiert, also zusammenhängend erlesen wurden.
Dieses Hilfsmittel können zum Beispiel Berufsschulstufenschüler im Werkunterricht für die Klassen herstellen.

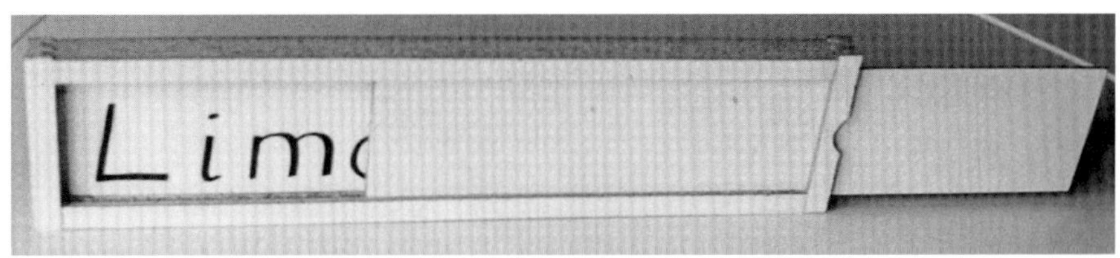

Wortschieber

Die bekannten Wörter schreiben Sie im Beisein der Schüler auf die vom Hersteller des Wortschiebers mitgelieferten Blanko-Wortkarten. Diese beschrifteten Karten kommen aufeinander gestapelt in den Wortschieber. Der Schüler schiebt durch einen einfachen Mechanismus jede einzelne Karte durch einen seitlichen Kartenschlitz. Das Wort kommt Buchstabe für Buchstabe aus dem Schieber. Beim Schüler stellt sich der Impuls zum Zusammenlesen der Buchstaben ein.

Wenn auf der Rückseite noch der entsprechende Gegenstand oder die Person abgebildet ist, kann der Schüler zu einer eigenständigen Erfolgskontrolle hingeführt werden.

Darüber hinaus bietet sich eine weitere Variante an, indem die einzeln herausgeschobenen Wörter nebeneinander gelegt werden und sich damit ein einfacher Satz lesen lässt.

Das Lesen sinnvoller Sätze ist für die Schüler motivierender als wenn sie immer nur einzelne Begriffe erlesen sollen.

Puzzlewörter

Schreiben Sie die zu übenden Wörter auf Sperrholzstreifen. Lassen Sie zwischen den Buchstaben ein klein wenig mehr Zwischenraum als üblicherweise beim Schreiben eines zusammenhängenden Wortes. Anschließend sägen Sie mit der Dekupiersäge gemeinsam mit den Schülern das Wort auseinander. Es entstehen Teilelemente des Wortes. In einem weiteren Schritt – und das ist die eigentliche Aufgabe – legt der Schüler das Wort wieder richtig zusammen. Hilfreich zur Selbstkontrolle sind die Schnittkonturen, die beim Sägen entstanden sind. Das Wort lässt sich nur in einer bestimmten Anordnung zusammenlegen. Selbstverständlich probieren die Schüler im Sinne der Puzzletechnik die Teile auch ohne primäres Zusammenlesen der Buchstaben zu einem Wort zusammenzufügen. So kommen sie durch Probieren zum erwünschten Ziel. Diese Methode ist bei dieser Aufgabe nicht auszuschließen und durchaus legitim. Hier gilt es Vertrauen zu entwickeln in die Selbststeuerungskräfte der Schüler. Irgendwann möchten die meisten Schüler es mal wissen, ob sie auch ohne die „Versuch-und Irrtum-Methode“ zum Ziel kommen.

Wortteile miteinander verbinden

Bekannte Wörter werden in Silben getrennt auf ein Arbeitsblatt oder an die Tafel geschrieben. Durch Striche verbindet der Schüler die zueinander passenden Wörter und liest diese.

Das nebenstehende Beispiel eines Arbeitsblattes ist konzipiert für leistungsstärkere Schüler, die bereits vielfältige Erfahrungen und Übungen in der Synthese hinter sich haben. Der Einstieg zur Bearbeitung solch eines Arbeitsblattes erfolgt zwangsläufig über das Zusammenfügen zunächst nur eines Wortes oder zweier Wörter. Auch der Umgang mit dem Bleistift, das Verbinden der beiden Wortteile mit einer Linie, bedarf längerer Übungen. Erst wenn dem Schüler dieses Arbeitsprinzip sicher vertraut ist, kann er solch ein komplexes Arbeitsblatt selbständig bearbeiten.

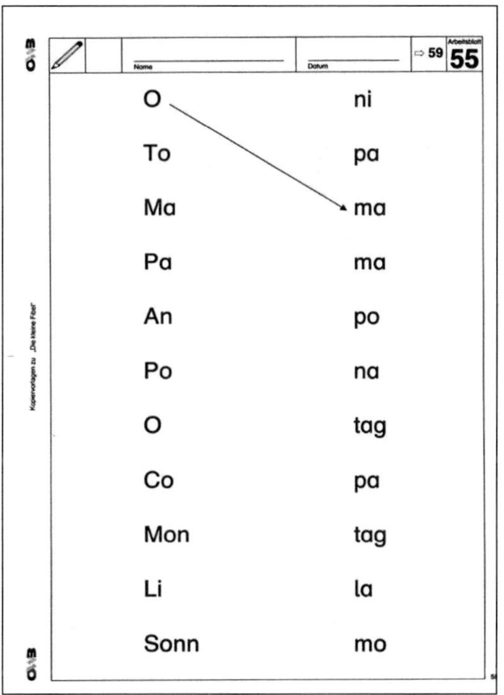

Aus: Günthner/Lanzinger, 2001. Kopiervorlagen

3.7 Übungen zur Steigerung der Lesefähigkeit

Überraschungslesen

Schreiben Sie vor den Augen der Schüler auf Papierstreifen kurze vollständige Sätze und lassen Sie die Schüler diese Sätze zur Übung mehrmals lesen. Die Schüler rollen die Satzstreifen zusammen und stecken sie einzeln in leere runde Dosen

(vielleicht gibt es im Materialbestand der Schule noch einige Filmdosen). Alle mit Satzstreifen gefüllten Dosen kommen in ein Körbchen und werden durchgemischt. Reihum holt sich jeder Schüler eine Dose, öffnet diese, holt den Satzstreifen heraus, liest den zusammenhängenden Satz den Mitschülern vor und entnimmt den Sinn.
Echtes Überraschungslesen wird es dann, wenn die Schüler die Satzstreifen zuvor noch nicht geübt haben und beim Öffnen der Dosen tatsächlich ein neuer, unbekannter Satz zum Vorschein kommt.

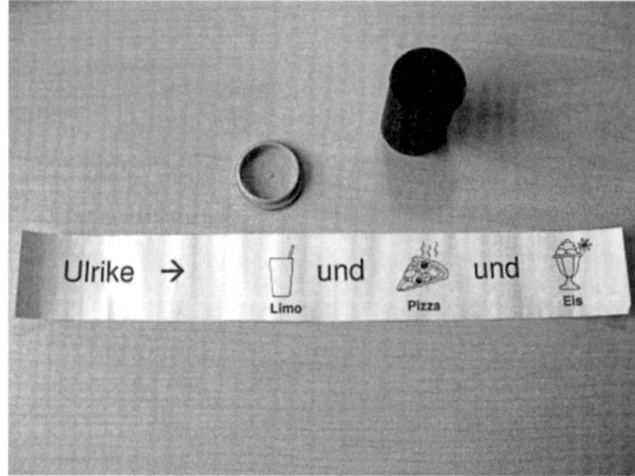

Das zweite Beispiel eignet sich für Schüler, die Sicherheit im Erlesen von Ganzwörtern und von Piktogrammen haben. Auch diese Schüler sollen kontinuierlich mit Sätzen konfrontiert werden. Dieser Satz könnte folgendermaßen gelesen werden: „Ulrike mag Limo, Pizza und Eis." oder „Ulrike hat eine Limo getrunken und Pizza und Eis gegessen." Weitere Varianten des sinnentnehmenden Lesens sind denkbar. Die schriftlich hinzugefügten Wörter „Limo", „Pizza" und „Eis" müssen von den Schülern noch nicht gelesen werden, sondern stellen für die Piktogramm- und Ganzwortleser einen Impuls dar, ihren Blick auch auf diese Wörter auszurichten.

Welches Wort gehört zum Bild

Der Schüler markiert das passende Wort. Günstig ist, das Wort einfach nur zu unterstreichen. Beim Einkreisen kann es vorkommen, dass die Markierung in das Wort hineinreicht und somit das zu lesende Wort unnötigerweise beeinträchtigt.

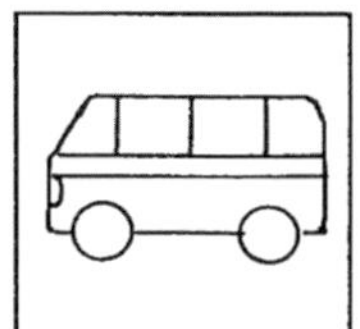

Bude

Bus

Blume

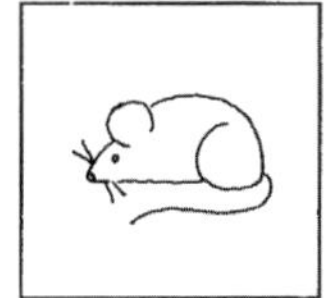

Laus

Klaus

Maus

Streichholzschachtellesen
Schreiben Sie auf die Rückseite der Streichholzschachtel zum Beispiel den Wortbaustein **aus**. Auf den Schuber der Schachtel schreiben Sie auf der einen Seite den Großbuchstaben **M** und auf der gegenüberliegenden Seite ein **L**.
Je nachdem, wie der Schuber nun anschließend in die Schachtel gesteckt wird, entsteht ein anderes Wort. Der Schüler lernt, aus dem jeweils entstehenden Wort die unterschiedliche Wortbedeutung zu entnehmen.

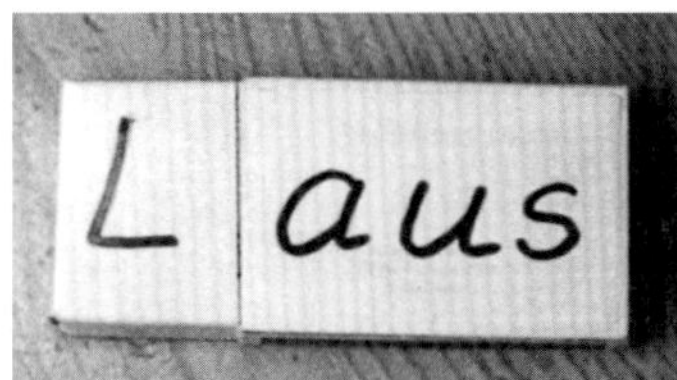

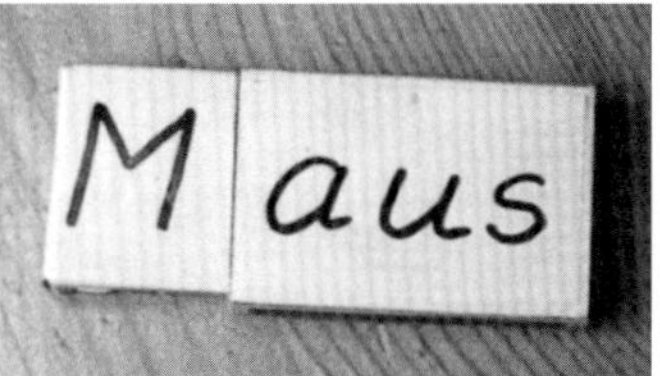

Wort einem Oberbegriff zuordnen

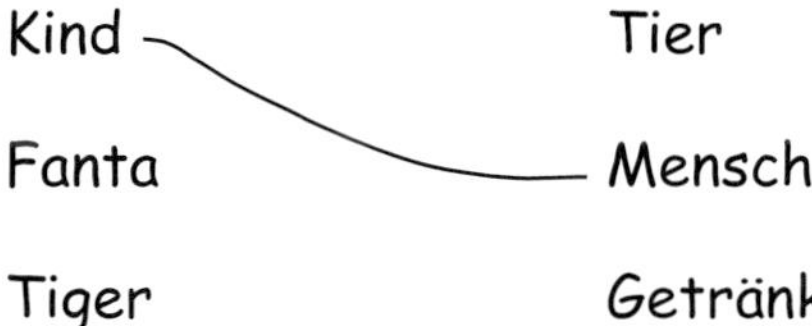

Reimwörter miteinander verbinden

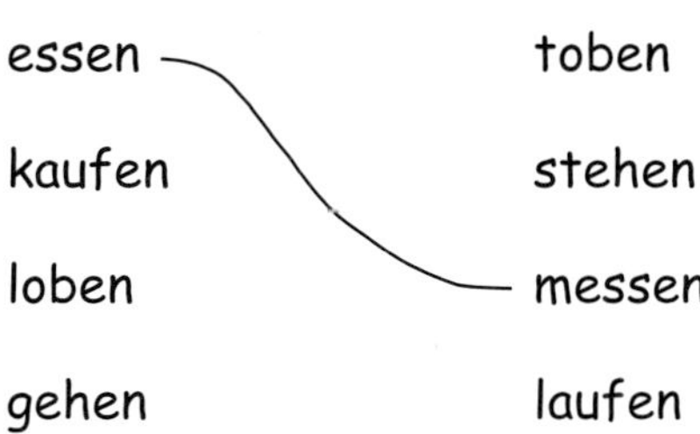

Sätze bilden

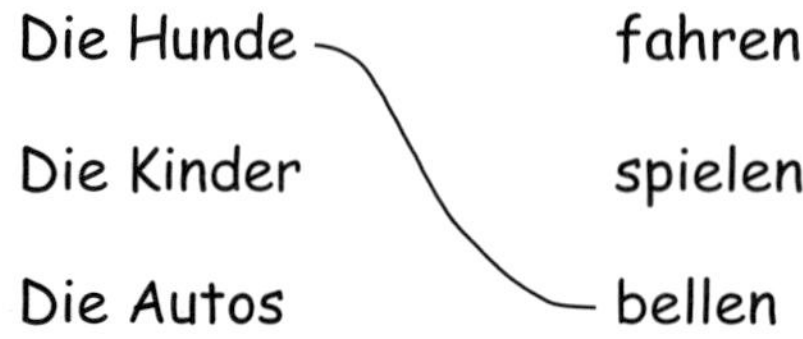

Wörter verbinden

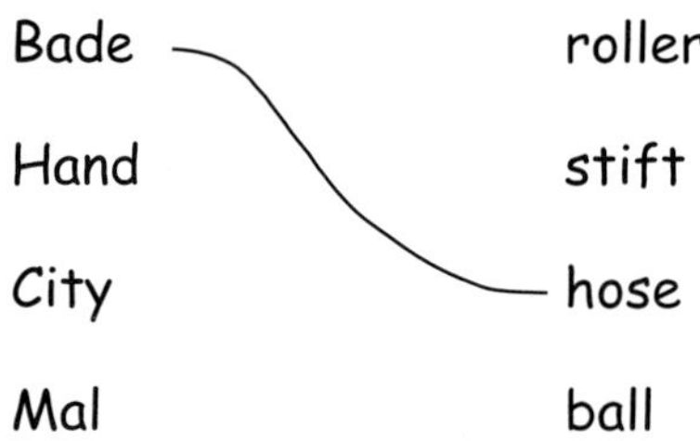

Mit was kannst Du fahren?

Der Schüler liest die Wörter und unterstreicht, beziehungsweise markiert alle Fahrzeuge.

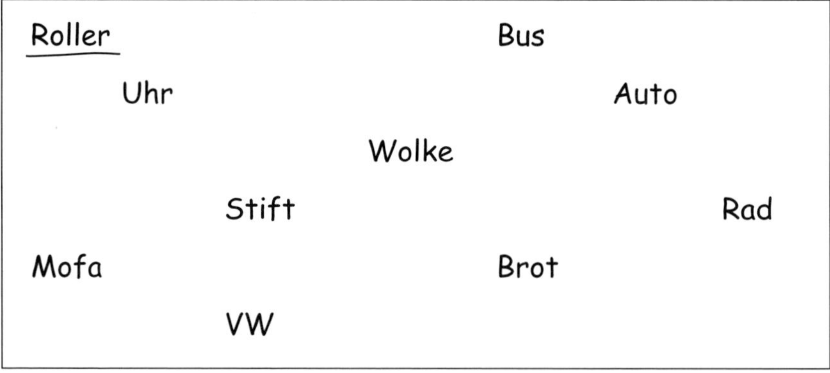

Wortkarussell

Für dieses Wortkarussell verwenden Sie am besten DIN A6-Karteikarten. Schreiben Sie auf die Vorderseite der Karte jeweils ein Wort, das die Schüler bereits gelernt haben, im Lesen und der Sinnentnahme aber noch weitere Sicherheit benötigen. Auf die Rückseite kleben oder zeichnen Sie ein Bild des Begriffes.

Die Karten legen Sie gelocht in das Karussell. Der Schüler liest das Wort, entnimmt den Sinn, blättert die Karte um und erhält auf der Rückseite die Vergewisserung zur Wortbedeutung.

Weiter geht's mit dem Lesen des nächsten Wortes, dem Umblättern und dem Vergewissern auf der Rückseite.

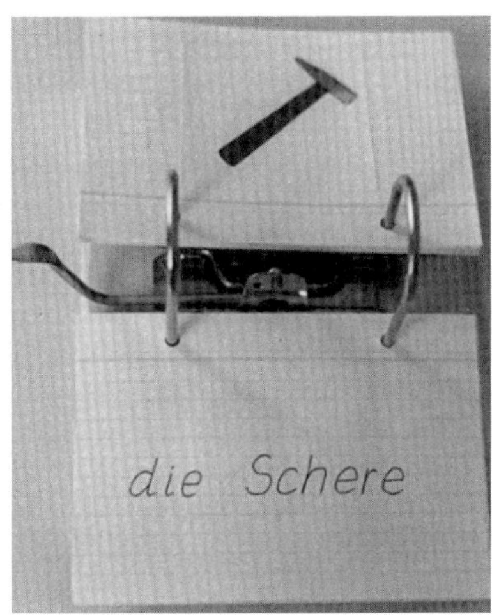

Klammerkarte

Bei dieser Übung geht es um das sinnentnehmende Lesen komplexerer Sätze sowie um das Abrufen von Sachwissen.

Der Schüler muss die Sätze mit Ja oder Nein kennzeichnen. Hierzu bringt er bei jedem Satz auf der entsprechenden Seite (links oder rechts) eine Klammer an. Nachdem er zu jedem Satz eine entsprechende Klammer angebracht hat, wendet er diese und erfährt auf der Rückseite durch eine dort angebrachte Farbmarkierung, ob er die Aufgabe richtig bearbeitet hat.

Das untenstehende Beispiel bezieht sich inhaltlich auf den Schulort der Schüler, nämlich Reutlingen und bezieht alle Wohnorte der Schüler mit ein. Für Ihren Schulort können Sie ähnliche Aufgaben formulieren.

Darüber hinaus lässt sich solch eine Klammerkarte auch als Vergewisserung zum Abschluss eines Unterrichtsvorhabens einsetzen.

Nein		Ja
	Ich gehe in Reutlingen zur Schule.	
	Eningen liegt auf der Schwäbischen Alb.	
	Die große Kirche in Reutlingen heißt Marienkirche.	
	Reutlingen liegt an der Echaz.	
	Das Autokennzeichen von Reutlingen lautet TR.	
	Betzingen ist ein Stadtteil von Reutlingen.	
	Wannweil liegt am Neckar.	

Versteckte Wörter

In einer Buchstabensammlung sind bekannte Wörter versteckt. Der Schüler sucht möglichst viele Wörter und markiert diese mit einem Markierstift.

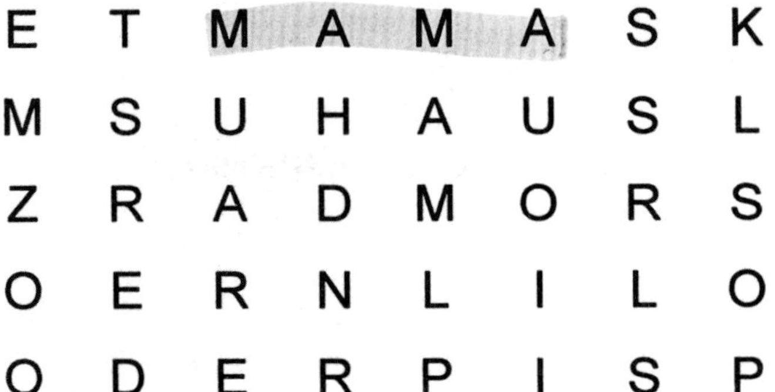

Wörter vervollständigen
Der Schüler ergänzt in dem Aufgabenblatt schriftlich die fehlenden Buchstaben in jedem Wort. Parallel erfolgt das Lesen der Wörter.

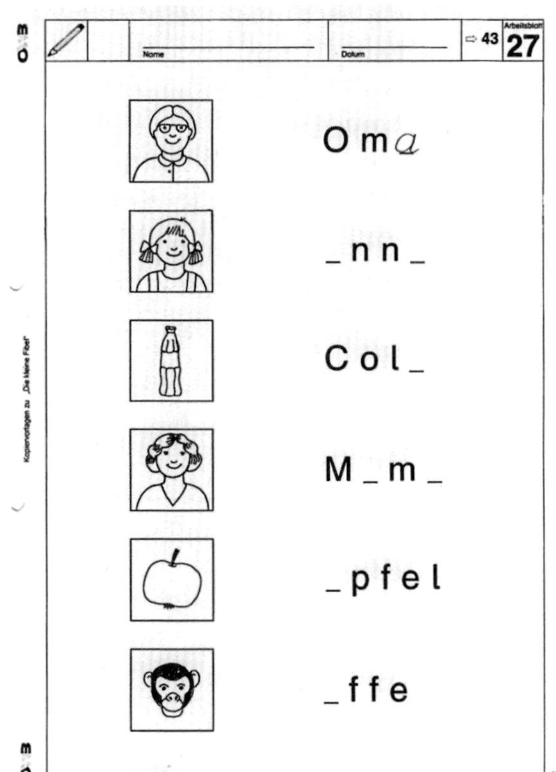

Aus: Günthner/Lanzinger, 2001. Kopiervorlagen

Pyramidenlesen/Pyramidenschreiben
Schreiben Sie in das obere Kästchen der Pyramide einen Buchstaben, wie in dem Beispiel ein „E".
In der Zeile darunter finden die Schüler ein sinnvolles Wort, in dem das darüber stehende „E" auftauchen muss. In der dritten Zeile müssen dann die Buchstaben aus der zweiten Zeile verwendet werden, wobei die Reihenfolge der Buchstaben geändert werden kann. Diese Aufgabe bietet sich wegen der Komplexität zum gemeinsamen Bearbeiten in der Klasse an.

E

E R

3.8 Lesen – ein hochkomplexes Zusammenspiel unterschiedlicher Fähigkeiten

In der untenstehenden schematischen Übersicht sind noch einmal die wesentlichen Voraussetzungen, Einzelfertigkeiten und Verknüpfungen im Zusammenhang mit Schrift lesen in Kürze dargestellt. In Wirklichkeit handelt es sich um viel komplexere Zusammenhänge und Voraussetzungen. Im Kapitel 1.6 „Definition Lesen" sind die Zusammenhänge bereits dargestellt, sodass es in dieser Übersicht um eine Ergänzung der bereits dort dargestellten Sachverhalte geht.

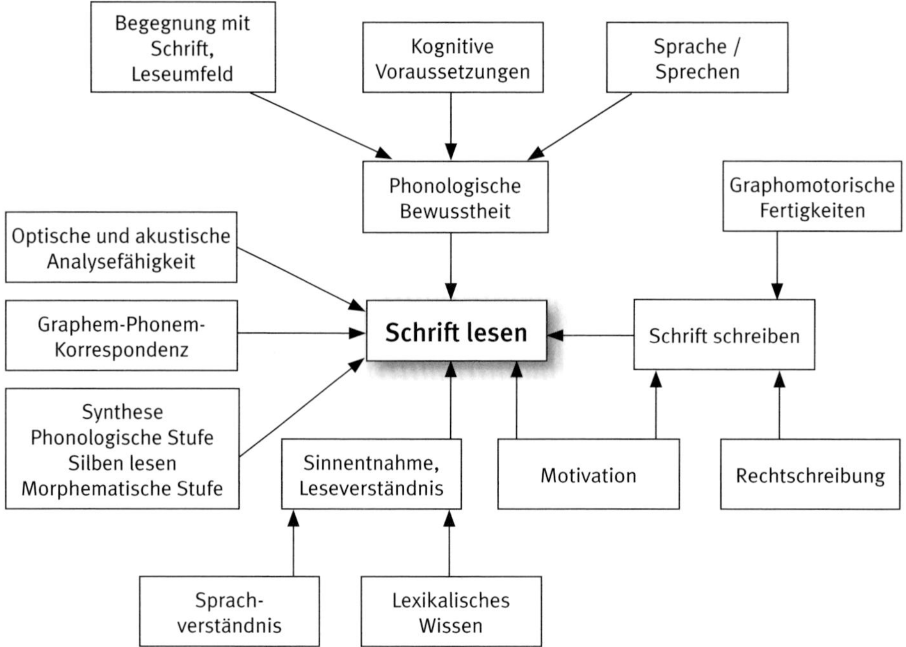

4. Der erweiterte Schreibbegriff

4.1 Vom Gedanken zum bedeutungstragenden grafischen Zeichen

Schrift gilt als ein System grafischer Zeichen, die zum Zwecke der Kommunikation erzeugt und verwendet werden. Durch Malen, Zeichnen, Ritzen, Gravieren, Einkerben oder Tippen entstehen auf unterschiedlichen Beschreibstoffen (Papier, Sand, Stein, Leder, Tontafeln, Monitor usw.) Zeichen, mit denen Informationen fixiert oder an andere weitergegeben werden können.
Schriftzeichen entstehen durch die Spuren eines Werkzeuges auf einer Unterlage. Die Tätigkeit des Zeichensetzens wird üblicherweise als Schreiben bezeichnet. Es handelt sich um eine expressive (nach außen gerichtete) Tätigkeit bei der grafische Zeichen sichtbar werden.

Eine Analogie finden wir beim Sprechen. Dort entstehen durch die Aneinanderreihung und Verknüpfung von hörbaren Lauten verbale Sinneinheiten (gesprochene Wörter und Sätze).
Gesprochene Sprache lässt sich mit Hilfe konventioneller (vereinbarter) grafischer Zeichen aus der Hörbarkeit in die Sichtbarkeit umwandeln. Durch die Schriftspuren entstehen aus den flüchtigen und verklingenden akustischen Sprachklängen materielle und visuell „greifbare“, gegenständliche oder abstrakte Zeichen. So lassen sich, unabhängig von Ort und Zeit, Informationen und Nachrichten vermitteln oder zum eigenen Nutzen fixieren.
Mit Buchstaben oder anderen grafischen Zeichen lassen sich Bedeutungsgehalte (Ideen, Nachrichten, Kenntnisse, Erfahrungen und Erlebnisse), die entweder immateriell als Gedanken oder als akustische Lautzeichen vorhanden sind, verschlüsseln (kodieren). Der Leser, der Empfänger der grafischen Nachricht entschlüsselt (dekodiert) diese Zeichen und entnimmt ihnen den entsprechenden Bedeutungsgehalt.

Ergänzend zur herkömmlichen Definition von Schreiben, handelt es sich beim erweiterten Schreibbegriff nicht nur um die graphomotorische Produktion von Buchstaben.
Schreiben im erweiterten Sinne umfasst

- alle bildhaften Darstellungen von Erlebnissen, Gegenständen, Menschen, Tieren, eigenen Emotionen etc. in Form von Zeichnungen oder gemalten Bildern.

- das handschriftliche Erzeugen abstrakter grafischer Zeichen (Buchstaben) auf einer Schreibvorlage.

- das Verfassen sinntragender Sätze mit Hilfe vorgefertigter Bild- und Wortelementen. Hierbei lassen sich Gedanken darstellen, so dass der Leser dieser Zeichenreihenfolge / Zeichenanordnung eine entsprechende Information entnehmen kann.

- das Produzieren von Wörtern, die mit technischen Hilfsmitteln (Buchstabenstempel, Personalcomputer etc.) zu Papier oder auf ein anderes Beschriftungsmedium gebracht werden können.

Wenn wir uns vor Augen führen, welche Voraussetzungen für den Erwerb der Lautschrift notwendig sind und uns gleichzeitig die Möglichkeiten der Schüler mit geistiger Behinderung vergegenwärtigen, wird rasch klar, dass wir in der Schreibförderung mit einem erweiterten Schreibbegriff operieren müssen. Bei einem auf die Produktion der Buchstabenschrift reduzierten Schreibverständnis würden wir die Mehrzahl der Schüler mit geistiger Behinderung vom Schreiben ausschließen.

Der Blick in die historische Entwicklung der Schriftsysteme zeigt uns, dass sich in der Phylogenese (der stammesgeschichtlichen Entwicklung), ausgehend von der Bilderschrift über die Hieroglyphen, erst sehr viel später die Lautschrift entwickelt hat.
Und wie verläuft die Schreibentwicklung in der ontogenetischen Entwicklung des Kindes? Wissenschaftliche Untersuchungen und eigene Beobachtungen der Kinder bestätigen eindeutige Parallelen zwischen dem stammesgeschichtlichen und dem individuellen Entwicklungsverlauf. Schenk (1997, 23) bestätigt diese Aussage: „Auf einer ersten Entwicklungsstufe [der Zeichen- und Malentwicklung, der Verf.] werden Mitteilungen in einfachen Bildern oder Bilderfolgen, unabhängig von der Lautung der Sprache wiedergegeben. Sie sind primitive Vorstufen einer eigentlichen Schrift; Bilder erzählen Geschichten und werden als Möglichkeit genutzt, Informationen zu speichern."

Im täglichen Umgang mit Schülern wird sichtbar und erlebbar, dass jeder Schüler ein Kommunikations- und ein Mitteilungsbedürfnis hat. Jedes Kind und jeder Jugendliche möchte seine Erlebnisse und die gemachten Erfahrungen mitteilen, diese mit anderen Menschen teilen, er möchte kommunizieren, etwas zur gemeinsamen Sache machen. Hierfür benötigt der Schüler ein Kommunikationsmittel. Üblicherweise verwenden wir hierfür die gesprochene Sprache beziehungsweise die nicht-verbalsprachlichen Möglichkeiten, wie zum Beispiel Gesten, Gebärden oder andere körpersprachliche Möglichkeiten. Ergänzend zu den verbalen und nicht-verbalen Möglichkeiten erwirbt ein nichtbehindertes Kind im Verlauf der Vorschulzeit die Fähigkeiten zum Zeichnen sowie Malen und während der Schulzeit die Schrift als abschließendes abstraktes, expressives Ausdrucksmittel.
Aufgrund der teilweise eingeschränkten verbalen, nonverbalen und kognitiven Fähigkeiten der Schüler mit Behinderung gelingt die Kommunikation nicht immer zufriedenstellend. Kommunikationsabbrüche und fehlgeschlagene Interaktionsversuche sind leider immer wieder zu beobachten. Wenn die verbale und nonverbale Kommunikation nur zum Teil gelingt und zum Erfolg führt, kann dann Schreiben in manchen Fällen eine Ersatzmöglichkeit darstellen? Vielleicht erscheint diese Frage zunächst abwegig. Wäre sie auch, wenn wir das Schreiben nur einseitig auf die Verwendung der Buchstabenschrift beziehen würden. Um Schülern mit Behinde-

rung, ergänzend zur Verbalsprache und zu den nicht-verbalen Hilfsmitteln, eine weitere Mitteilungs- und Verständigungsmöglichkeit anzubieten, können sie sich den Möglichkeiten des erweiterten Schreibbegriffs bedienen.
Das Schreiben der gesprochenen Sprache eröffnet Möglichkeiten der zwischenmenschlichen Kommunikation, der Normalisierung und der Teilhabe. Schreiben in den unterschiedlichsten Formen wird als eine eigene Leistung erlebt und fördert das Selbstwertgefühl.

Unter dem pragmatischen Kommunikationsaspekt bedeutet der erweiterte Schreibbegriff, dass wir
- den Kritzeleien der Schüler,
- den von ihnen gezeichneten und gemalten Bildern,
- den buchstabenähnlichen Zeichen und den Schriftzeichen

eine verstärkte Bedeutung beimessen, diese
- unterrichtlich fördern,
- die Verständigungs- und Mitteilungsfunktion dieser Zeichen erkennen und
- als ein adäquates Verständigungs- und Mitteilungsmittel

akzeptieren müssen.

Im Unterricht regen wir demzufolge die Schüler immer wieder dazu an, sich über selbst produzierte grafische Zeichen, egal in welcher Form, mitzuteilen, sich auszudrücken.

Darüber hinaus bezieht sich Schreiben nicht nur auf das Produzieren gegenständlicher Zeichen und das handschriftliche Schreiben von Buchstaben und Wörtern, sondern umfasst die erweiterten Möglichkeiten durch die Aneinanderreihung vorgefertigter Bild- oder Wortelemente eigene Gedanken und Mitteilungsinhalte visuell sichtbar zu machen und zu vermitteln. Hierzu legt der Schüler die vorgefertigten Bild- und Wortelemente in eine bestimmte Anordnung und vermittelt so Sinn.

In der weiteren Darstellung werde ich zunächst die Stufen des handschriftlich geprägten Schreiblernprozesses aufzeigen. In einem weiteren Schritt folgt dann die Beschreibung der Möglichkeit, sich mit vorgefertigten Bild- und Wortbausteinen „schriftlich" zu verständigen.
Bei beiden Zugängen handelt es sich nicht um konkurrierende Ansätze, sondern um einander ergänzende Möglichkeiten der Informationsweitergabe sowie der Kommunikation mit bildhaften und grafischen Mitteln.

4.2 Stufen des graphomotorischen Schreiblernprozesses

„So kommt das Kind zur Schrift"
Jedes Kind kommt auf seinem individuellen Weg zum Schreiben, beziehungsweise zum Schriftspracherwerb. Beim Vergleich der jeweiligen Aneignungsprozesse und Aneignungsstufen des Schreibens lässt sich für unseren mitteleuropäischen Kul-

turraum eine bestimmte Abfolge erkennen, die nachfolgend in den wesentlichen Stufen dargestellt wird.

Die graphomotorische Schreibentwicklung eines Kindes ist durch folgende Stufen gekennzeichnet:

1. Kritzeln
   Erstes Kritzelstadium
   Zweites Kritzelstadium
2. Schemazeichnen
3. Erste Buchstabenschrift
4. Lautschrift

4.2.1 Kritzeln

4.2.2 Erstes Kritzelstadium

Gekennzeichnet durch

— ungeordnetes Hin und Her auf dem gesamten Blatt
— Hieb-, Schwing- und Kreiskritzeln

Das Kritzeln geschieht zunächst noch ohne Absicht. Das Kind staunt über seine Ergebnisse. Das Tun ist in der Regel lustvoll. Es werden noch keine intentionalen Zeichen gesetzt. Das Kind nimmt die Ergebnisse seines Kritzelns wahr. Es freut sich über die Ergebnisse, ohne dass es eine klare Vorstellung von seinem Tun hat. Eine Verknüpfung zwischen seinem eigenen Tun und der Wirkung, dem Produkt, stellt sich erst nach und nach ein.

Hieb- und Schwingkritzeln

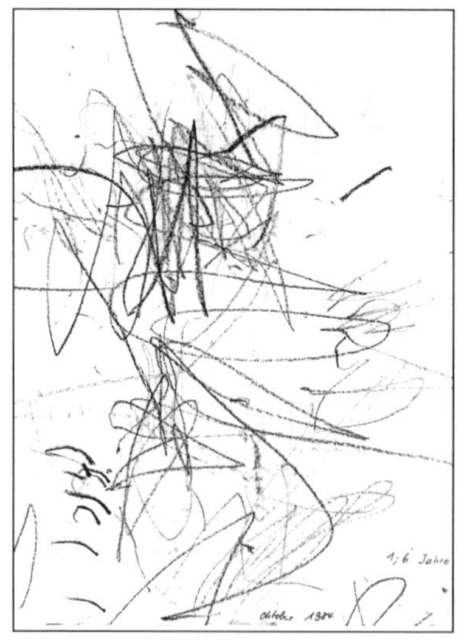

Kreiskritzeln

▲ *Schüler mit geistiger Behinderung, 10;6 Jahre*

◀ *Nichtbehindertes Kind, 1;6 Jahre*

4.2.3 Zweites Kritzelstadium

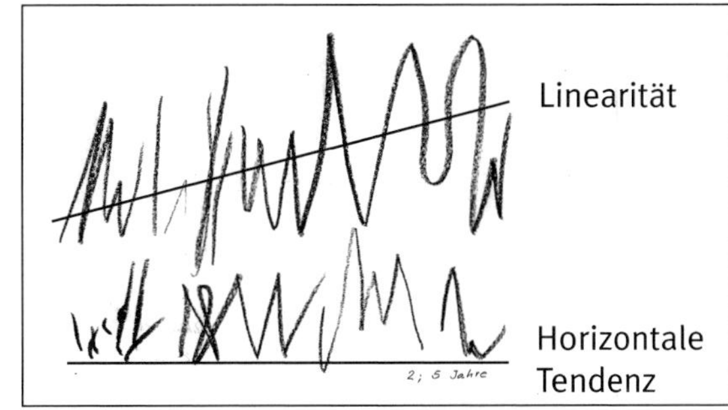

Nichtbehindertes Kind, 2;5 Jahre

Gekennzeichnet durch
- geordnetes Kritzeln
- horizontale Tendenz
- Linearität
- regelmäßiges Auf und ab
- (Zick-Zack-Linien)

Das Kritzeln wird vom Kind zunehmend bewusst und mit der Absicht eines Ergebnisses durchgeführt. Es handelt sich häufig auch um ein nachahmendes Kritzeln.
Die in der Regel positive Rückmeldung der Umwelt verstärkt das Kind in seinen Kritzelaktivitäten. Sofern dem Kind entsprechende Materialien zur Verfügung stehen, wird es im Rahmen seiner motorischen Möglichkeiten und seiner inneren Motivation immer wieder und zunehmend kreativer kritzeln.

Voraussetzungen fürs Kritzeln, beziehungsweise Fertigkeiten, die dabei geübt werden können:
- Stift halten können. Die dominante Hand hat sich in dieser Entwicklungsperiode noch nicht herausgebildet.
- Erkennen, dass mit dem Stift oder einem anderen Schreibmittel Spuren hinterlassen werden können.
- Dosierter Krafteinsatz mit der Hand und dem Arm
- Augen-Hand-Koordination (Visuomotorik)
- Visuelle Wahrnehmung
- Figur-Hintergrund-Wahrnehmung. Schreibblatt von der Tischplatte unterscheiden und die gekritzelte Figur auf dem Papier erkennen.
- Freie Beweglichkeit des Unterarms, einschließlich der Hand

4.2.4 Schemazeichnen

Nichtbehindertes Kind, 4;1 Jahre

Neben „schriftähnlichen" Gebilden entwickeln sich nach dem Kritzelstadium erste Zeichnungen und Bilder.
Die grafischen Grundformen Linie, Punkt, Kreis, Halbkreis, Rechteck entwickeln sich und werden vom Kind miteinander kombiniert.
Bei Zeichnungen dominieren Kopffüßler, Häuser, Bäume, Fahrzeuge, Blumen, Zäune, Tiere usw.

Diese ersten gegenständlichen Bildzeichen sind universelle Zeichen (fast alle Kinder in unserem Kulturkreis fangen mit diesen Zeichen an).
Es handelt sich um ikonische (anschauliche, gegenständliche) Zeichen, mit denen erste Bedeutungen fixiert werden.

Das Zeichnen von Bildern hat

a) einen reinen Selbstzweck.
   Zeichnen und Malen machen den Kindern einfach Spaß.
   Sie malen für sich und aus Freude am Tun.

b) eine kommunikative Funktion.
   Die Kinder möchten anderen (Mama, Papa, Oma, Opa, der Erzieherin, der Lehrerin etc.), etwas mitteilen.
   Die Bilder werden vom Kind häufig mit Freude sowie Stolz gezeigt und sie erwarten von dem Betrachter eine Rückmeldung.

Schüler mit geistiger Behinderung, 14;6 Jahre

Das Kind beginnt zunehmend seinen gezeichneten Bildern einen Bedeutungsgehalt beizumessen. Es erzählt mit seinem Gezeichneten und Gemalten von seinen Erlebnissen, aber auch von seinen Wünschen und emotionalen Befindlichkeiten, wobei im Bild die einzelnen kommunikativ-erzählerischen Elemente zu einem Gesamtausdruck verwoben sind.
Die Entwicklung der weiteren Zeichnen-, Mal-, Schreib- und Mitteilungsmotivation hängt in dieser Phase sehr stark von der Akzeptanz, der Bestätigung, der Wertschätzung und vom Lob durch die Eltern oder anderen Bezugspersonen ab. Bedeutsam sind vor allem auch Bezugspersonen, die dem Kind als Vorbild dienen, die also selbst zeichnen, malen und schreiben.

Voraussetzungen fürs Schemazeichnen, beziehungsweise Fertigkeiten, die dabei geübt werden können:

- Verfeinerung der zuvor erworbenen Fähigkeiten (vgl. Kritzeln)
- Symbolbewusstsein und Abstraktionsfähigkeit (erkennen, dass sich Realgegenstände und Personen vereinfacht, schematisch, bildhaft darstellen lassen)
- Analysefähigkeit (Einzelteile des Gegenstandes, der Person, der Situation erkennen und grafisch mit eigenen Möglichkeiten wiedergeben)

- Synthesefähigkeit (z. B. die Einzelteile eines Hauses, wie Außenwände, Haustür, Fenster, Dach, Schornstein oder, wie hier beim Polizeiauto, die Räder, den Fahrzeugaufbau, das Fenster, den im Fahrzeug sitzenden Polizisten, das Blaulicht etc. zu einem sinnvollen Ganzen kombinieren)
- Speicherfähigkeit (immer wieder vorkommende Grundmuster sind abgespeichert und stehen beim Malen spontan zur Verfügung, sie müssen nicht jedes Mal neu bedacht werden)
- Figur-Hintergrund-Wahrnehmung
- Raumlagekonstanz

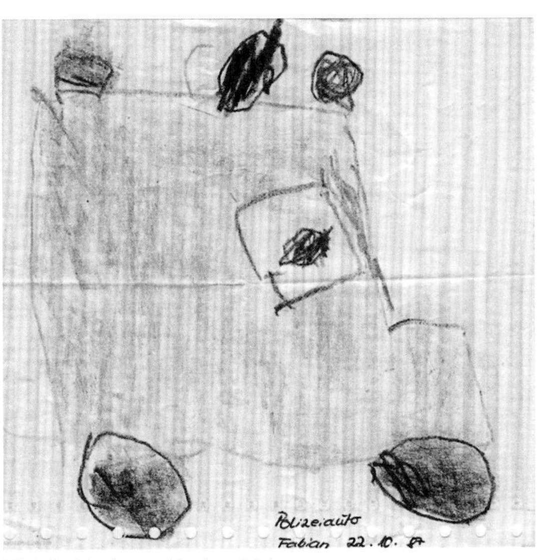

Nichtbehindertes Kind, 4;6 Jahre

4.2.5 Erste Buchstabenschrift

Die im Repertoire des Schülers ansatzweise vorhandenen geometrischen Grundformen, wie Linie, Kreis, Halbkreis, Rechteck, Ovale, Diagonalen, rechte Winkel usw. werden erweitert sowie verfeinert.

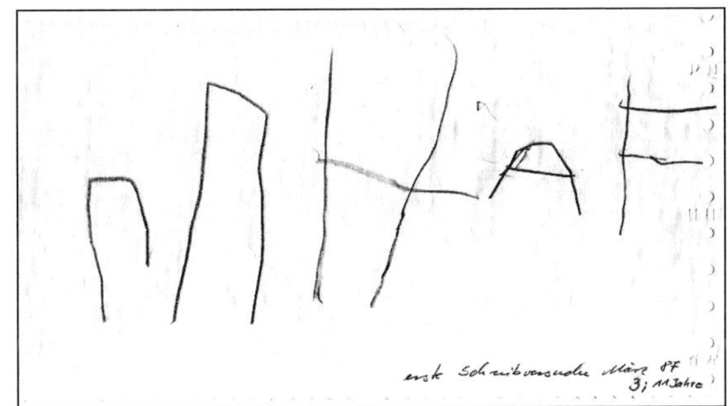

Nichtbehindertes Kind, 3;11 Jahre

Das Kind unterscheidet zunehmend zwischen Zeichnen, Malen und Schreiben. Immer buchstabenähnlichere Zeichen treten zu Tage. Eltern und Geschwister sind beim „Schreiben“ starke Vorbilder. Das Kind imitiert die „Großen“.

Es entwickelt zunehmend eine intrinsische Motivation, es möchte auch „schreiben“ und malt die Buchstaben zunächst einfach nur ab. Großbuchstaben dominieren im „Schriftbild“ des Kindes. Es versucht die Schreibrichtung von links nach rechts einzuhalten.

Der eigene Name (Großbuchstaben), bzw. Teile davon, wird zur Kennzeichnung eigener Bilder, selbst erstellter „Schriftstücke“ immer häufiger geschrieben, Kinder „unterschreiben“.

Nichtbehindertes Kind, 4;2 Jahre

Es kommt zu mehr oder weniger willkürlichen Reihungen aller bekannten und in Ansätzen vertrauten Buchstaben und Ziffern. Die Buchstaben sind zum Teil noch spiegelbildlich, stehen auf dem Kopf oder sind unvollständig. Neue Variationen werden erprobt.
Einzelne Wörter werden nach und nach voneinander getrennt.
Die Kinder verfügen zunehmend über die konventionalisierten Zeichen (Buchstaben), ohne dass ihnen allerdings in allen Fällen der entsprechende Sprechlaut dazu bewusst wäre. Die Buchstaben-Laut-Zuordnung ist noch nicht sicher vorhanden.
Die Kinder schreiben aus Spaß und weil sie gegebenenfalls auch etwas mitteilen möchten (Kommunikationsfunktion). Den Kindern wird klar, dass sie mit Buchstaben Bedeutungen, Inhalte, eigene Gedanken an andere vermitteln können.
Wenn Kinder sich der grafischen Form einzelner Buchstaben im Klaren sind, üben sie diese bei vielen sich bietenden Gelegenheiten.

Voraussetzungen für die erste Buchstabenschrift, beziehungsweise Fertigkeiten, die dabei geübt werden können:

- Verfeinerung der zuvor erworbenen Fähigkeiten (vgl. Kritzeln und Schemazeichnen)
- Dreifingergriff beim Halten des Schreibgerätes und differenzierte Feinmotorik
- Präzise Augen-Hand-Koordination
- Erkennen der Symbolbedeutung der Buchstaben, des eigenen Namens, von Wörtern überhaupt. Die grafischen Zeichen stehen für eine Bedeutung, einen Sachverhalt (erweitertes Symbolbewusstsein).

Schreib- und Abschreibversuche von Schülern mit geistiger Behinderung, zwischen 9 und 10 Jahren

- Analysefähigkeit bezüglich des Erkennens einzelner Buchstaben in einem Wort.

4.2.6 Lautschrift

Dem Kind wird zunehmend bewusst, dass Buchstaben die schriftliche Fixierung von Lauten darstellen. Es entwickelt ein Bewusstsein, dass sich gesprochene Wörter mit Buchstabenreihen symbolhaft darstellen lassen. Die schriftlich fixierte Zeichenfolge entspricht in diesem Prozess der Verschriftlichung der Lautfolge der gesprochenen Sprache. Das Kind erkennt die Korrespondenz zwischen dem Lautklang und dem zuzuordnenden Buchstaben. Es schreibt die ersten emotional besetzten, lauttreuen und Sinn stiftenden Wörter wie MAMA, OMA, PAPA usw.

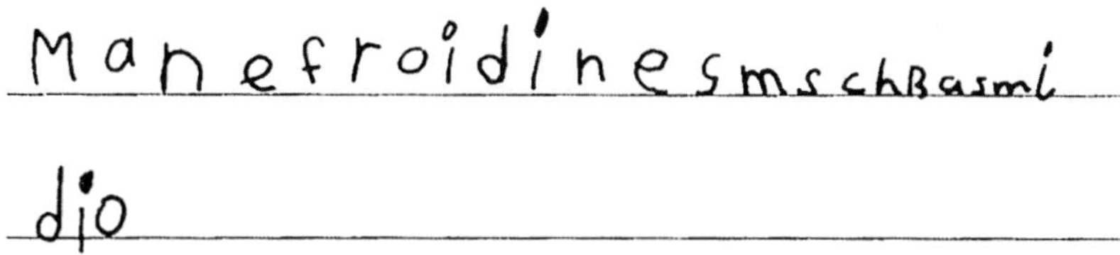

Meine Freundin es macht Spaß mit dir (Quelle: Füssenich 2011, 7)

Wenn das Kind bei der Stufe der Lautschrift angelangt ist, versucht es die Wörter der gesprochenen Sprache nach dem phonetischen Prinzip in Schrift umzusetzen. Es knüpft an die mündliche Sprache an und kommt so zu den Buchstaben und im Weiteren zu geschriebenen Wörtern. Dem Kind geht es darum, der selbst gesprochenen Sprache Laut für Laut den entsprechenden Buchstaben zuzuordnen. Selbstverständlich treten hierbei noch Probleme bei der Zuordnung, der richtigen Reihenfolge und der Buchstabenform auf.
Kinder können in der gesprochenen Sprache noch nicht eindeutig die einzelnen Wörter heraushören, folglich sind auch beim ersten Schreiben zunächst noch keine eindeutigen Einzelwörter erkennbar.

DAFich = ZU DIR KOMEN ZUNSPiELEN

Darf ich gleich zu dir kommen zum Spielen (Quelle: Bürgin/Menz 2008)

Sobald das Prinzip der Einzelwörter in einem gesprochenen Satz erkannt wird, ist bei vielen Kindern zu beobachten, dass sie die einzelnen Wörter deutlich voneinander trennen, indem sie diese zum Beispiel vorübergehend in Kästchen schreiben.

Zwischen dem fünften und sechsten Lebensjahr erreicht das nicht lernbeeinträchtigte Kind die biologische Reife für das handschriftliche Schreiben. Die Muskeln und Nervenbahnen sind nun soweit ausgebildet und ausdifferenziert, um diese graphomotorischen Bewegungsabläufe intentional und ohne großen Aufwand ausführen zu können.

Lassen Sie die Schüler in dieser Phase schreiben wie sie möchten. Freuen Sie sich mit ihnen über die Schreibprodukte und den Versuchen, gesprochene Sprache in die abstrakte Buchstabenschrift zu übertragen. Falschschreibungen können also vorerst so stehen bleiben. Wichtig ist, die Lust am Schreiben aufrecht zu halten und nicht durch zu frühe Korrekturen die Kinder zu demotivieren.

Wenn die Kinder erfahren oder selbst bemerken, dass richtig geschriebene Wörter leichter gelesen und besser verstanden werden, bemühen sie sich aus eigenem Antrieb um die korrekte Schreibweise. Haben Sie Geduld und warten Sie auf die Frage: *„Wie schreibt man das?"*

Neben der Fremdkorrektur durch uns Lehrer sind Möglichkeiten der Selbstkorrektur zu bedenken. Das heißt, das Kind muss immer wieder die Möglichkeit erhalten, zwischen seinen Wörtern und den korrekt geschriebenen Wörtern zu vergleichen. Dazu muss der Schüler von geschriebener Sprache ständig umgeben sein. In einer schriftlosen bzw. schriftarmen Umgebung erlernt das Kind oder der Jugendliche nur unter erschwerten Bedingungen das Schreiben.

Voraussetzungen für die Lautschrift, beziehungsweise Fertigkeiten, die dabei geübt werden können:

- Verfeinerte Graphomotorik (annähernde Greifleistung eines Erwachsenen)
- Abspeicherung der Form der Einzelbuchstaben
- Buchstaben-Laut-Zuordnung (Graphem-Phonem-Korrespondenz)
- Optische und akustische Analyse- und Synthesefähigkeit (Zergliederung eines Wortes in seine visuellen und akustischen Einzelelemente, sowie deren sinnvolle Aneinanderreihung)

4.3 Schreiben mit vorgefertigten Bild- und Wortelementen

Vergleiche Sie zu diesen Ausführungen auch das Kapitel „Lesen mit Hilfe der Pfeilsätze“ in diesem Buch.
Das Schreiben der Buchstabenschrift ist für viele Schüler anstrengend, zeitaufwendig, aus kognitiven oder aus motorisch-funktionalen Gründen nicht oder nur unter größtem Aufwand zu leisten. Da die meisten Schüler ein Mitteilungs- und Kommunikationsbedürfnis haben, erhalten sie in der Schule, ergänzend zur gesprochenen Sprache und den nicht-verbalen Kommunikationsmöglichkeiten, in Form von vorgefertigten Wort- und Bildbausteinen ein Ersatzsystem zur Mitteilung angeboten. Für die Lese- und Schreibmotivation ist die Erfahrung, aktiv selbst Sätze „schreiben“ zu können, von herausragender Bedeutung. Die Erfahrung, eigene Gedanken mit Hilfsmitteln in eine materielle Gestalt bringen zu können – und diese nicht nur verbal mitzuteilen – beflügelt viele Schüler im Schreib- und Mitteilungsbedürfnis.
Die Schüler schreiben nach dieser Konzeption kombinierte Wort- und Bildersätze, das heißt sie legen oder/und kleben die vorhandenen Wort- und Bildkarten in der gedachten Reihenfolge auf den Tisch oder auf ein Blatt Papier. Falls der Schüler seinen eigenen Namen im Satz bereits handschriftlich schreiben kann, kann er folglich auf die entsprechende Namenskarte verzichten. Um den Schülern das Schreiben komplexer Sätze und die Verwendung noch nicht schriftlich lesbarer Begriffe zu ermöglichen, ist die Verwendung von Bildern, Bildzeichen oder des Pfeiles empfehlenswert. Die Verwendung dieser Hilfsmittel stellt für die Schüler vor allem eine Entlastung dar. Mit einem verhältnismäßig geringen Aufwand gelingt es dem Schüler Sätze zu schreiben. Er erreicht relativ unkompliziert sein Ziel, nämlich anderen etwas mitzuteilen. Diese Erfahrung stellt eine wesentliche Komponente für die Schreib- und Mitteilungsmotivation dar.
Auf Bild- und Wortkarten lassen sich Subjekte und Objekte gut darstellen. Schwieriger ist die Darstellung von Aktivitäten/Tätigkeiten. Falls hierfür keine Abbildungen zur Verfügung stehen oder die Schüler das Verb noch nicht lesen beziehungsweise schreiben können, bietet sich in vielen Fällen die Verwendung des Pfeiles als Verbersatz an. Der Pfeil steht stellvertretend für die Tätigkeit, für das Verb.
Mit den drei Elementen Subjekt – Prädikat – Objekt lassen sich einfache Sätze vollständig erstellen/schreiben.
Abhängig vom Subjekt und Objekt ordnet der Schreiber dem Pfeil eine bestimmte Bedeutung zu. Beim Lesen dieses Satzes kann es zugegebenermaßen zur nicht immer passenden Sinnentnahme kommen. Falls sich der Leser (Lehrer, Mitschüler oder Eltern) der Bedeutung des Pfeiles im geschriebenen/gelegten Satz nicht sicher ist, muss er an den Schreiber, also den Verfasser des Satzes Rückfragen stellen.
In der Unterrichtspraxis zeigt sich, dass die Verwendung der Wort-, Bild- und Pfeilkarten die Schüler verstärkt anregen, diese selbst gelegten/geschriebenen Sätze auch handschriftlich abzuschreiben/abzuzeichnen. Die Sorge ist also unbegründet, die Bild- und Wortkarten könnten die Schüler vom „eigentlichen“ Schreiben abhalten. Das Gegenteil ist der Fall.

Im Folgenden finden Sie einige ausgewählte Beispiele des Schreibens kompletter Sätze mit Hilfe vorgefertigter Bild- und Wortkarten sowie dem Pfeil als Verbersatz.

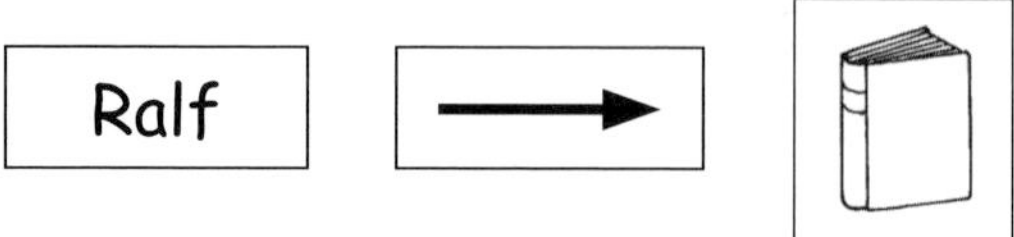

„Ralf liest im Buch." oder „Ralf hat ein Buch." oder ...

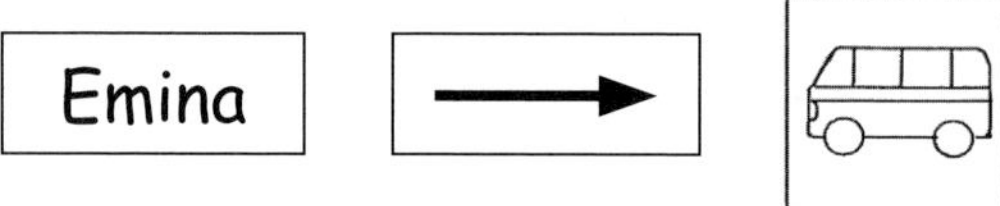

„Emina fährt (mit dem) Bus." oder *„Emina geht zum Bus."* oder *„Emina sitzt im Bus."*

Damit der Schüler nicht ausschließlich nur Sätze mit bekannten Bild- und Wortkarten legt/schreibt, bekommt er von einfachen Begriffen ergänzend die entsprechende Wortkarte zusätzlich angeboten. Durch die immer wieder herzustellende Verknüpfung zwischen Bildzeichen und Wort erweitert der Schüler zwangsläufig sein Repertoire an bekannten Wörtern.

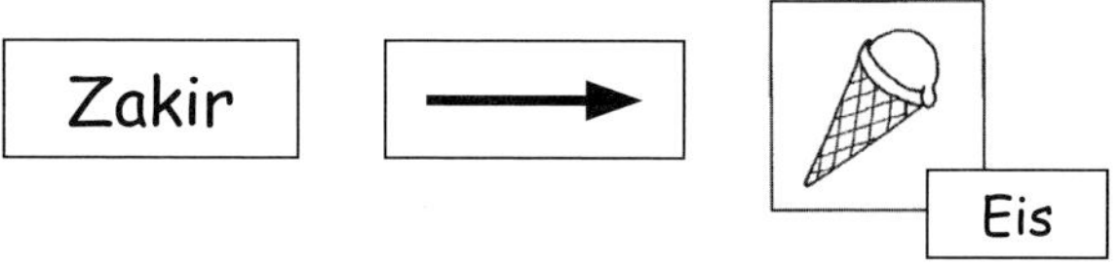

„Zakir mag Eis." oder *„Zakir schleckt am Eis."* oder *„Zakir kauft sich ein Eis."* oder ...

Die Schüler werden nach und nach mit komplexeren Sätzen konfrontiert, wie hier mit der Konjunktion „und". Anfänglich kann das geschriebene Wort auch mit einem Pluszeichen + dargestellt werden. Hilfreich ist es für die Schüler, wenn sie über immer mehr solcher, in der gesprochenen und geschriebenen Sprache häufig vorkommender Schlüsselwörter spontan verfügen.

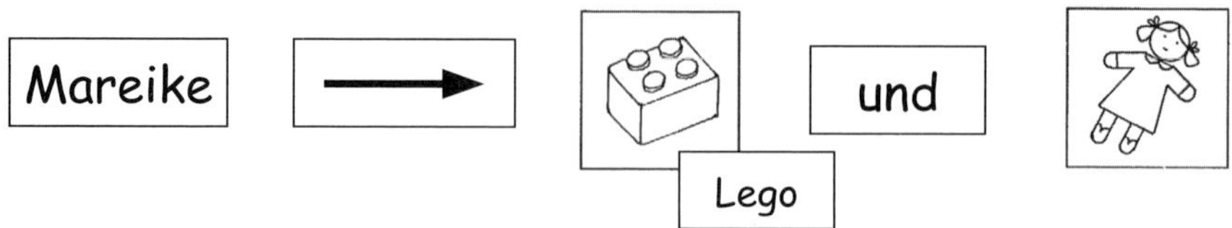

„Mareike spielt mit Lego und der Puppe."

Neben Bildern oder Piktogrammen können selbstverständlich auch Signalwörter als Objekte in einen Satz eingebunden werden.

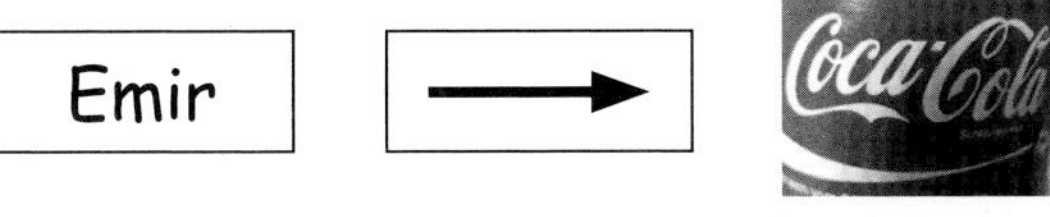

„Emir mag Coca Cola." oder *„Emir kauft Coca Cola."*

„Raphael liest gerne Micky Maus."

Mit Hilfe dieses Pfeil-Systems lassen sich auch relativ leicht Negationen schreiben und lesen. Bieten Sie hierzu den Schülern einen durchgestrichenen Pfeil an. Besprechen und veranschaulichen Sie handelnd die Bedeutung dieses neuen Zeichens.

Nadine

„Nadine mag keine Katzen."

„Max und Paola mögen keine Birne (essen)."

4.4 Funktionen des Schreibens für den Schüler

Schreiben bei Schülern mit starken Lernbeeinträchtigungen muss im Wesentlichen vier Aspekte berücksichtigen, wobei es zunächst zweitrangig ist, ob die Kinder/Jugendlichen malen, Buchstaben schreiben oder die vorgefertigten Bild- und Wortkarten benutzen. Schreiben entspringt unterschiedlichen kindlichen/jugendlichen Motiven.

a) Schreiben (auch Kritzeln) ist Teil eines Spiels

„So-tun-als-ob". Schreiben mit Farb- oder Bleistiften, Kugelschreibern, ... ist eingebettet in alltägliche (Rollen-) Spiele in der Familie sowie der Schule. Wir können uns hier an der Entwicklung nicht behinderter Kinder orientieren.

Damit das Kind ohne motivationshemmenden Aufwand das Schreiben immer wieder in sein Einzel- oder Partnerspiel integrieren kann, deponieren Sie unter anderem folgende Materialien stets frei zugänglich im Klassenzimmer:

- Papier
- Stifte
- Briefumschläge
- Ansichtskarten
- Bestelllisten
- „Strafzettel“ der Kinderpolizei (Grundstufe)
- Einkaufszettel fürs Rollenspiel (Grundstufe)
- Bank-Überweisungsvordrucke (Berufsschulstufe)
- Notiz- oder Telefonbüchlein
- Terminkalender
- Kreuzworträtsel

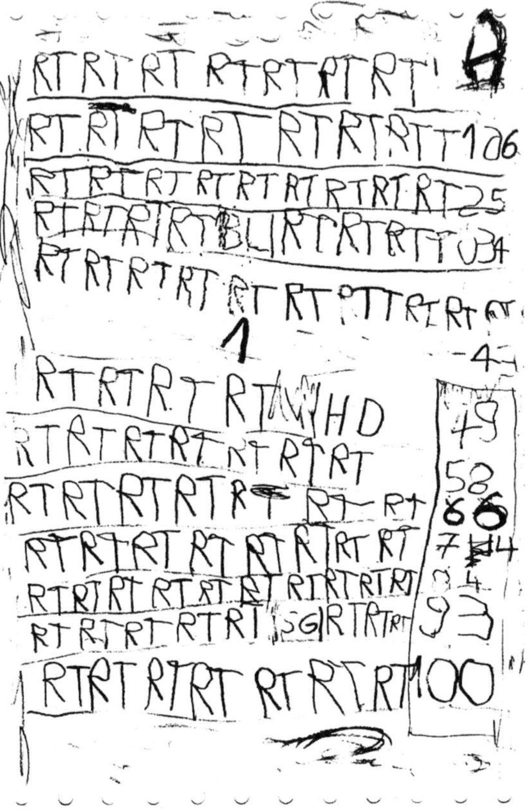

Im nebenstehenden Beispiel haben zwei Kinder „Verkehrszählung“ gespielt. Hierzu standen sie am Fenster in der ersten Etage der Wohnung und haben die jeweiligen Anfangsbuchstaben auf den Verkehrszeichen der vorbeifahrenden Autos notiert und abschließend fiktiv addiert.

eintrizkarte für
eine Zauberforsttüg

DM 1

Fabian

Sehr viele Kinder üben, wenn sie mit anderen Kindern spielen, gerne Theater- oder Zirkusvorstellungen ein und bringen diese dann auch, zum Beispiel vor Familienangehörigen, zur Aufführung. Teil des gesamten Spiels ist demzufolge auch die Herstellung von Utensilien und Kostümen, oder – wie das nebenstehende Beispiel zeigt – auch von Eintrittskarten.

b) Lebenspraktischer Aspekt der Verständigung oder der Mitteilung

Durch das Schreiben können Schüler auch emotionale Befindlichkeiten ausdrücken, festhalten und anderen mitteilen. Schreiben dient hierbei als System und Hilfsmittel zur Übermittlung einfacher oder komplexer Informationen an andere. Dies geschieht unter anderem mit folgenden Möglichkeiten:

- Bilderbriefe
- Schriftbriefe
- Berichte vom Wochenende über eigene Erlebnisse
- Einladungen zu Festen
- Ansichtskarten
- Glückwunschkarten
- Plakate für Schulfeste oder Klassenfeste erstellen
- EMail schreiben
- Elektronische Kurznachrichten (SMS) verfassen
- Schülerzeitungen herstellen
- Notizen an die Mitschüler oder die Eltern

Unterrichtsbeispiele:
Die Schüler erhalten im Fach Sprache/Deutsch (Montag, erste Unterrichtsstunde) die Gelegenheit vom Wochenende nicht nur zu erzählen, sondern auch zu schreiben.
Daniel kann nur wenige Buchstaben schreiben und sich demzufolge mit dieser Technik noch nicht sicher mitteilen. Deshalb zeichnet er nebenstehendes Bild. Anschließend diktiert er dem Lehrer einen Satz zum Bild, den dieser stellvertretend für ihn unter das Bild schreibt. Implizit macht Daniel immer wieder die Erfahrungen, dass Gezeichnetes und Gesprochenes mit Hilfe der abstrakten Buchstaben dargestellt werden kann.

Francesco malt zur gleichen Zeit seine derzeitige Lieblingsbeschäftigung am Wochenende und schreibt nur seinen Namen darunter.
Der Lehrer bittet Francesco ebenfalls um eine Bildunterschrift, worauf dieser nur meint: *„Fertig"*
Aus Francescos Sicht ist sein *„Fertig"* eigentlich nur logisch, denn es ist ja auf dem gezeichneten Bild eindeutig zu erkennen, was er am Wochenende gespielt hat und für ihn von Bedeutung war.

Dominik zeichnet einen Teller, auf dem sich eine Speise befindet.
Die Lehrperson fragt, um was es sich denn dabei handelt, wobei er im Einwortsatz klar zum Ausdruck bringt, dass es sich um *„Wurstsalat"* handelt.

Die Lehrerin schreibt das Wort auf einen Notizzettel und bittet Dominik dieses Wort unter seine Zeichnung zu schreiben.
Das darunter befindliche „Zebra" hat er sich als Abziehbild anschließend noch selbst aufgeklebt.

Stefan war mit seinem Papa am Wochenende mal wieder bei seinem „geliebten“ VfB Stuttgart.

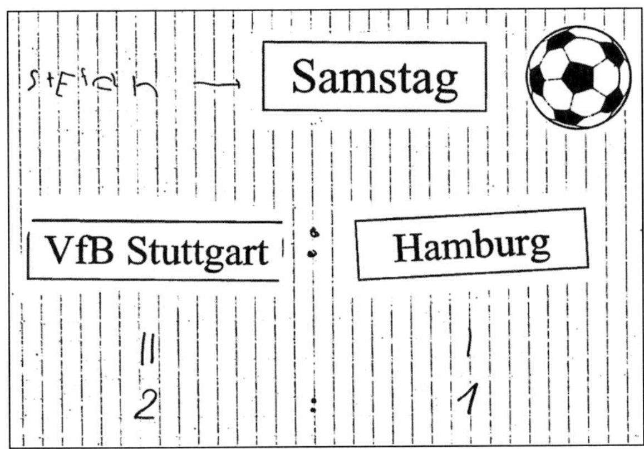

Mit großer Motivation und mit Hilfestellung durch die Lehrperson, berichtet er schriftlich (selbstverständlich auch mündlich) und unter Verwendung vorhandener Ganzwörter der Wochentage und der Bundesligamannschaften sowie einem Bildzeichen (Ball) vom Sieg seines Vereins.
Das Spielergebnis stellt er in Form von Strichen, für die Anzahl der gefallenen Tore, dar. Die Lehrperson schreibt das Spielergebnis dann noch in Ziffern dazu.

Die Lehrer der Klasse haben vereinbart, dass die Schüler im Schulalltag immer wieder Gelegenheit erhalten sollen sich gegenseitig Briefe oder kurze Nachrichten zu schreiben. Dazu wird an der Klassenzimmertür ein „Briefkasten“ montiert.
Wer einen Brief schreibt, erwartet in der Regel eine Antwort. So entsteht für den Empfänger ein natürlicher Schreibanlass.
Nebenbei lernen die Schüler, was „Absender“ und „Empfänger“ bedeutet.
Darüber hinaus sind Schüler, die ein Handy besitzen, zwingend in die Technik des Verfassens und Lesens elektronischer Kurznachrichten einzuführen. Analoges gilt für EMails oder gegebenenfalls für die Nutzung von facebook.
Bedenken Sie, ob kurze Informationen von der Schule an das Elternhaus evtl. vom Schüler selbst geschrieben werden können (Normalisierung). Für Schüler, die die Buchstabenschrift noch nicht beherrschen, sind die oben erwähnten Wort- und Bildkarten hilfreich.

Libe sandra

Ih magdih .
komsd du su mein GbustdagFest
Ih lad dich ein.

Güse

MANUEL

c) Informationen zum eigenen Nutzen fixieren

Neben dem Mitteilungsaspekt ist vor allem das Fixieren von Informationen zum eigenen Nutzen von Bedeutung. Orientieren wir uns wieder an der Normalität. Jedes Schulkind an der allgemeinen Schule wird frühzeitig dazu angehalten ein eigenes Merkheft zu führen.
Warum dieses nicht auch bei Schülern mit geistiger Behinderung als festen Bestandteil einführen? Wer die Selbständigkeit der Schüler in Bezug auf die Eigenfürsorge fördern möchte, kann solch ein Merkheft bewusst in den Unterricht integrieren. Das Eintragen von Sachverhalten ist für die Schüler zudem ein lebensnaher und in der Regel bedeutsamer Schreibanlass. Auch hier ist, neben der Buchstabenschrift, die Verwendung vorgegebener Wort- und Bildkarten in Erwägung zu ziehen.

Stichwortartig seien einige Möglichkeiten aufgeführt, mit denen Schüler Informationen zum eigenen Nutzen fixieren können:

- Telefon- und Adressbüchlein
- Terminkalender
- Einkaufszettel
- Klassenkasse führen
- Klassentagebuch: „Was haben wir heute gelernt/erlebt?“
- Stundenplan abschreiben
- Hausaufgabenheft
- Merkzettel

Falls die Schüler noch nicht sicher handschriftlich schreiben können oder nur in Ansätzen über diese Fähigkeit verfügen, können hierbei auch wieder vorgefertigte Bild-, Piktogramm- und Wortkarten hilfreich sein.
Beim Legen und Einkleben der vorgefertigten Bild- und Wortkarten wird sich der Schüler bewusst, dass er selbst sinnhafte Sätze erzeugen kann. Er erlebt sich als Schreiber (Verfasser) von nützlichen Merkaufgaben beziehungsweise Informationen an andere.

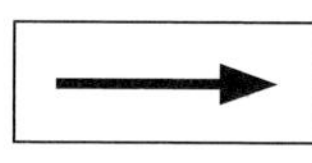

Peter-Rosegger-Schule

„Am Dienstag muss ich meine Badehose (meinen Badeanzug) mit in die Schule bringen.“

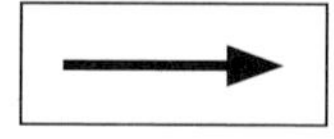
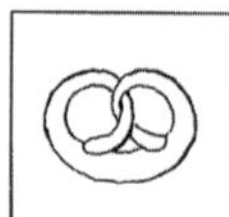

„Am Freitag nehme ich 50 Cent für eine Brezel mit in die Schule.“

Im Werkunterricht stellen die Schüler aus Holz Fahrzeuge her. In Umkehrung des üblichen Vorgehens, nämlich auf der Grundlage eines Planes ein Werkstück zu erstellen, produzieren die Schüler zunächst ihre Autos und dokumentieren nach der praktischen Tätigkeit ihre Werkschritte. Mit Hilfe des Lehrers fertigen die Schüler von den einzelnen Teilschritten Pläne als technische Zeichnungen.
Zusammen mit den Fotografien werden diese Pläne im Werkordner abgeheftet. Sie dienen so auch noch nach längerer Zeit dem Schüler als Nachweis für Tätigkeiten im Werkunterricht.

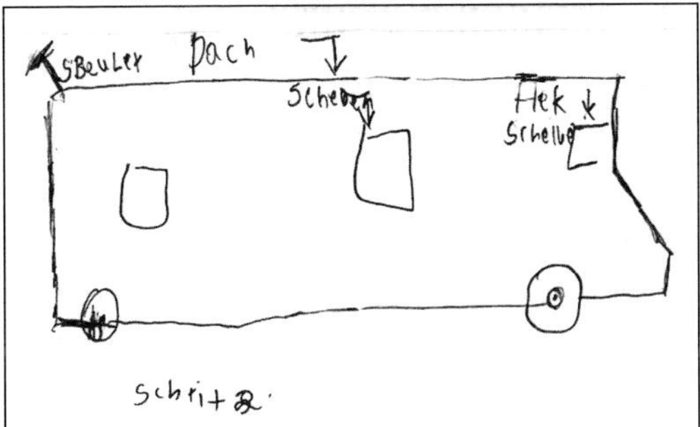

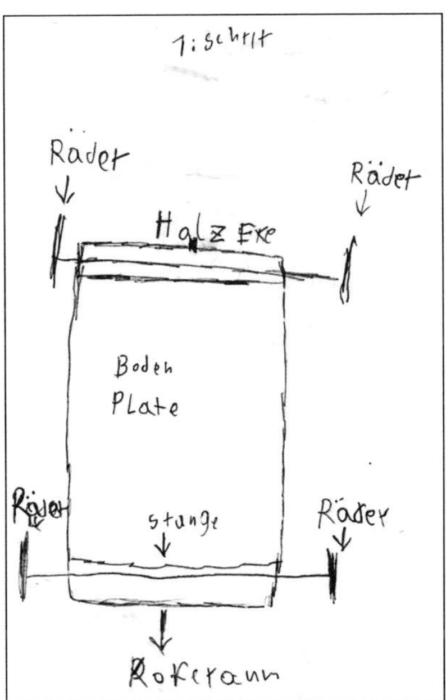

d) Texte verfassen

Neben den oben genannten spielerischen und lebenspraktischen (pragmatischen) Funktionen des Schreibens kommt der kreative und sprachgestalterische Gesichtspunkt hinzu. Der Schüler schreibt, um eine sprachliche Wirklichkeit zu schaffen. Er schreibt, an der Realität orientierte oder/und fiktive Texte.
Schreibauslöser können eigene Erlebnisse oder auch von der Lehrperson angebotene Bilder sein. Bilder dienen einerseits den Schülern als Sprech- und/oder Schreibimpuls und sind andererseits auch bei der gegliederten Darstellung eines Handlungsablaufes hilfreich.

Im untenstehenden Beispiel schreibt Stefan (16 Jahre) mit Hilfe von Wortkarten seines Namens, einer von der Lehrperson spontan gezeichneten Bildkarte „Wandern mit dem Rucksack", Bildkarten von Tieren, einer Fotografie und schließlich noch mit dem Bleistift von seinen Aktivitäten bei der gestrigen Wanderung. Mit den wenigen Buchstaben, die er ansatzweise schreiben kann, hätte er niemals solch einen Bericht schreiben können. Also bekommt er die oben dargestellten Hilfsmittel zur Verfügung gestellt und kann damit und mit Hilfe der Lehrperson eine in sich stimmige, chronologisch korrekte und zusammenhängende Geschichte der gestrigen Wanderung verfassen/schreiben.

Sein Bericht besteht sinngemäß aus folgenden Zeilen:

Stefan hat bei der Wanderung einen Rucksack getragen.

Stefan war bei der Wanderung im Wald unterwegs.

Er hat an einem Lagerfeuer Würstchen gegrillt.

Stefan hat auf dem Wanderweg noch verschiedene Tiere gesehen.

Er hat dann seine Erlebnisse aufgeschrieben.

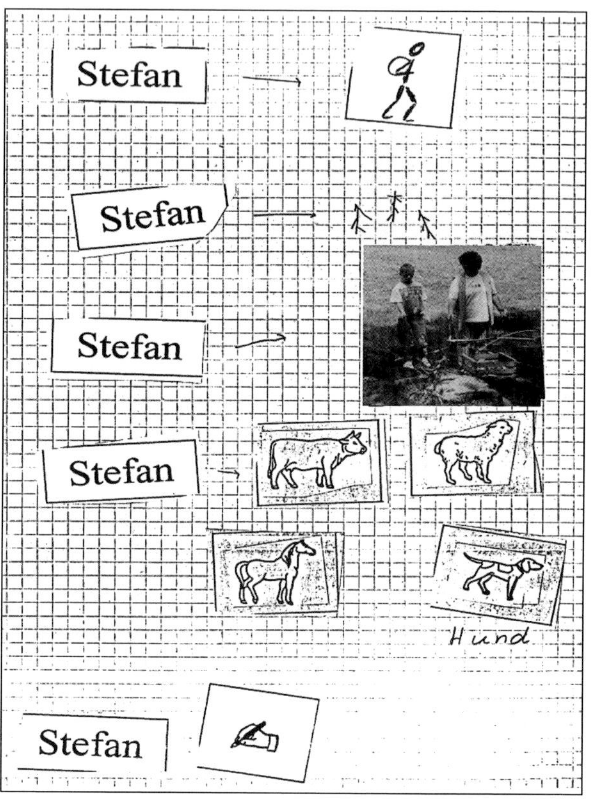

Seine graphomotorischen Fähigkeiten (Pfeile und Tannen zeichnen) werden beim Verfassen seines Textes zwar nur gering beansprucht, aber dafür umso mehr seine kognitiven. Er muss das zeitlich zurückliegende Ereignis in eine chronologische Reihenfolge bringen. Hierzu muss er das Erlebte aus dem Gedächtnis abrufen, im Gespräch mit der Lehrperson dieses verbalisieren und die einzelnen Episoden dann mit Hilfe von Bildern sowie Wortkarten seines eigenen Namens in eine äußere Struktur (chronologische Darstellung von oben nach unten und einzelne Sätze auf Linien) bringen.

Stefan schreibt. Aus seinen immateriellen Gedanken (seiner Erinnerung) entsteht auf dem Papier, mit Hilfe vorgefertigter Wort- und Bildkarten, einer Fotografie und seinen eigenen grafischen Zeichen eine materielle Form, seine Geschichte. Er wird zum Verfasser eines Textes. Erlebtes wird dauerhaft fixiert und kann in einem persönlichen Geschichtenbuch zum Nach- und zum Vorlesen gesammelt werden.

Willi (14 Jahre) wohnt in einem Kinder- und Jugendheim. Er hat sieben Jahre die Förderschule besucht und sich dort Fertigkeiten im Lesen und Schreiben angeeignet. Diese Fertigkeiten mussten nach seiner Umschulung in die Schule für Geistigbehinderte konsequent weiter gefördert und gefordert werden.
Das Schreiben von Briefen stellt eine motivierende sowie emotional bedeutsame Herausforderung dar.

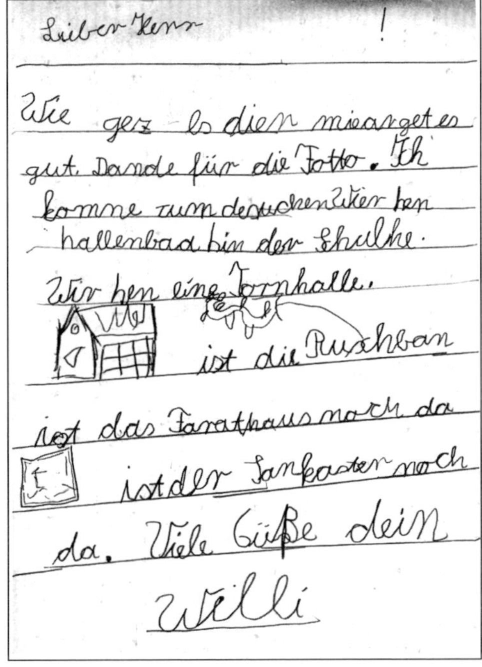
Lieber Herr !

Wie gez es dien mieargetes
gut. Dande für die Fotto. Ich
komme zum desuchen Wier hen
hallenbad bin der Shulhe.
Wir hen eine Tornhalle.
ist die Ruschban
ist das Farathaus noch da
istder Sankaster noch
da. Viele Güße dein
Willi

Willi schreibt in dem nebenstehend abgedruckten Brief seinem ehemaligen Heim-Erzieher. Hierzu verwendet er sowohl Schrift als auch eingestreute Bildelemente.
An der neuen Schule musste er seine Schreibhemmung zunächst abbauen und sich fürs Schreiben wieder motivieren (lassen). Demzufolge wurden seine handschriftlichen Texte weitgehend im Urzustand belassen und nicht oder nur in sehr geringem Maße korrigiert. Der Empfänger konnte mithilfe seiner Kontextkenntnisse den Inhalt des Textes entnehmen.

Der Klassenhase „Hoppel“ bietet immer wieder Anlass zum Schreiben und Zeichnen.
Andreas hat den Zwerghasen Hoppel mit den Hasenkötteln gemalt. Im süddeutschen Sprachraum werden die runden Hasenköttel landläufig auch als „Böppel“ bezeichnet.
In der Verknüpfung zwischen „Hoppel“ und „Boppel“ kommt Andreas so auf seine eigene schriftliche Form, die ohne Zweifel etwas pfiffig-kreatives an sich hat.

4.5 Unterstützende Übungen zum Erlernen des Schreibens

Ziel des Schreibunterrichts ist die Hinführung zu lesbaren Druckbuchstaben und für einige Schüler das Erlernen einer verbundenen Schreibschrift. Jeder Schüler benötigt hierfür entsprechende Übungen. Diese beziehen sich nicht nur auf die Schreibmotorik (Graphomotorik), sondern tangieren neben dem grobmotorischen Bereich vor allem das Zusammenspiel zwischen visueller Wahrnehmung und Feinmotorik (Visuomotorik).

Im Nachfolgenden sind einige Übungen zur Förderung der Schreibmotorik (Graphomotorik) aufgeführt, die sich weitgehend als ganzheitliche Übungen verstehen, also nicht nur für den Schreibunterricht von Bedeutung sind. Es handelt sich nicht um eine stufenmäßig angeordnete Übungsfolge, sondern um Übungen, die sich begleitend zum Schreiben lernen immer wieder anbieten. Viele der aufgeführten Übungsvorschläge kommen dem allgemeinen Lernen zugute.

Vermeiden Sie bitte reine Funktionsübungen. Am besten ist es, wenn die Übungen regelmäßig organisch in die alltäglichen Unterrichts- und Spielaktivitäten der Schüler einfließen.

Übungen zur Förderung der Grobmotorik

Mit den bloßen Füßen oder in Schuhen im Sand, im Schnee etc. gehen und die Spuren anschließend betrachten.

Mit nassen Füßen über trockene Bodenplatten gehen und Spuren hinterlassen, die von anderen Schülern verfolgt werden.

Balancieren auf einem am Boden liegenden Seil, auf der Langbank, auf dem Balancierbalken des Spielplatzes, ...

Jonglieren mit leichten Tüchern, mit Luftballons,...

Große Bälle oder Rollfässer auf einer Linie rollen. Bälle einander zuwerfen, um die Körperkoordination zu üben.

Dreirad, Roller und Fahrrad zwischen Begrenzungslinien und vorgegebenen Strecken fahren.

Schwungübungen mit dem Schwungtuch, mit Papier- oder Textilbändern oder Kreisbewegungen mit „Heulröhren“ etc.

Gleichgewichtsübungen auf der Schaukel, der Wippe, ...

Übungen zur taktilen Wahrnehmung

„Fühlkisten“

mit verschiedenen Materialien. Die Schüler ertasten mit einer oder mit beiden Händen die Gegenstände und benennen diese.

Tastsäckchen,

gefüllt mit einem oder mehreren Gegenständen. Die Schüler ertasten von außen oder, aber ohne hineinzusehen, von innen den Inhalt, benennen diesen, erzählen eine Geschichte dazu oder erfinden ein Rätsel, das die Mitschüler lösen müssen.

Hautzeichnungen
Figuren, geometrische Formen, bekannte Buchstaben oder Ziffern werden von der Lehrperson mit dem Zeigefinger auf Rücken, Arm, Oberschenkel oder Hand gezeichnet/geschrieben und müssen vom Schüler erkannt und benannt werden.

Naturtastwege
Die Schüler gehen barfuß, mit offenen oder geschlossenen Augen, auf verschiedenen Unterlagen, z. B. Wiese, Moos, Nadelwaldboden, feinen Steinen, Rindenschrot, ... Sie beschreiben und benennen die gemachten Erfahrungen mit dem Material.

Übungen zur Förderung der Feinmotorik/Graphomotorik:

- Tennisbälle einander auf dem Tisch oder dem Boden zurollen, greifen und direkt zurückrollen.
- Rhythmisch, musikalische Schwungübungen mit den Armen
- Perlen auffädeln
- Spielen und bauen mit duplo, Lego, Constri, Fischertechnik oder ähnlichem Konstruktionsmaterial
- Umgang mit Konstruktionsmaterial, bei dem der Schüler, auch mit Hilfe eines Werkzeuges, schrauben und drehen muss
- Trommeln mit einer Hand oder mit beiden Händen mit kleinen Handtrommeln und großen Schlag- oder Kesseltrommeln
- Schreiben am Personalcomputer, Buchstaben auf der Tastatur eintippen
- Mikado spielen
- Häkeln, stricken, sticken
- Papier reißen und knüllen
- Plastizieren mit Knete, Ton, Salzteig, ...
- Knüpfen und knoten mit starken und feinen Fäden, Schnüren, ...
- Fingerhakel-Wettbewerb
- Mit Wäscheklammern Stoff oder Papier an einer Leine festklammern
- Papier falten
- Fingerschnippen lernen
- Schneiden mit der Schere
- Altersgemäße Fingerspiele
- Finger-Faden-Spiele
- Drucken mit handgroßen Druckstöcken oder Stempeln
- Mit Seilen oder Bleischnüren geometrische Formen oder Buchstabenformen legen
- Große Labyrinthe begehen oder kleine mit dem Stift nachfahren
- Malen mit Straßenmalkreide auf dem Schulhof oder dem Gehweg

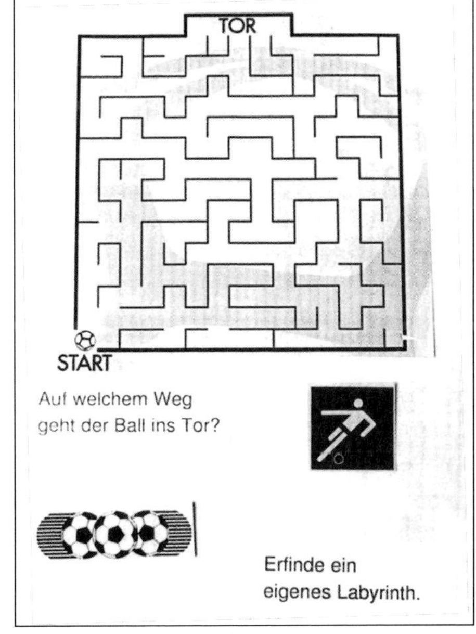

- Großflächiges Arbeiten (Bemalen, Matschen) mit Kleisterfarbe, Fingerfarbe, Rasierschaum auf horizontaler Unterlage: Tisch, Boden, ... und senkrechten Flächen
- Geometrische Figuren und Buchstaben an der Tafel mit farbiger Kreide nachfahren. Farbe motiviert und regt zu vielfältigem Gestalten an.
- Mandalas ausmalen. Neben der Konzentration üben sich die Schüler im Einhalten von Begrenzungslinien.
- Figuren nachfahren und Schreiben auf dem Overhead-Projektor. Dieses Medium wirkt bei den Schülern in der Regel motivierend. (Vorsicht: Nicht in das Licht blicken!)
- Benutzen eines Malprogramms am Personalcomputer
- Handelsübliche Übungshefte, in denen die Schüler die Schreibabläufe beim Schreiben von Buchstaben üben können, an die Voraussetzungen der Kinder anpassen.

Intention dieser Übungen ist die spielerische und motivierende Förderung der Grob- und Feinmotorik sowie der Visuomotorik als Vorbereitung beziehungsweise Begleitung des Schreibenlernens.

Übungen zur visuellen Wahrnehmung
Kim-Spiele
Gegenstände werden auf den Fußboden oder den Tisch gelegt, besprochen, von den Schülern namentlich benannt und mit einem Tuch abgedeckt.
Anschließend werden Veränderungen vorgenommen, zum Beispiel Gegenstände hinzugefügt, entfernt oder in ihrer Lage verändert.
Das Tuch wird kurz angehoben und wieder über die Gegenstände gebreitet. Die Schüler nennen die Veränderungen.

Zeichnen nach einer Blitzvorlage
Geometrische Formen, Buchstaben, Ziffern oder Bilder werden mit Hilfe des Tageslichtprojektors oder auf dem Computerbildschirm kurz eingeblendet. Die Schüler benennen das Gesehene und zeichnen oder schreiben die wahrgenommenen Figuren, Buchstaben etc. selbst auf ein Blatt Papier.

Zeichnen mit der Taschenlampe
Der Lehrer zeichnet im abgedunkelten Klassenzimmer mit der Taschenlampe Figuren, Formen, Buchstaben oder Ziffern. Die Schüler verfolgen den Lichtschein direkt an der Taschenlampe oder indirekt an der Wand, benennen, was sie gesehen haben und versuchen selbst Lichtfiguren an die Wand zu zeichnen.

Luftschreiben
Ähnlich wie Zeichnen mit der Taschenlampe muss bei Buchstaben und Ziffern auf spiegelschriftliche Darstellung geachtet werden, wenn der Lehrer vor den Kindern steht.

Veränderungen wahrnehmen
Präsentieren Sie hierzu den Schülern ähnlich aussehende Buchstaben oder Bildpaare mit Unterschieden. Die Schüler suchen und benennen/markieren die Unterschiede. In Kinderzeitschriften finden sich regelmäßig Bildpaare, die sich auch für den Unterricht bei Schülern mit geistiger Behinderung eignen.

Linien verfolgen
Welche Katze spielt mit welchem Wollknäuel? Labyrinthlinien vom Eingang bis zum Ziel verfolgen

Ziffernbilder
Die Schüler verbinden mit dem Bleistift Ziffern in der richtigen Reihenfolge und malen anschließend die Form aus.

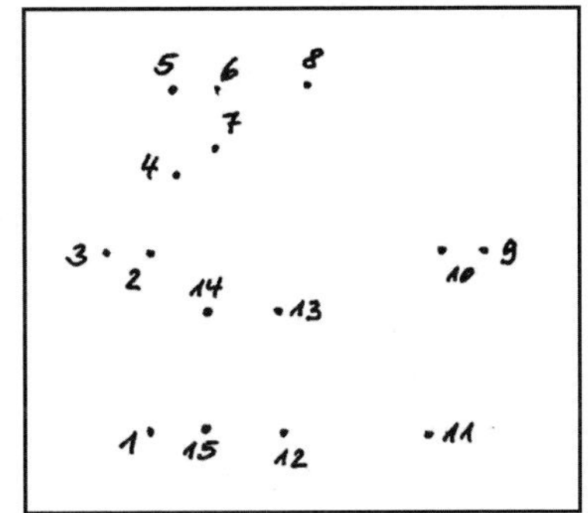

Bedingungen im Klassenzimmer, um das Schreiben zu fördern
Damit Schüler spontan mit Schreibwerkzeugen etwas zu Papier bringen, Zeichen und Spuren setzen, etwas mitteilen können, müssen im Klassenzimmer unter anderem folgende Bedingungen geschaffen werden: Einrichten einer separaten Ecke, in der ohne großen Aufwand spontan gekritzelt, gemalt, gestempelt, getippt, geschrieben werden kann. In der Regel reicht ein separater „Schreibtisch" mit einem offenen Regal, in dem die „Büromaterialien" zur Verfügung stehen.
Grundsätzlich sollte ein Teil der Wandtafel den Schülern zum Malen und Schreiben zur Verfügung stehen.

Materialien
- Papier in verschiedenen Größen, Stärken und Farben
- Fixiermaterial (Klebestreifen), bedeutsam für Schüler, die das Papier beim Zeichnen, Malen oder Schreiben noch nicht sicher mit einer Hand festhalten können
- Einfach linierte Blätter
- Stifte in unterschiedlichen Stärken und Farben
- Wachsmalstifte
- Holzmalstifte
- Pinsel und Wasserfarben
- Straßenmalkreide
- Buchstabenstempel
- Holzbuchstaben
- Buchstabenkärtchen mit Setzleiste
- Personalcomputer mit einem einfachen Schreibprogramm beziehungsweise eine mechanische oder elektrische Schreibmaschine

– Formulare, Lottoscheine, Bank-Überweisungsträger usw. zum Ausfüllen mit dem Stift. Die Kinder und Jugendlichen benötigen diese Materialien zum spontanen Üben, zum Beispiel für das Rollenspiel, zum „Schreiben wie die Großen“
(vergleiche auch Kapitel: Schreiben als Teil eines Spiels)

4.6 Bedeutung und Rolle der Lehrperson im Schreibunterricht

Würdigen Sie die Kritzeleien, Bilder und die buchstabenähnlichen Zeichen der Schüler. Finden Sie im Einzelfall heraus, ob der Schüler mit seinen Schemazeichnungen oder den Schriftzeichen „etwas sagen, der Umwelt etwas mitteilen“ möchte. Aber Vorsicht! Nicht in alle grafischen Produkte des Schülers darf eine Bedeutung oder eine kommunikative Absicht hineininterpretiert werden.

> *„Wie dieses oder jenes Wort geschrieben wird, darauf kommt es doch eigentlich nicht an; sondern darauf, dass die Leser verstehen, was man damit sagen wollte!“*
>
> (Johann W. Goethe)

Um eine gedeihliche Zusammenarbeit zwischen Schule und Elternhaus zu erreichen, müssen die Eltern, ergänzend zum erweiterten Lesebegriff, auch über den erweiterten Schreibbegriff informiert werden.
Wenn der Schüler beziehungsweise das Kind von der Lehrperson und den Eltern gleichermaßen für seine Bemühungen im Schreiben gelobt und verstärkt wird, führt dies beim Schüler/Kind zu einer zunehmenden Schreibmotivation.

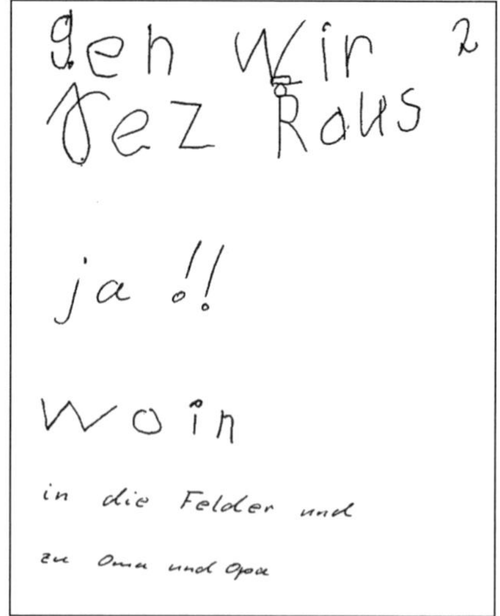

Die vom Schüler zu Papier gebrachten figürlichen Zeichen und Formen, verknüpft mit Buchstaben, gilt es in ihrer Sinnhaftigkeit zu erkennen. Was möchte der Schüler uns (oder vielleicht sich selbst) mit seinen schematischen Zeichnungen und unvollständigen Buchstaben sagen? Wir Erwachsenen müssen auf dieser basalen Ebene immer wieder neu „lesen“ und interpretieren lernen.
Die Produkte, also die Bilder und ersten Buchstaben, sind, auch wenn es den Lehrpersonen zuweilen schwer fällt, in ihrer Unvollständigkeit und in ihrer eigenen Art zu akzeptieren. Wichtig sind die Anregung zum Schreiben und die Aufrechterhaltung der Motivation zum Zeichnen und Schreiben.

Tauschen Sie sich mit dem Schüler (soweit verbal möglich) über die Zeichnungen, Bilder und Schriftzeichen aus. Finden Sie heraus, was der Schüler ausdrücken, sagen, mitteilen möchte. Wenn Sie den „Text" nicht auf Anhieb verstehen, lassen Sie sich diesen gegebenenfalls „vorlesen".

Reagierern Sie auf die bildhaften und schriftlichen Produkte der Kinder nicht nur lesend und mit einem verbalen Kommentar. Geschriebene (gezeichnete) Rückantworten an das Kind erhöhen dessen Motivation. Es entsteht eine kleine schriftliche Unterhaltung (Interaktion) zwischen Leser und Schreiber, wobei sich die Rollen abwechseln können.

In diesem Zusammenhang können auch Verwandte oder Freunde des Kindes angeregt werden, mit dem Kind in einen schriftlichen Dialog zu treten. Ermutigen Sie das Kind, auf den erhaltenen Brief hin eine Rückantwort zu schreiben. Während dem Schreiben oder am Ende wird der Brief dem Kind noch einmal vorgelesen: *„So, jetzt haben wir an ... einen schönen Brief geschrieben."*

Vermitteln Sie dem Schüler das Gefühl, dass es durch eigene Zeichnungen, gemalte Bilder, Wortkarten und selbst geschriebenen Buchstabenfolgen in abstrakten Zeichen der Umwelt etwas mitteilen kann. Somit wird Schreiben Bestandteil der allgemeinen Kommunikationsförderung und ist eingebettet in den Unterrichtsalltag.
Die Kinder und Jugendlichen sollen die Erfahrung machen, dass sie – analog zur gesprochenen Sprache – auch mit Bild- und Schriftzeichen etwas erreichen und bewirken können. Schreiben erhält für die Schüler eine pragmatisch-kommunikative Bedeutung. Die positive Rückmeldung zu den Mal- und Schreibbemühungen ist der Motor für weitere Anstrengungen. Hieraus erwächst der innere Antrieb und die Bereitschaft, die intrinsische Motivation, sich auch mit mehr oder weniger abstrakten grafischen Zeichen mitzuteilen.

Schreiben (einschließlich Zeichnen und Malen) ist für manche Schüler anregender und lustvoller als Lesen. Schreiben ist eine aktive Tätigkeit, bei der etwas Sichtbares, etwas Vorzeigbares erzeugt wird. Lesen ist dagegen eher kognitiv und „nur" aufnehmend orientiert, eine weitgehend gedankliche und „passive" Handlung, bei der keine eigentlichen Ergebnisse sichtbar werden.
Seien Sie dem Schüler im Schulalltag immer wieder Schreibvorbild. Machen Sie Ihre Schriftart (Druckschrift oder Schreibschrift) von der Lese- beziehungsweise der Schreibentwicklung der Schüler abhängig.
Schüler, die sich auf der grundlegenden Ebene des Schriftsprachenerwerbs befinden, benötigen zum Lesen eindeutig eine gut lesbare Druckschrift. Schüler, mit fortgeschrittenen Kenntnissen im Lesen und beim Schreiben, freuen sich über eine schöne und lesbare Schreibschrift, weil diese Schriftart Motivation sein kann eine eigene Schreibschrift zu entwickeln. Dies trifft zugegeben nur für einen geringen Teil der Schüler zu.

Legen Sie im Klassenzimmer für die Schüler, die mit der Handschrift noch Probleme haben, ein Ordnungssystem an, aus dem die Schüler jederzeit Bild- oder Wortkarten entnehmen können, die sie zum Schreiben beziehungsweise Legen eines Satzes benötigen. Am besten eignet sich ein übersichtliches Ordnungssystem, das zum Beispiel in jedem Baumarkt zu erwerben ist. Damit Schreiben ohne Verzögerung ermöglicht wird, benötigt der Schüler unmittelbar greifbar Papier und einen Klebestift. Die Information, die Nachricht oder die Merkhilfe kann durch Entnehmen der entsprechenden Wort- oder Bildkarte und durch Aufkleben auf das Papier direkt erzeugt, „geschrieben“ werden. Dieses Wort- und Bildkartensystem schließt natürlich die zusätzliche Verwendung geschriebener Schrift nicht aus.

(entnommen aus: Brüggelmann 1987, 77)

4.7 Welche Schrift eignet sich fürs Schreiben lernen?

Weiter oben wurde bereits auf den Wert der gemischten Schreibweise (Verwendung von Groß- und Kleinbuchstaben) im Leselernprozess hingewiesen. Die Gemischtschreibweise, also die Verwendung von Groß- und Kleinbuchstaben kommt in der Schriftwelt am häufigsten vor. Sie ist einfacher und vor allem schneller zu lesen als eine Schrift nur in Großbuchstaben.

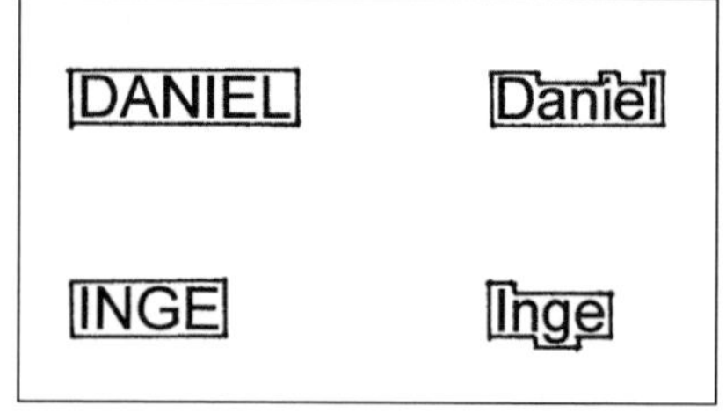

Das Wortbild ist in der Gemischtschreibweise gegliederter und erleichtert somit das Lesen. In den hier dargestellten Wörtern wird das Prinzip sichtbar. Während bei der ausschließlichen Verwendung der Großbuchstaben die gedachte äußere Form nur ein Rechteck ergibt, bietet das Wort in Groß- und Kleinbuchstaben geschrieben, durch die Ober- und Unterlängen mehrere visuelle Anhaltspunkte zur leichteren Identifizierung des Wortes.

Häufig vorkommende Wortteile, sogenannte Wortschemata (ge, ung, sch, ei, au, ...) lassen sich bei der Gemischtschreibweise leichter abspeichern und demzufolge rascher abrufen, als bei der Verwendung von Großbuchstaben.

Beim Schreibenlernen beginnen die meisten Kinder mit den einfach strukturierten Großbuchstaben an. Die Formen der Großbuchstaben sind graphomotorisch leichter zu bilden. Die Schüler sollten aber nach und nach auch mit dem Schreibvollzug der kleinen Druckbuchstaben vertraut gemacht werden. Die schreibtechnische Verfügbarkeit der Kleinbuchstaben erleichtert das Lesenlernen.

Schreiben ist eine nicht zu vernachlässigende Syntheseübung. Damit den Schülern das Synthetisieren einfacher fällt, benötigen sie auch die Kleinbuchstaben in ihrem Schreibrepertoire.

Aus den hier abgebildeten Druckbuchstaben (orientiert an der Grundschrift) lässt sich leicht eine individuelle Schreibschrift entwickeln. Erleichtert wird dies, wenn die Schüler zum Beispiel die Kleinbuchstaben bereits mit einem leichten Aufstrich versehen und somit die Verbindung zum nächsten Buchstaben bereits angebahnt wird.

A B C D E F G H I J K
L M N O P Q R S T U V
W X Y Z
a b c d e f g h i j k l m n o
p q r s t u v w x y z ß

Lateinische Ausgangsschrift

A B C D E F G H I J
K L M N O P Qu R
S T U V W X Y Z
Ä Ö Ü
a b c d e f g h i j
k l m n o p qu r s
ß (ß) t u v w x y z
ä ö ü (. , ; : " - ! ?)
1 2 3 4 5 6 7 8 9 0

Vereinfachte Ausgangsschrift

a b c d e f g h
i j k l m n o p
qu r s t u v w x
y z sch st ß tz
A B C D E F G H
I J K L M N O
P Qu R S T U V W
X Y Z

Ob den Schülern eine Schreibschrift angeboten wird, muss von Fall zu Fall entschieden werden. Der Schüler soll, nachdem er die Druckschrift gelernt hat, selbst bestimmen, wie er die erlernten Druckbuchstaben miteinander verbindet. Das Erlernen der hierbei notwendigen Verknüpfungslinien zwischen den einzelnen Buchstaben stellt eine Herausforderung dar, die aber nicht von vornherein ein Hindernis bildet.

Die Schule entscheidet im Rahmen des örtlichen Schulcurriculums, welche Schreibschrift den Schülern angeboten wird. Seit einigen Jahren ist die vereinfachte Ausgangsschrift stark an den Schulen verbreitet.
Zur Erstellung von Arbeitsblättern können Sie von unterschiedlichen didaktischen Verlagen Schriftarten auf Ihren Personalcomputer herunterladen.
Nebenstehend finden Sie als ein Beispiel die Süddruckschrift, die sich als Druckbuchstaben für Arbeitsblätter, Texte und zum Schreiben lernen eignet.

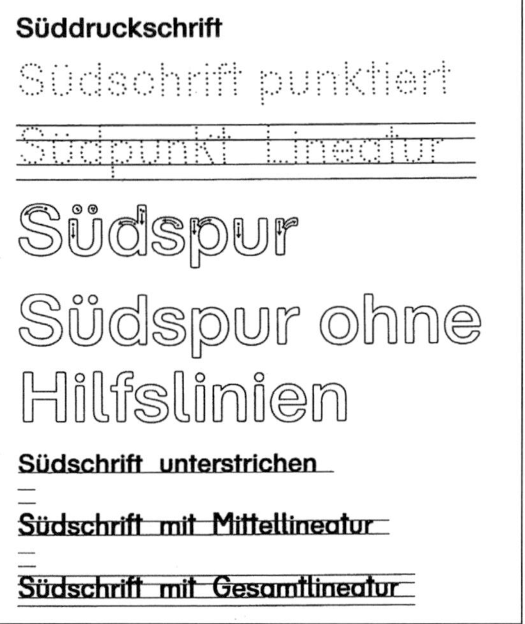

4.8 Verwendung von Arbeitsblättern im Lese- und Schreibunterricht

Im Lese- und Schreibunterricht werden regelmäßig Arbeitsblätter eingesetzt. Lehrpersonen entwickeln diese zum Teil selbst, beziehungsweise vorliegende Arbeitsblätter aus der allgemeinen Schule (oder aus anderen Sonderschultypen) müssen abgewandelt und auf die Lernbedürfnisse der Schüler mit geistiger Behinderung angepasst werden.

Nicht alle Schüler können Arbeitsblätter bearbeiten. Aber es gibt doch eine gewisse Zahl von Schülern, die die methodischen Kompetenzen zur Bearbeitung von Arbeitsblättern mit Blei- oder Buntstiften erwerben können. Der sachgemäße Umgang und das Lernen mit Arbeitsblättern zur Übung und Vertiefung erworbener Fähigkeiten im Lesen und Schreiben, aber auch im Rahmen des Themenunterrichts, muss von den Schülern über eine längere Zeit hinweg erst erlernt und eingeübt werden.

Nachfolgend finden Sie ausgewählte Kriterien für die Erstellung von Arbeitsblättern.
Arbeitsblätter sollten

- weitgehend selbst erklärend sein. Der Schüler sollte nach der Aushändigung des Arbeitsblattes spontan mit der Bearbeitung beginnen können. Hilfreich hierbei ist zum Beispiel das Anbringen von Symbolen, aus denen zu entnehmen ist, welches Werkzeug (Bleistift, Schere, Kleber) zur Bearbeitung nötig ist. Behilflich sind auch teilfertige Bearbeitungshinweise oder schriftliche Arbeitsaufträge.

- ästhetisch gestaltet sein. Erforderlich ist hierzu ein entsprechender Zeitaufwand bei der Konstruktion der Arbeitsblätter. Zur Ästhetik trägt zum Beispiel eine Umrandung des Blattes bei, die zu einer gewissen Fokussierung der Aufmerksamkeit verhelfen kann.

- übersichtlich und gegliedert gestaltet sein. Dies schließt ein, dass sich nicht zu viele Aufgaben auf einem Blatt befinden.

- vom Schüler – solange noch keine Sicherheit beim Bearbeiten vorhanden ist – weitgehend mit einem Bleistift bearbeitet werden. Arbeitsblätter ziehen Fehler bei der Bearbeitung von vornherein ins Kalkül. Mit dem Bleistift bearbeitete Arbeitsblätter lassen sich mit dem Radiergummi relativ leicht verbessern/korrigieren. Der sachgemäße Umgang mit dem Radiergummi stellt eine Arbeitsmethode dar, die von Schülern, die zum Schreiben oder Zeichnen befähigt sind, erworben werden sollte.

- regelmäßig Gelegenheit zum Schreiben des eigenen Namens und des Datums bieten. Hierfür sind in der Kopfzeile entsprechende Zellen vorzusehen.

- vielfältige Gelegenheit zum Lesen, Schreiben, Zeichnen und gegebenenfalls auch zum Kleben bieten. Diese Gelegenheiten müssen selbstverständlich nicht gleichzeitig in jedem Arbeitsblatt angeboten werden. Dieses gilt vielmehr bezogen auf die Gesamtheit aller Arbeitsblätter, die ein Schüler im Verlauf eines Schuljahres angeboten bekommt.

- interessant und für die Bearbeitung motivierend sein. Hierzu gehört unter anderem, dass mit Arbeitsblättern auch Informationen transportiert werden, die für die Schüler bei der Bearbeitung des Übungsblattes von Interesse sind.

Auf dem Lehrmittelmarkt gibt es nur wenige Vorlagen von Arbeitsblättern, die für Schüler mit geistiger Behinderung entwickelt wurden. Demzufolge fällt primär den Lehrpersonen vor Ort die Aufgabe zur Konstruktion geeigneter Arbeitsblätter zu.

Für die tägliche Arbeit sehr hilfreich ist, wenn in der Schule bewährte Arbeitsblätter zentral aufbewahrt und allen Kollegen frei zugänglich zur Verfügung stehen.

Ergänzend zu den beiden hier abgebildeten Arbeitsblättern finden Sie in den Text dieses Buches eingestreut weitere Beispiele. Es handelt sich jeweils um Arbeitsblätter im Format DIN A 4.

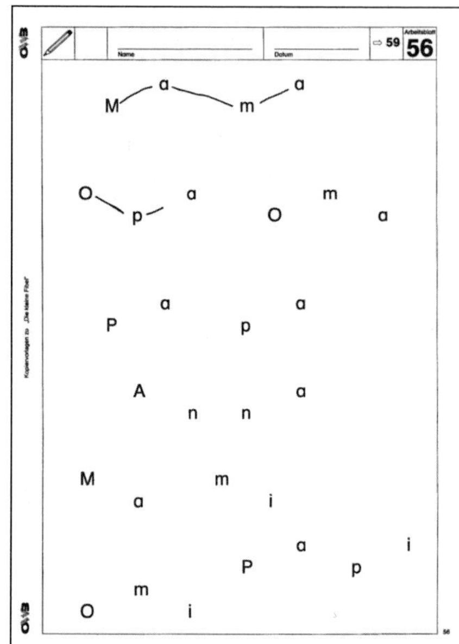

Name: ______ Datum: ______

Verkehrsschilder

Schreibe die Regeln zu den Schildern.
Male die Schilder aus.

Vorfahrt: ______

Einfahrt verboten: ______

Einbahnstraße: ______

Stop: ______

4.9 Schreiben kleiner Texte und Geschichten

Wie im Kapitel 4.3 „Schreiben mit vorgefertigten Bild- und Wortelementen“ bereits angedeutet, sollen Schüler mit geistiger Behinderung regelmäßig die Erfahrung machen, dass sie Gedanken in eine materielle Form bringen können. Im oben genannten Kapitel geht es darum, dass Schüler mit Hilfsmitteln, wie vorgefertigten Bild- und Wortkarten, quasi in einer vorschriftlichen Phase vollständige Sätze zu Papier bringen können. In den folgenden Ausführungen soll es um das schriftliche Verfassen kleiner Texte und Geschichten gehen.
Sobald Schüler über Kompetenzen zum handschriftlichen Schreiben verfügen, genügt es nicht mehr, wenn sie diese Fähigkeiten nur zu so genannten lebenspraktischen Zwecken (zum Beispiel Einkaufszettel schreiben) oder zum Bearbeiten schulischer Arbeitsblätter einsetzen. Ergänzend zu den lebenspraktischen Schreibanlässen sollen die Schüler auch Gelegenheiten zum Schreiben realer beziehungsweise fiktiver Texte erhalten.
Die im Folgenden dargestellten Vorschläge sind in Erweiterung des Kapitels „Texte verfassen“ zu verstehen.

Ausgewählte Übungsvorschläge:

Alltagsgegenstände beschreiben

Um die Schreibschwelle zunächst niedrig zu halten, bietet es sich an, dass die zum Schreiben im engeren Sinne befähigten Schüler zunächst Gegenstände oder Handlungen des Alltages mit einfachen Sätzen beschreiben. Hierzu werden die Gegenstände direkt in den Blick- und Aufmerksamkeitshorizont der Schüler gestellt.

Beispiel: Sie üben mit einigen Schülern das Fahrradfahren und können demzufolge von Vorerfahrungen der Schüler ausgehen. Ergänzend zu den Fahrübungen, führen die Schüler auch einfache Tätigkeiten (Luft in die Reifen pumpen etc.) aus. Holen Sie für den Schreibunterricht nun ein Fahrrad ins Klassenzimmer. Dieses wird gemeinsam betrachtet und über die Teile sowie die Verwendung des Rades gesprochen. Anschließend verfasst jeder Schüler mit wenigen Sätzen und in freier Assoziation einen Sachtext. Sie schreiben auf, was sie zur Sache aktuell am meisten bewegt und beschäftigt. Folgende Ergebnisse können sinngemäß dabei entstehen:

Das Fahrrad hat einen Sattel.
Das Fahrrad hat zwei Räder.
Das Fahrrad hat eine laute Klingel.

Ich sause mit dem Fahrrad ganz schnell.
Dann schimpft meine Mama.

Mein Bruder ist schon mal vom
Fahrrad gefallen.
Das hat weh getan.
Er hat laut geweint.

Einzelbild als Sprech- und Schreibimpuls

Legen Sie den Schülern einzelne Bilder vor, auf denen Sie allein oder in der Gruppe abgebildet sind, sie also gedankliche Verknüpfungen zu zurückliegenden konkreten Erlebnissen herstellen können. Durch den emotionalen Bezug zur abgebildeten Tätigkeit, dem Erlebnis, werden einerseits Sprech- und andererseits Schreibimpulse ausgelöst.

Der Schüler kann zum Bild zunächst verbal frei assoziieren und im Folgenden Sätze dazu aufschreiben. Dies können Einwort- oder Mehrwortsätze sein.

Solche Schreibmöglichkeiten unterstützen signifikant das Lesenlernen, indem der Schüler beim Schreiben implizit auf seine phonologischen Kompetenzen zurückgreift, nämlich gesprochenen Lauten einen entsprechenden Buchstaben zuzuordnen.

Hilfen kann der Schüler in der Form erhalten, dass er zum Bild zunächst nur eine verbale Aussage macht und noch nicht selbst schreibt. Die Lehrperson übernimmt den schreibenden Anteil und bringt die verbale Aussage in eine schriftliche Form.

Bedeutsam ist bei beiden Methoden unter anderem die individuelle Erfahrung des Schülers, dass er seine Gedanken in eine schriftliche Form übertragen kann.

Zu einem Bild Schlüsselbegriffe finden und Sätze dazu schreiben

Händigen Sie jedem Schüler ein Blatt aus, auf dem sich im oberen Teil ein Bild oder eine Fotografie befindet. Darunter befinden sich, abhängig vom Leistungsvermögen der Schüler, drei, vier oder mehr Schreiblinien, auf die die Schüler im Anschluss ihre Sätze zum Bild aufschreiben. Zuvor aber erfolgt gemeinsam in der Gruppe eine freie Assoziation zum Bild, das heißt, jeder Schüler äußert, was er auf dem Bild erkennt und was ihm bedeutsam erscheint. Die Lehrperson lenkt das Gespräch und schreibt parallel dazu bedeutsame Schlüsselbegriffe auf ein separates Blatt oder an die Tafel.

Anschließend schreibt jeder Schüler, entweder mit Hilfestellung oder selbständig, auf die Linien unterhalb des Bildes seine Sätze, die zum Abschluss vorgelesen werden können. Der Schüler entscheidet frei, ob er die zuvor gemeinsam gefundenen Schlüsselwörter nutzt oder nicht.

Name	Datum

Schreibe Sätze zu dem Bild.

Bild entnommen aus „Alblust“ 1/2013, Das schwäbische Alb Magazin

Geeignet für solche Schreibaufgaben sind im Besonderen auch Bildmotive aus der regionalen Tageszeitung oder örtlich verteilten Broschüren zu unterschiedlichen Themen. In diesen Publikationen erscheinen regelmäßig Berichte über lokale oder regional bedeutsame Geschehnisse. Wenn der Lehrperson bekannt ist, dass manche Schüler an solchen Geschehnissen zum Beispiel am Wochenende teilgenommen haben, lassen sich hieraus motivierende Schreibanlässe entwickeln.

Geschichten schreiben nach Bilderfolgen

Komplexer und anspruchsvoller wird das Schreiben, wenn die Geschichte sich aus mehreren Bildern entwickelt. Hierfür eignen sich einerseits fotografische Bilderfolgen, welche sich aus dem unmittelbaren schulischen Leben ergeben. Es ist sichergestellt, dass alle Schüler ein eigenes Erleben damit verbinden und demzufolge wichtige Voraussetzungen zum Schreiben geschaffen sind. Zum anderen können Sie auf gezeichnete Bilderfolgen, zum Beispiel aus didaktischen Unterrichtsvorschlägen, zurückgreifen. Wichtiges Kriterium bei der Auswahl ist, dass die Schüler die dargestellten Situationen inhaltlich nachvollziehen können. Hierbei kann die Realität entweder real oder leicht verfremdet dargestellt werden, wie dies in der unten dargestellten Bilderfolge wahrscheinlich der Fall ist. Gegebenenfalls müssen Sie solche Bilderfolgen mit den Schülern besprechen. Für Schüler mit geistiger Behinderung ist es geradezu ein Lernziel, dass sie verbale oder, wie hier, in Bildern dargestellte Witze beziehungsweise witzige Situationen verstehen.

Schreibe zu den Bildern eine Geschichte.

________________________________ ________________________________

________________________________ ________________________________

________________________________ ________________________________

________________________________ ________________________________

(Bilderfolge entnommen aus: Kennenlernpaket für Referendare, Kohl-Verlag 2010)

Geschichten nach Schlüsselwörtern (Reizwörtern) schreiben
Nach vielfältigen Schreibübungen mit Hilfe von Einzelbildern oder Bilderfolgen können Sie die Schüler anregen Geschichten nach Reizwörtern zu schreiben. Legen Sie hierzu den Schülern aussagekräftige Schlüsselwörter vor, zum Beispiel aus dem unmittelbaren Schulalltag oder zum Inhalt des aktuellen Unterrichtsinhaltes, zu denen die Schüler ein gesichertes Vorwissen haben und somit sichergestellt ist, dass sie aus den Begriffen eine sinnvolle kurze Geschichte verfassen können. Achten Sie zunächst darauf, dass die angebotenen Begriffe in der richtigen chronologischen Reihenfolge dargeboten werden, die Schüler damit folglich einen Satz an den anderen reihen können und somit zu einer Geschichte gelangen. Diese und auch die weiteren, hier gemachten Vorschläge, eignen sich auch zur Bearbeitung in Partnerarbeit.
Aus nachfolgenden Schlüsselwörtern lässt sich für die Schüler jeweils eine zusammenhängende Geschichte erzählen und aufschreiben.

Geburtstag - Geschenk - Musik hören

Glasflasche - Scherben - putzen

Schwimmbad - Sonne - rote Haut

Alltagshandlungen aus dem Gedächtnis schreiben
Als Lerninhalt gehören regelmäßige Lerngänge in die nähere oder weitere Umgebung der Schule zu den Standardaktivitäten. Dabei erleben die Schüler hin und wieder lustige oder weniger lustige Episoden. Emotional stark anrührende Erlebnisse eignen sich nach einer gemeinsamen verbalen Reflexion bestens als Schreibanlass. Bieten Sie den Schülern im Schreibunterricht hierzu einerseits die Gelegenheit zum Zeichnen des Erlebnisses oder andererseits zum schriftsprachlichen Verfassen eines eigenen Textes an. Man spricht hier auch vom erlebnisorientierten Schreiben.
Folgende schriftsprachliche Texte können auf der Grundlage der eigenen positiven oder negativen Erlebnisse entstehen.

Wir sind in die Wilhelmstraße gegangen.
Dann hat uns eine Frau ein Eis geschenkt.
Alle haben ein Eis geschleckt.
Das war nett.

Ich habe Äpfel eingekauft.
Die waren alle in der Tüte.
Dann bin ich gestolpert.
Dann waren die Äpfel Matsch.
Paul hat mich ausgelacht.
Und Herr Fegert hat ihn geschimpft.

Hinweise zum Verfassen kurzer Texte und Geschichten
Wie in der Einführung zu diesem Kapitel bereits dargelegt, wird nur ein Teil der Schüler mit geistiger Behinderung zum Schreiben eigener Texte gelangen. Aber wenn es auch nur wenige Schüler an einer Schule für Geistigbehinderte beziehungsweise in inklusiven Settings sind, haben die Schüler ein Recht darauf mit dieser Schreibtätigkeit vertraut gemacht zu werden. Sonderpädagogen in inklusiven Bildungseinrichtungen werden viele Anregungen durch den Austausch mit den Lehrpersonen der allgemeinen Schule erhalten, demzufolge sind die hier gemachten Ausführungen zu dem Thema nur recht kurz dargestellt.
Grundlegende Voraussetzung zum Schreiben ist eine entspannte Schreibatmosphäre. Die Schüler sollen möglichst ohne innere und äußere Blockaden Texte und Geschichten schreiben. Hierzu gehören, dass die Schreibmittel jederzeit frei zugänglich sind und Papier sowie Schreibanlässe, wie zum Beispiel Bilder, jederzeit bereitliegen.
An mehreren Stellen dieses Buches habe ich bereits darauf hingewiesen, dass es beim Schreiben primär um die Förderung und Aufrechterhaltung der Schreibfreude der Schüler geht. Schreibfreude kann begünstigt werden, indem Fehler bei der Herausbildung einer Fähigkeit als etwas Selbstverständliches angesehen werden. Jedes Kind macht beim Schreibenlernen Fehler. Fehler dürfen sich nicht demotivierend auf den Schüler auswirken. Die Motivation zum Schreiben hängt ab von den kognitiven Fähigkeiten des Schülers, dem fachlich richtigen sowie systematischen Bildungsangebot durch die Lehrpersonen und schließlich auch von einer positiven Fehlerkultur. Im Rahmen der Diagnostik lassen sich aus auftretenden Fehlern Anhaltspunkte für die weiteren Ziele sowie Inhalte und Methoden des Schreibens ableiten.
Das Akzeptieren von Fehlern im Rahmen des Schreibenlernens von Texten und Geschichten bedeutet nun nicht, dass die Rechtschreibung gar keine Bedeutung hat. Selbstverständlich ist die Rechtschreibung ein Thema, und zwar spätestens dann, wenn die verfassten Texte veröffentlicht werden. Dies können zum Beispiel Artikel für die Schulzeitung sein, oder Texte, die im Rahmen kleiner Ausstellungen für schulische Schaukästen geschrieben werden.

Ein weiterer Faktor für das gelingende Schreiben kurzer Texte oder von Geschichten muss sein, dass die Schüler über ein Thema Bescheid wissen, also über ein Vorwissen verfügen. Nur wer auf eigene Erfahrungen zurückgreifen kann und über genügend Informationen verfügt, kann etwas dazu schreiben.

Schüler mit geistiger Behinderung benötigen darüber hinaus Lehrpersonen, die ihnen beim gedanklichen Strukturieren von Erlebnissen und dem anschließenden Verfassen von Texten zwingend behilflich sind. Aber Sie bemerken, nicht nur Schüler mit starken Lernbeeinträchtigungen benötigen diese Hilfe, alle Schüler haben Anspruch auf Struktur- und Hilfe gebende Lehrpersonen.

5. Das Eigenlesebuch bei Schülern mit geistiger Behinderung

Auf dem Buch- und Lehrmittelmarkt gibt es für Kinder und Jugendliche mit geistiger Behinderung nur wenige uneingeschränkt geeignete Bilder-, Lese- und Schulbücher.
Für nichtbehinderte Kinder/Jugendliche konzipierte, geschriebene und illustrierte Sach-Bilderbücher treffen nur bedingt die Lernvoraussetzungen und die Bedürfnisse lernbeeinträchtigter Schüler.
Oft sind die käuflichen Sachbücher zu komplex, sodass Kinder/Jugendliche mit kognitiven Beeinträchtigungen den Bildern und Texten nur zum Teil Informationen entnehmen können.

Auf ähnliche Schwierigkeiten stoßen Lehrpersonen bei der Verwendung von Lese- und Schreiblehrgängen. Es ist nicht zu verantworten und nicht zu rechtfertigen, z. B. einer 15-jährigen Schülerin, die im Leselernprozess auf den Anfangsstufen der Analyse und der Synthese steht, also in diesem Leistungsbereich mit einem Erst- oder Zweitklässler der Grundschule vergleichbar ist, eine herkömmliche und für Nichtbehinderte konzipierte Erstlesefibel anzubieten. Die Texte und die Lebenswelt, die hier abgebildet und thematisiert werden, entsprechen in keiner Weise der Lebensrealität des 15-jährigen lernbeeinträchtigten Mädchens.
Dies führt dazu, dass diese Bücher bei Schülern mit geistiger Behinderung zum Teil Langeweile und Desinteresse auslösen, was sich für das Lernen im Allgemeinen und das Lesen im Speziellen kontraproduktiv auswirkt.
Bilder und Texte in Büchern regen dann zum Lesen und zur geistigen Auseinandersetzung an, wenn sie die Interessenlage und die Bedürfnisse des Lesers treffen und die Themen von aktueller Bedeutung sind. Diese optimale Passung zwischen dem Angebot der Sach-, Bilder- und Schulbücher einerseits sowie der Interessenslage von lernbeeinträchtigten Schülern andererseits ist nur in seltenen Fällen zu erreichen.
Aus diesem täglich erfahrbaren Dilemma kann uns das selbst hergestellte Bilder- oder Eigenlesebuch ein Stück weit heraushelfen.

Was ist ein Eigenlesebuch?
Beim Eigenlesebuch handelt es sich um ein Produkt, in dem schülerorientierte Bilder sowie Texte zusammengefasst und in Buch- oder Heftform gebracht werden. Der Begriff Eigenlesebuch wird in einem erweiterten Sinne benutzt und ist nicht nur auf den Leselern- und Leseübungsprozess beschränkt. Das Eigenlesebuch dient unter anderem auch dazu, Unterrichtsinhalte zu dokumentieren und nach Abschluss eines Unterrichtsvorhabens die erarbeiteten Materialien den Schülern, Eltern und Lehrern weiterhin zugänglich zu machen und präsent zu erhalten.

Inhalte und Form des Eigenlesebuches werden von den Schülern mitbestimmt. Bei der Herstellung sind die Schüler aktiv beteiligt. Es ist kein neutrales „fremdes“ Buch, sondern ein Buch, mit dem sich jeder beteiligte Schüler identifizieren kann, ein Buch, das ästhetischen Ansprüchen entsprechen soll und Selbstbewusstsein fördert. Das Eigenlesebuch ist ein individuelles Buch, da jeder Schüler bei der Gestaltung seine eigenen unverwechselbaren Akzente setzt.

Nicht nur die Herstellung des Buches ist bedeutsam und lernfördernd, auch als Nachschlage-, Erinnerungs- und als Lesebuch besitzt es einen hohen Stellenwert. Das Eigenlesebuch entspricht dem sonderpädagogischen Prinzip der Individualisierung. Der Schüler kann sein eigenes und persönlich geprägtes Buch produzieren, das seinen Interessen und Fähigkeiten im Schreiben und Lesen entspricht.

5.1 Formen des Eigenlesebuches

Eigenbilderbuch

Vor allem für jüngere Schüler und für Schüler, die noch keine Buchstabenschrift lesen können, ist das Eigenbilderbuch der geeignete Einstieg in die Herstellung und den Gebrauch eines Eigenlesebuches.
Im Eigenbilderbuch finden wir Bilder, Zeichnungen oder Bildzeichen (Piktogramme). Dies können Bilder von Personen, Tieren, Spielsachen, Landschaften, Räumen, Tätigkeiten usw. sein, die für die Schüler von aktueller Bedeutung sind oder waren.

Die Bilder können entweder ohne thematischen Zusammenhang nacheinander in das Buch eingeklebt oder nach bestimmten Kriterien und Themenzusammenhängen sortiert und eingeordnet werden.
Ergänzt werden die Bilder gegebenenfalls durch eigene „Textproduktionen“ (gemalte Bilder, Schrift- und Buchstabenzeichen) der Schüler.

Eigenlesebuch

Beim Eigenlesebuch kommen, ergänzend zu den Bildern, schriftliche Texte als zusätzliche Informationsträger hinzu (Bildunterschriften, Sachtexte, Gedichte, kurze Geschichten usw.).
Die Texte sind einerseits von den Schülern selbst produziert oder andererseits aus Büchern oder Heften entnommen.

Das Eigenlesebuch bietet im Unterricht eine große Bandbreite an Möglichkeiten. Am verbreitetsten ist das erweiterte Eigenbilderbuch mit nur einem Wort oder einem Satz als Bildunterschrift. Für gute Schriftleser kann der Textanteil individuell vergrößert und anspruchsvoller gestaltet werden.
Im Eigenlesebuch lassen sich alle Informationsträger des erweiterten Lesebegriffs integrieren: Bilder, Bildzeichen, Signalwörter, Ganzwörter und Texte. Da die Schüler dieses Buch auch weitgehend selbst gestalten und herstellen, tauchen hier ebenso alle Gestaltungs- und Schreibmöglichkeiten des erweiterten Schreibbegriffs auf, z. B. selbstgemalte Bilder, Wörter in Großbuchstaben, Sätze in Gemischtschreibweise usw.

Dann sind wir weitergelaufen.
Den Berg run ter war es auch
ganz rutschig. Viele haben
dreckige Hosenund Schuhe
gekriegt. Bei Dettingen haben wir
wieder Pause gemacht. Flugzeuge
sind über uns geflogen. Dann ist
eine Eisfrau um die Ecke gefahren.
Herr Günthner hat ihr gewunken,
dann hat sie angehalten. Dann haben
wir ein Eis gekauft und haben es
gegessen.

Für die hier dargestellte Seite eines Wanderbuches haben die Schüler nach Abschluss der Wanderung die Erlebnisse anhand von Bildern zunächst noch einmal besprochen und sich an die Situationen erinnert. In einem weiteren Schritt haben sie dem Lehrer diktiert, was als Text in das Buch aufgenommen werden soll. Die hierbei entstandene handschriftliche Konzeptvorlage diente einzelnen Schülern als Grundlage für die Reinschrift, die mit der Schreibmaschine erstellt wurde. Heute würde die Reinschrift am Personalcomputer entstehen. Da solch ein Buch auch für die Öffentlichkeit (Eltern) konzipiert ist, ist darauf zu achten, dass möglichst wenig Fehler im Text vorkommen. Hieraus begründet sich auch die Hilfestellung des Lehrers bei der Konzepterstellung.

Themenorientiertes Lese- und Arbeitsbuch

Hierbei werden die in einer abgeschlossenen zeitlichen Epoche verwendeten beziehungsweise erarbeiteten Lernmaterialien (Bilder, Arbeitsblätter, Texte, Prospekte usw.) zu einem Buch zusammengefasst. Bei diesen themengebundenen Lese- und Arbeitsbüchern kann es sich um Bücher mit einem sehr unterschiedlichen Seitenumfang handeln. Angefangen beim Büchlein über ein sehr enges Thema („Unser Hoppel-Hase. Wir versorgen ein Haustier"), das nur wenige Seiten enthält, bis hin zum umfangreichen Buch, in dem ein zeitlich ausgedehntes Unterrichtsvorhaben (Projekt) mit Fotografien und Texten dokumentiert wird.

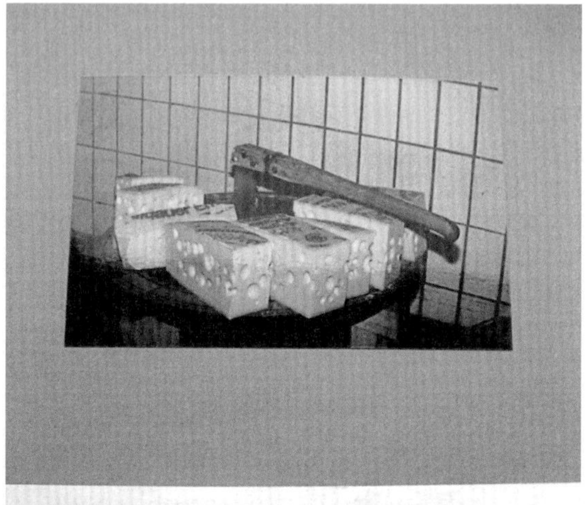

Nebenstehendes Beispiel ist entnommen aus einem umfangreicheren Eigenlesebuch zum Thema „Wo kommen unsere Lebensmittel her". Abgebildet ist eine Seite, die anlässlich eines Besuches in einer Käserei entstanden ist.

Inhalte der Lesebücher

Die Inhalte der Eigen-Lesebücher orientieren sich weitgehend an den Unterrichtsinhalten oder den gemeinsamen Vorhaben in und außerhalb der Schule. Ein Großteil der im Bildungsplan aufgeführten Themenbereiche kann als Inhalte für das Eigenlesebuch dienen. Im Folgenden sind mögliche Themen des Eigenlesebuches aufgelistet:

— Meine Familie – meine Freunde
— „Spaghetti, Pommes, Erdbeereis – meine Lieblingsgerichte" (Rezeptsammlung)
— So wohne ich zu Hause/in meinem Dorf/meiner Stadt.
— Ein Loch im Zahn und die Folgen „aua".
— Frühjahr, Sommer, Herbst und Winter. Der Wechsel der Jahreszeiten
— Gemüse, Beeren, Unkraut – unser Schulgarten
— Unser Hoppel-Hase. Wir versorgen ein Haustier.
— Unsere Wanderung zum .... Unser Schulausflug nach ...

- Unser Schullandheim in ...
- Bei den „Krokofanten“ und den „Brüllaffen“ – ein Besuch im Zoo
- *„Voll gut!“* Unser Besuch im Museum
- Unser Schulfest/Sportfest
- *„Vom Lebkuchen zur Krippenfeier“* – unser Weihnachtsfest mit den Eltern
- Gemeinsame *„Äkschen“* mit unserer Partnerklasse der Realschule

5.2 Funktionen des Eigenlesebuches

Medium der Kommunikations-, Lese- und Schreibförderung

Die Eigenlesebücher sollten während der Erstellung und nach der Fertigstellung den Schülern im Klassenzimmer stets frei zugänglich zur Verfügung stehen. Sofern die Bücher interessant sind, können Lehrer beobachten, dass sich die Schüler ihre Bücher in den sogenannten Freiphasen eines Unterrichtstages immer wieder aus dem Regal holen, allein darin schmökern oder mit einem Partner sich über diesen oder jenen Sachverhalt unterhalten. Notwendig ist, dass im schulischen Tagesablauf immer wieder solche Zeit- und Leseräume auch vorgesehen sind, in denen die Schüler sich ihren eigenen Büchern zuwenden können. Die Bücher bieten somit Gesprächsanlässe für Schüler untereinander, da es sich in der Regel um gemeinsam erlebte Unterrichtsinhalte und Erlebnisse handelt.

Selbstverständlich kann das Buch auch Grundlage gelenkter Gespräche zwischen Schülern und der Lehrperson und somit zum Beispiel Medium der Kommunikations- oder Leseförderung sein. Ein Schüler ist in der Regel gerne dazu bereit, anhand eines Bildes, auf dem er womöglich selbst abgebildet ist, in ein Gespräch mit der Lehrperson einzusteigen. Dies ist vor allem für die Schüler von Relevanz, für die aktuell das Bilderlesen eine besondere Bedeutung hat. Selbst verfasste Texte von eigenen Erlebnissen regen viel stärker zum Lesen an als Texte, die nur bedingt mit der Interessenlage des Schülers zu tun haben.

Für Schriftleser kann ein Eigenlesebuch eine wahre Fundgrube an Erkenntnissen sein. Eigenlesebücher wirken außerordentlich lesemotivationsfördernd.
Bilder und Texte aus dem eigenen Erfahrungsbereich erleichtern das sinnentnehmende Lesen, da der Schüler aus eigenem Erleben weiß, um was es bei den Signal- oder Ganzwörtern beziehungsweise den Texten geht. Bei der Erstellung der Eigenlesebücher achten die Lehrer darauf, dass die verwendeten Bilder und die geschriebenen Texte dem Leistungs- und Bewältigungsniveau der Schüler entsprechen, sodass sich eine motivationsabträgliche Unter- oder Überforderung in Grenzen hält.

Die Lesebücher haben im Unterricht zudem eine lernmethodische Funktion. Es wird gezielt an und mit ihnen gearbeitet, um bei den Schülern einen Lernzuwachs im Lesen und Schreiben zu erreichen. Die Erstellung von Eigenlesebüchern ist Unterrichtsinhalt.

Darüber hinaus stehen die Bücher den Schülern auch in der Freizeit (in Schule und Elternhaus) zur Verfügung.

Unterstützung von Lesekursen (Fibeln)

Eigenlesebücher stehen nicht in Konkurrenz zu Lesekursen, welche im Deutschunterricht eingesetzt werden. Im Gegenteil, sie flankieren, ergänzen und erweitern den Lese- und Schreibkurs durch die Berücksichtigung der schülerspezifischen Interessen. In einem handelsüblichen Lesekurs, auch wenn dieser für die Schule für Geistigbehinderte konzipiert ist, lassen sich die örtlichen Besonderheiten einer Schule sowie die spezifischen Interessen, Bedürfnisse und Lernbesonderheiten der Schüler nicht berücksichtigen. Demzufolge ist es geradezu notwendig, parallel oder ergänzend zu den handelsüblichen Lese- und Schreibkursen mit den Schülern Eigenlesebücher zu erstellen, in denen die Schüler zusätzlich auf ihrem individuellen Lernniveau angesprochen werden und sich darin persönlich wiederfinden.

Dokumentation des Unterrichts

In dafür geeigneten Unterrichtsfächern setzen die Lehrpersonen häufig auch Arbeitsblätter ein, um Sachverhalte durch Bilder, Zeichnungen, Grafiken und kurze Texte zu veranschaulichen. Schüler bearbeiten diese Blätter oder zeichnen/malen zum Thema eigene Bilder beziehungsweise schreiben einzelne Wörter oder kurze Texte.

In vielen Fällen werden die mit den Schülern bearbeiteten Blätter im Leitzordner oder einem Schnellhefter abgelegt. Nur selten blättern die Schüler nach Abschluss eines Unterrichtsvorhabens oder einer Lernepoche noch einmal in den abgelegten Blättern oder Materialien. Wenn die Schüler dann doch einmal im Leitzordner oder im Schnellhefter blättern, haben wir es sehr bald - weil die Lochung ausreißt - eher mit einer „Loseblatt-Sammlung“ zu tun. Die Wahrscheinlichkeit, dass ein loses, ausgerissenes Blatt im Papierkorb landet, ist dann sehr groß. Frustration, auf Seiten des Schülers, der Lehrperson, aber auch der Eltern wird die Folge sein.

Im Eigenlesebuch/Eigensachbuch binden die Schüler die Arbeitsblätter, die selbst gemalten Bilder, die geschriebenen Texte und weitere Arbeitsmaterialien zusammen. Die so entstandene Unterrichtsdokumentation regt viele Schüler zum Nachschlagen und zum Lesen an. Eine wesentliche Voraussetzung besteht darin, dass die Lehrperson die Schüler dazu anregt, aber auch mit den Schülern diese selbst angelegten Bücher gemeinsam betrachtet.

Bei den drei hier dargestellten Seiten handelt es sich um den Auszug aus der Dokumentation eines Unterrichtsvorhabens zum Thema „Wald“.

Abgebildet sind Schüler in Aktion, womit die Aufmerksamkeit beim Betrachten des Buches erhöht und gleichzeitig ein Sprechimpuls ausgelöst wird.

Bei der Gestaltung der Seiten waren die Schüler im Rahmen ihrer Möglichkeiten aktiv eingebunden, zum Beispiel haben sie die Laubblätter gepresst und eingeklebt.

Auf jeder Doppelseite befindet sich jeweils rechts oben ein kurzer Satz mit einem Schülernamen, Objekten und Pfeilen. Komplexere Sätze können die Schüler noch nicht lesen, demzufolge ermöglicht die Lehrperson den Schülern das Lesen vollständiger Sätze mit dieser Methode.

Die Seiten erhalten eine Nummerierung, bei deren Gestaltung die Schüler ebenfalls aktiv eingebunden waren. Die Seitenzahl ist zum einen als Ziffer dargestellt, die die Schüler mit einem Zahlenstempel eingestempelt haben. Zur Veranschaulichung ist der Ziffer noch die Menge hinzugefügt, welche die Schüler mit unterschiedlichen Formenstempeln gestempelt haben.

Eigenlesebuch, unterrichtlich realisiert von Cornelia Walz

Auf der linken Doppelseite ist von der Lehrerin jeweils noch ein informativer Text eingefügt, den die Schüler nicht vollständig und allein lesen können. Diese Seite intendiert, dass im Unterricht und/oder im Elternhaus den Schülern diese Seite vorgelesen wird.

Die Lehrperson ließ sich bei der Gestaltung des Eigenlesebuches (Dokumentationsbuch) durchgängig von ästhetischen Kriterien leiten.

Zur dauerhaften Benutzung wurden die Seiten auf dünnen Karton aufgeklebt, in Folie eingeschweißt und mit einer Ringbindung versehen.

Zusammenarbeit mit Eltern

Neben der oben genannten internen Funktion (Bedeutung innerhalb der Schule) hat das Eigenlesebuch auch eine stark externe Bedeutung.
In der Regelschule können sich die Eltern anhand der Schulbücher über die aktuellen und die zurückliegenden Lerninhalte ihres Kindes informieren. Diese Möglichkeiten fallen bei Schülern mit geistiger Behinderung mangels entsprechender Schulbücher weitgehend weg. Das Eigenlesebuch/Dokumentationsbuch kann hier ein klein wenig Abhilfe schaffen. Indem die Lehrer das Lese- oder Arbeitsbuch den Eltern regelmäßig zur Einsicht aushändigen, erhalten diese einen weiteren Einblick in die schulische Arbeit. Lehrer machen mit diesem Medium ihren Unterricht nach außen hin transparenter. Zudem bieten die Lehrer mit dem Buch den Eltern Materialien und Impulse, mit denen sie sich in der häuslichen Freizeit mit ihrem Kind gegebenenfalls beschäftigen können. (Ästhetische) Bücher haben als Lernmedium bei den Eltern ein relativ hohes Ansehen. Beiträge der Eltern (zum Beispiel von ihnen an die Schule gelieferte Bilder) lassen sich leicht in die Eigenlesebücher integrieren, sodass die Eltern partiell auch die Rolle des Mitproduzenten einnehmen. Sie rezipieren nicht nur. Und das macht das Buch als Bindeglied zwischen Schule und Elternhaus so wertvoll.

Ein mit den Schülern erstelltes Buch hat immer so etwas wie Öffentlichkeitscharakter. Es ist in der Regel nicht nur für den Schüler (Produzenten) selbst bestimmt, sondern auch für eine interne, schulnahe Öffentlichkeit, für Leser außerhalb des Klassenzimmers. Dies bedeutet, dass das Buch in eine bestimmte (schüleradäquate) ästhetische Form gebracht werden muss. Diese „schöne" Gestaltung des Buches bewirkt, dass die Kinder von ihren Eltern oder Verwandten für ihr Buch in der Regel positiv verstärkt werden. Die Aufmerksamkeit der Bezugspersonen richtet sich auf ein vom Schüler erstelltes Produkt. Es hat also zudem die Funktion, das Selbstbewusstsein des Schülers zu stützen beziehungsweise zu stärken.

5.3 Herstellung des Eigenlesebuchs

Die Schüler können bei der Herstellung des Lesebuches vielfältige Fertigkeiten (sprechen, schreiben, lesen, schneiden, kleben, fotografieren, ...) erwerben, einüben und verbessern. Bei der Herstellung eines Eigenlesebuches lassen sich die sonderpädagogischen Prinzipien der Ganzheitlichkeit, der Lebensnähe, des handlungsorientierten Lernens sowie des themenbereichsübergreifenden Arbeitens realisieren.
Die nachfolgende Übersicht zeigt auf, dass zur Herstellung eines Eigenlesebuches Bereiche wie Gestalten, Schreiben, Lesen und Kommunikation im besonderen Maße aktiviert werden. Mit einem Eigenlesebuch lassen sich Unterrichtsvorhaben,

wie zum Beispiel thematische Schwerpunkte im Themen- oder Epochenunterricht, Wanderungen, Schulausflüge, Praktika etc. dokumentieren. Ergänzend zur Benutzung in der Schule (interne Funktion) wird es auch an das Elternhaus weitergegeben und wird somit seiner externe Funktion (Gelegenheit zum Lesen im Elternhaus, Aufzeigen schulischer Lerninhalte) gerecht.

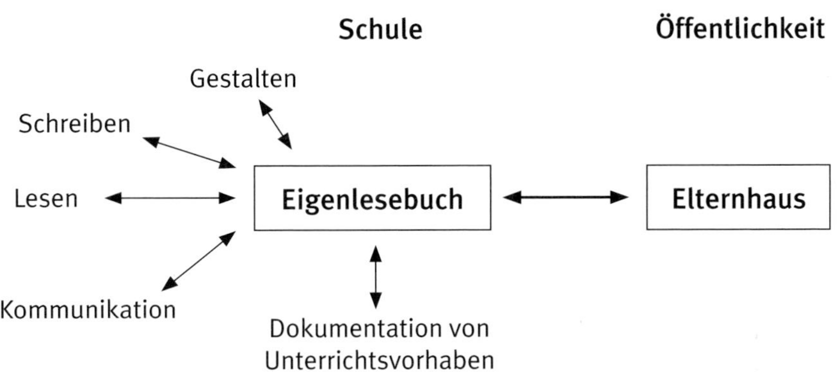

Bilderbuch

Bei der Herstellung des Buches sind die Schüler, abhängig vom jeweiligen Leistungsvermögen, in unterschiedlichem Maße selbst aktiv. Bei der Erstellung eines Bilderbuchs sammeln die Schüler Bilder, schneiden diese gegebenenfalls aus und kleben sie auf Papier. Wenn die Eltern rechtzeitig über das Vorhaben informiert sind, tragen einige (im Rahmen ihrer Möglichkeiten und ihres Interesses am schulischen Lernen ihres Kindes) durch die Lieferung geeigneter Bilder zum Anwachsen des Bilderbuchs bei. Hinzu kommen Bilder aus dem Unterricht oder außerschulischen gemeinsamen Aktivitäten. Jeder Schüler kann sich sein eigenes, individuelles Bilderlesebuch erstellen.

Die aufgeklebten Bilder werden zunächst in einem Ringordner (DIN A4 oder DIN A5) in Klarsichtfolien mit Vierfachlochung gesammelt und später zu einem Buch zusammengebunden.

Lesebuch mit eigenen Texten

In Erweiterung des Bilderbuches fügen die Schüler nach und nach den Bildern Einzelwörter oder/und kurze Sätze als Bildunterschrift hinzu. Die Sinnentnahme wird durch die Bilder erleichtert. Die Bildunterschriften entsprechen dem Leistungsvermögen des einzelnen Schülers. So gibt es Schüler, die nur Bilder in ihrem Buch haben, andere haben in ihrem Buch einige Signal- und Ganzwörter und wieder andere lesen bereits kurze Texte in ihrem Buch.

In einer weiteren Steigerung kommt das eigene handschriftliche Schreiben, Drucken oder Stempeln von Wörtern und Sätzen hinzu. Beim Schreiben oder Drucken muss wieder das individuelle Leistungsvermögen der Schüler berücksichtigt werden. Auch hierbei gilt, dass die Texte die Interessen- und Bedürfnislage der Schüler treffen sollten.

Zunächst müssen Lehrkräfte die Schreibversuche der Schüler gelten lassen, auch wenn die Wörter zum Teil falsch geschrieben sind. Wenn die Lehrer dem Schüler zu früh zu verstehen geben, dass ihre selbst gefertigten Schriftprodukte fehlerhaft sind, also immer wieder korrigiert und verbessert werden, wird den Schülern die Lust und die Freude am kreativen Umgang mit der Schrift genommen. Erst später, wenn Wörter und Texte für eine Öffentlichkeit (zum Beispiel Eltern oder Schülerzeitung etc.) bestimmt sind, ist auf eine weitgehend korrekte Schreibweise zu achten. Beim Verfassen längerer Texte stellen die Schüler zunächst in ihren eigenen Worten den Inhalt mündlich dar. Diese mündlichen Äußerungen schreibt die Lehrperson in Konzeptform und gut lesbar für den Schüler auf. Anschließend bringt der Schüler diesen Konzepttext in seine individuelle schriftliche Form. Durch dieses Verfahren ist gewährleistet, dass Wörter und Begriffe im Text vorkommen, die auch im aktiven Wortschatz der Schüler vorhanden sind.

Techniken der Texterstellung

Handschrift

Möglich sind Druckbuchstaben oder Schreibschrift. Bei Texten für die Öffentlichkeit sollte die Schrift in Ansätzen lesbar sein. Falls dies nicht der Fall ist, gibt es für den Schüler statt des Lobes nur Misserfolgserlebnisse.

In Kroatien wirt fil Fisch gegesen.

Tippen mit dem PC / der Schreibmaschine

In jedem Klassenzimmer sollte ein PC mit Textverarbeitungsprogramm zur Verfügung stehen. Interessant sind auch mechanische Schreibmaschinen, denn hierbei kann der Schüler auf anschauliche Weise das Setzen einzelner Buchstaben nachvollziehen. Beim Personalcomputer handelt es sich um ein Alltagsgerät, das in sehr vielen Haushalten vorhanden ist. Beide Geräte stellen legitime und bei den Schülern sehr begehrte Hilfsmittel zum Schreiben von Texten dar.

Stempeln mit Einzelbuchstaben

Vor allem für einzelne Wörter, Überschriften, Gedichte oder kurze Texte eignet sich dieses Verfahren.

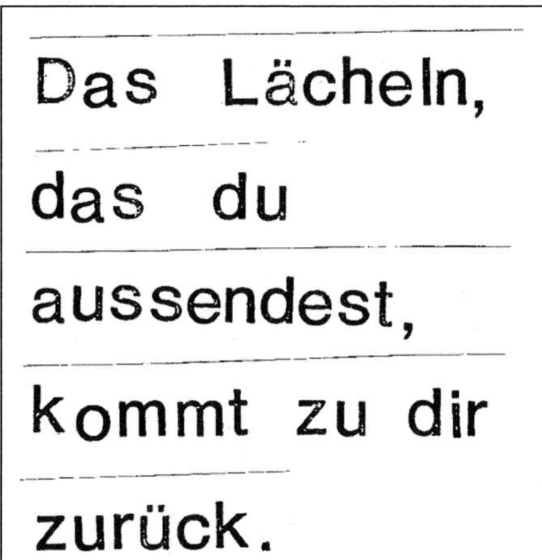

Das Wort wird Buchstabe für Buchstabe gestempelt. Die Geschwindigkeit beim Stempeln ist sehr gering, weil zunächst jeder einzelne Buchstabenstempel gesucht und nach dem Stempeln wieder in sein entsprechendes Fach eingeordnet werden muss. Das „entschleunigte“ Schreiben trägt zu einer Verinnerlichung des Wortaufbaues bei und führt zu einer vertieften Abspeicherung der gestempelten Wörter.

Drucken

Diese Technik, die vor allem in der Grundschule und der Förderschule Einzug gehalten hat, hat auch in der Schule für Geistigbehinderte seine Berechtigung. Zurückgegriffen wird hierbei auf die Freinet-Pädagogik, nach der in jedem Klassenzimmer eine kleine Druckwerkstatt vorhanden ist. Die Schüler setzen mit Buchstabenlettern Zeile für Zeile des Textes. Die Einzelzeilen werden aneinandergefügt und mit einer Abziehpresse gedruckt. Es handelt sich hier um eine anspruchsvolle Technik, zu der fortgeschrittene Kenntnisse und Fertigkeiten der Schüler nötig sind. Die entsprechenden Druckerzeugnisse, die hiermit allerdings zu erreichen sind, belohnen die Schüler für ihre Mühe.

Binden des Lesebuches

Nach dem Schreiben, Stempeln oder Drucken der Texte werden die einzelnen Seiten vervielfältigt und allen Schülern für ihr Eigenlesebuch zur Verfügung gestellt. Das Sammeln der Blätter erfolgt auch hier am besten wieder in Ringbuchordnern und Klarsichtfolien, in denen die einzelnen Seiten schonend abzuheften sind. Nach Abschluss eines bearbeiteten Themenbereiches erstellen die Schüler in unterschiedlichen kreativen Techniken Deckblätter für das eigene Lese- und Arbeitsbuch. Um dem Eigenlesebuch eine gewisse Stabilität zu verleihen, sollten das Deckblatt und der Buchrücken aus Karton gestaltet sein. Zusätzlichen Schutz gewährt eine Plastikfolie. Hilfreich für die Orientierung im Buch ist die Nummerierung der einzelnen Seiten. Die einzelnen Blätter müssen zum Abschluss – damit es ein richtiges Buch wird – noch zusammengebunden werden. In der Praxis hat sich die Ringbindung bewährt. Hierzu werden die Blätter an einem Rand gestanzt und mit einem Plastikbinderücken zusammengefasst.
Zum Preis von ungefähr 200,00 Euro kann sich die Schule ein hochwertiges Bindegerät beschaffen, damit auch der Bindevorgang im Sinne der Ganzheitlichkeit von den Schülern aktiv übernommen werden kann.

Das obenstehend abgebildete Deckblatt eines Eigenlesebuches wurde in Marmoriertechnik erstellt und die Seiten des Buches abschließend in einer etwas anspruchsvolleren Technik mit einem Bindfaden gebunden.

Zusammenfassung

- Die Schüler bestimmen über Inhalt und Gestaltung des Eigenlesebuchs mit.
- Die Inhalte der Eigenlesebücher sind weitgehend der schulischen und häuslichen Erlebniswelt der Schüler entnommen. Sie werden dadurch in ihrer Lebensrealität angesprochen und ernstgenommen.
- Eigenlesebücher können in stärkerem Maße das individuelle Leistungsvermögen des einzelnen Schülers treffen als dies mit gekauften Büchern möglich ist.
- Durch die Verwendung von Bildern, Symbolen, Wörtern sowie Texten wird im besonderen Maße der Heterogenität der Schülervoraussetzungen entsprochen.
- Lesen und Schreiben lernen erfolgt themenbereichsübergreifend und nicht nur im isolierten Lese- und Schreibunterricht.
- Die Lese- und Schreibmotivation wird durch die Herstellung und Verwendung eines Eigenlesebuches im Unterricht erhöht, das Selbstbewusstsein gesteigert.

Die Herstellung eines Eigenlesebuches ermöglicht den Schülern vielfältige manuelle und kreative sowie themenbereichsübergreifende und ganzheitliche Handlungsmöglichkeiten (malen, fotografieren, schreiben, drucken, Deckblatt gestalten, binden, ...).

— Unterricht an der Schule für Geistigbehinderte wird transparenter, weil die Öffentlichkeit (Eltern) Einsicht in Inhalte des schulischen Lernens ihrer Kinder erhalten.

6. Lektüre von Texten, Geschichten und Büchern – Literaturunterricht

Ein Teil der Schüler erwirbt im Verlauf der Schulzeit Kompetenzen zum Lesen von Texten. Um diesen Fähigkeiten der Schüler zu entsprechen, werden in den Bildungsplänen der Schule mit dem Förderschwerpunkt geistige Entwicklung die Thematisierung unterschiedliche Textarten vorgeschlagen.

Gebrauchstexte
Hierzu zählen unter anderem die sinnentnehmende Lektüre des Fernseh- und Kinoprogramms, Sporttabellen, Musikcharts, Fahrpläne, Kochrezepte, Speisekarten, Werbeprospekte, Bedienungsanleitungen und weitere Texte mit unmittelbarem Gebrauchswert.

Sach- und Fachliteratur
Zu dieser Textkategorie gehören unter anderem Texte in (Fach-) Zeitschriften, Tageszeitungen, Schulbüchern, Lexika, Wander- und Reiseführern, Jugendzeitschriften und -Sachbüchern zu allen für die Schüler interessanten Sachgebieten.

Unterhaltungsliteratur
Hierzu zählen Kurzgeschichten, Kinder- und Jugendromane (im Original oder gekürzten Fassungen), Fotogeschichten, Kurzgeschichten, Gedichte, Märchen, Sagen, Comics und so weiter

Kinder und Jugendliche, egal nach welchem Bildungsplan und an welchem Bildungsort sie unterrichtet werden, haben einen Anspruch auf die Begegnung mit allen drei Textsorten. Indem die Schüler mit den unterschiedlichen Textsorten konfrontiert werden, gewinnen sie Kenntnisse über deren Funktion. Die Funktionen der lebenspraktischen Relevanz von Texten, der Wissenserweiterung, der Befriedigung des Informationsbedürfnisses und der Unterhaltung stehen gleichwertig nebeneinander. Zur Teilhabe sind alle Funktionen gleichermaßen bedeutsam.

Die Lektüre von Gebrauchstexten, aber auch der Sach- und Fachliteratur kann einerseits in den fächerverbindenden Themenunterricht (Vorhaben- oder projektorientierten Unterricht) und andererseits in den Fachunterricht (Hauswirtschaft, Werken) eingebunden werden. Texte dieser beiden Gattungen sind zumeist kürzer und übernehmen innerhalb des Fach- oder Themenunterrichts eine handlungsleitende (Kochrezept) oder informierende und wissenserweiternde Funktion.

Den Aspekt der Lektüre von Unterhaltungsliteratur möchte ich in den folgenden Ausführungen etwas weiter ausführen. Mit dem nachfolgenden Kapitel möchte ich Sie ermutigen mit Schülern Kinder- und Jugendbücher zu lesen. Das Lesen von Ar-

tikeln in Jugendzeitschriften oder Tageszeitungen kann die Lektüre einer Geschichte oder eines Romans nicht ersetzen.
Schriftlesende Schüler benötigen zur Aufrechterhaltung der Lesemotivation interessante Geschichten, die sie entweder mit ihren vorhandenen Kompetenzen weitgehend selbst sinnentnehmend oder mit Unterstützung der Lehrperson lesen können. Geschichten, die die Schüler emotional ansprechen oder interessante Sachtexte sind hierfür am ehesten geeignet.
Für Schüler mit Lernbeeinträchtigungen werden seit Jahren von unterschiedlichen Verlagen didaktisch aufbereitete Texte angeboten. Im Literaturverzeichnis finden Sie eine Auswahl geeigneter Bücher und Texte. Hilfreich sind für die Lehrpersonen die jeweils ergänzenden Materialien, denen sich vielfältige methodische Anregungen entnehmen lassen.

Bedeutung der Lektüre von Texten, Geschichten und Büchern
Nach den Intentionen der Literalität besteht ein wesentliches Anliegen der eigenen Lektüre kurzer Geschichten und von Büchern darin, bei den Schülern eine positive Einstellung zu Büchern aufzubauen beziehungsweise diese langfristig aufrecht zu erhalten.

Das Hineinversetzen in eine Figur oder die Identifikation mit den Protagonisten einer Geschichte tragen wesentlich zur Entwicklung empathischer Fähigkeiten der lesenden Schüler bei. Der Leser setzt sich zwangsläufig mit den emotionalen Befindlichkeiten der Figuren auseinander, er bezieht Stellung, lernt ein Verhalten als erwünscht einzuschätzen und ein anderes als negativ. Leser entwickeln in der Lektüre soziale Haltungen und moralische Einstellungen.

Der Schule kommt unter anderem die Aufgabe zu, die Schüler auf das nachschulische Leben vorzubereiten. Neben der Vorbereitung auf die Arbeit, das Wohnen, das Zusammenleben mit anderen, ist die eigenständige Gestaltung der freien Zeit ein wesentliches Anliegen. Natürlich gibt es im Fernsehen einen großen Konkurrenten, aber das selbständige Lesen und die damit verknüpfte eigene Erschließung von Texten aus Büchern stellt eine hoch erwünschte Möglichkeit zur sinnvollen Nutzung der freien Zeit dar. Menschen lesen gerne, wenn sie sicher über die Lesetechnik verfügen. Solange Lesen mit Anstrengung verknüpft ist, sinkt die Wahrscheinlichkeit, dass regelmäßig gelesen wird. Nur ein Teil der Menschen mit geistiger Behinderung wird zum sinnentnehmenden Lesen gelangen, aber gerade denen muss die Aufmerksamkeit der Lehrpersonen in der Schule diesbezüglich zukommen, ohne die Bedürfnisse der anderen Schüler zu vernachlässigen.

Es gibt kaum einen Schüler, der nach der Lektüre eines Buches nicht stolz auf sich ist, ein ganzes Buch von Anfang bis zum Ende gelesen, „geschafft", zu haben. Lesende Schüler mit geistiger Behinderung sollen nicht immer nur in kopierten Unterlagen oder Arbeitsblättern lesen. Sie haben, wie alle anderen Schüler, das Anrecht auf die Begegnung mit Zeitschriften und gebundenen Büchern. Durch die ästhetisch-haptische Erfahrung der Lektüre eines Buches wird das positive Selbstkonzept des Lesers gesteigert. Das Vertrauen der Schüler in die eigenen Lesefertigkeiten wird gestärkt. Leselust und Lesemotivation kann sich merklich steigern. Gegebenenfalls kann die Motivation der Schüler für das Lesen kompletter Bücher durch die Verwendung neuer Medien gefördert werden. Vielleicht stellt ein eBook für manche Schüler einen entsprechenden Anreiz dar.

6.1 Auswahl der Textinhalte

Die Textinhalte sollten der Erfahrungswirklichkeit der Schüler entsprechen. Die Erfahrungsnähe des Buchinhaltes zur individuellen Lebenssituation erhöht die Wahrscheinlichkeit zur Auseinandersetzung mit der eigenen Lebenswirklichkeit, den eigenen Wünschen und Erwartungen.

In Erweiterung der Lebensnähe sollten die Buchinhalte vor allem auch die altersgemäßen Interessen und Vorlieben der Schüler berücksichtigen, seien es Neigungen für technische Themen, Tier- oder Fußballgeschichten, erste zögerliche Zuneigungen zum anderen Geschlecht, Freude an Abenteuergeschichten, Interesse an anderen Kulturen oder Informationen zu den Heimatländern der Familienangehörigen, ...

Es wäre allerdings zu kurz gegriffen und einseitig, wenn bei der Buchauswahl nur an der unmittelbaren Erfahrungswelt der Schüler oder deren aktuellen Interessen angeknüpft würde. Schüler haben das Recht darauf, dass die Lehrpersonen ihnen Buchinhalte anbieten, die zur persönlichen Welterschließung beitragen und ihnen neue Wissenshorizonte erschließen. Bei der Auswahl oder der Empfehlung von Büchern achtet die Lehrperson auf die angemessene Relation von bereits Vertrautem und Neuem/Fremdem. Wer nur im Vertrauten und scheinbar Lebensbedeutsamen verbleibt, verschließt die Möglichkeit Neues zu entdecken. Dieser Grundsatz gilt gleichermaßen für Menschen ohne und mit Behinderung

1. Das Pferd

Die lange Geschichte der Pferde begann vor etwa 60 Millionen Jahren. In dieser Zeit passte sich das Urpferd immer neuen Lebenssituationen an und entwickelte sich dabei weiter.
Das Pferd wird höchstens 40 Jahre alt. Das Alter lässt sich durch das Betrachten seiner Zähne feststellen.
Wie der Mensch besteht das Pferd aus verschiedenen Körperteilen. Jeder Körperteil spielt eine ganz besondere Rolle. Das Pferd hat etwa 250 Knochen und 500 Muskeln. Größe und Gewicht sind sehr unterschiedlich.
Pferde gehören zur Familie der Huftiere. Die Hufe des Pferdes müssen viel aushalten, denn sie tragen den schweren Körper. Die schlanken Beine machen es zu einem schnellen Lauftier.

Aus: Arbeitsgemeinschaft Leseförderung 2008, 46

Formale Kriterien für die Text- bzw. Buchauswahl
Achten Sie darauf, dass die Texte in angemessen großer Schrift angeboten werden.

Eine am linken oder rechten Buchrand vorhandene Zeilennummerierung ist für die Orientierung auf einer Textseite sehr hilfreich. Erforderlich ist die Zeilennummerierung vor allem dann, wenn die Texte in der Klasse gelesen und besprochen werden. Falls diese Nummerierung im Buch noch nicht vorhanden ist, lässt sich diese nachträglich mit einem Bleistift leicht anbringen. Dieses Nummerieren kann als Vorbereitung zur Lektüre auch von den Schülern Seite für Seite selbst vorgenommen werden. In der Regel genügt es, wenn nur jede fünfte Zeile mit einer Ziffer versehen ist.

Um den Schülern die Sinnentnahme zu erleichtern, wählen Sie für den Einstieg in die Buchlektüre zunächst Bücher mit einem hohen Bildanteil aus. Aller Erfahrung nach lässt sich die Lesemotivation durch die eingestreuten Bilder erhöhen. Die zunächst noch hohe Text-Bild-Relation kann mit zunehmender Sicherheit beim Lesen und bei der Sinnentnahme reduziert werden.

Bei der gemeinsamen Buchlektüre in der Klasse muss jeder Schüler sein eigenes Buch zum Lesen besitzen. Wie an den allgemeinen Schulen, schafft hierfür die Schule mit dem Förderschwerpunkt geistige Entwicklung auch Klassensätze an, die nach der Lektüre auch anderen Schülern zum Lesen zur Verfügung stehen.

Ein großes Problem liegt darin, dass sich nur schwer Bücher für jugendliche Leseanfänger auf dem Buchmarkt finden lassen. Dem Lesevermögen, der zum Teil jugendlichen Schüler mit geistiger Behinderung entsprechen häufig Bücher für jüngere Schulkinder. Es besteht also eine Alters- und Interessensdiskrepanz. Bücher, welche von Schrift lesenden Schülern mit geistiger Behinderung gelesen werden können, entsprechen bei den Textinhalten nur selten ihren altersgemäßen Interessen.

Konsequenz aus diesem nur schwer aufzulösenden Dilemma könnte sein, dass Jugendbücher von Lehrpersonen in eine einfache Sprache umgewandelt und im Leseumfang reduziert werden. Hierfür begabte Lehrpersonen könnten sich als Ziel setzen, jährlich ein oder zwei klassische oder aktuelle Kinder- und Jugendbücher in einfache Sprache zu transformieren. Werden diese Texte dann noch in eine ästhetische äußere Form gebracht, können solche Bücher von mehreren Schülergenerationen gelesen werden. Wesentliche Grundsätze der einfachen Sprache (leichten Sprache) sind: Verwendung einfacher, kurzer Aussagesätze; behutsames Einstreuen von Haupt- und Nebensätzen; Verwendung von Substantiven, Verben und vor allem auch Adjektiven, die die Geschichten spannender und die Figuren plastischer hervortreten lassen; altersentsprechender, aber durchaus anspruchsvoller Wortschatz; Einbindung von wörtlicher Rede oder umgangssprachlicher Redewendungen, gegebenenfalls auch im behutsamen Dialekt; schwierige Wörter oder Fremdwörter werden erklärt; zum Einsatz kommen Groß- und Kleinbuchstaben. Hilfen und Vorschläge zum Verfassen von Texten in leichter Sprache erhalten Sie auf Internetseiten zum Beispiel der Lebenshilfe, people first, Arbeitsgemeinschaft Leseförderung etc.

6.2 Ausgewählte Methoden zur Lektüre von Texten und Geschichten

Im Folgenden finden Sie in Kurzform ausgewählte Methoden, die sich zur Vertiefung der Lesefähigkeiten und zur Erschließung von Texten, Geschichten und Jugendromanen für jugendliche Leseanfänger als für die Praxis geeignet erwiesen haben.

Vertiefung der Lesefähigkeiten

Vorneweg kann gesagt werden, dass sich auch lesende Schüler von der Lehrperson noch gerne vorlesen lassen. Nutzen Sie demzufolge viele sich bietende Gelegenheiten im Wochenverlauf und lesen Sie den Schülern vor. Die Schüler genießen in aller Regel diese Vorleseatmosphäre.

Phasen des Vorlesens durch die Lehrperson wechseln sich ab mit dem stillen Lesen der Schüler.

Eine Variante besteht darin, dass sich Lehrperson und Schüler im lauten Vorlesen abwechseln. Sollen Schüler Abschnitte aus dem Text beziehungsweise dem Buch vorlesen, sollten sie zuvor Gelegenheit erhalten, diesen Text zur Übung für sich still durchzulesen um für das Vorlesen eine gewisse Sicherheit zu erlangen.

Im Text vorkommende unbekannte Begriffe oder Fremdwörter werden gemeinsam besprochen, im Lexikon nachgeschlagen oder von der Lehrperson in einfacher Sprache erklärt.

Damit der Schüler beim Lesen in der Zeile bleibt, eignet sich der Einsatz von Leselinealen, die von Zeile zu Zeile von oben nach unten weitergeschoben werden. Diese Lesehilfe sollte vor allem leicht zu handhaben sein, also zum Beispiel nicht zu weit über die Buchseite hinausragen. Ziel ist, dass der Schüler mit dem Finger die zu lesenden Wörter anzeigt und über die Seite gleitet, oder als Endziel, dass der Schüler auf solche Hilfe ganz verzichten kann und beim Lesen die Augenbewegungen in der Zeile bleiben.

Texte mit Dialogen lassen sich gut in verteilten Rollen (Schüler – Schüler, Schüler – Lehrperson) lesen, wobei auch hier jeweils eine Übungsphase des stillen Lesens vorgeschaltet sein sollte.

Für jugendliche Leseanfänger hat sich das Chorlesen gut bewährt. Schüler und Lehrperson lesen miteinander langsam und hörbar einzelne Sätze oder Abschnitte der Geschichte. Mit diesem Verfahren wird das Erlesen geübt und die Sinnentnahme erleichtert.

Motivationssteigernd wirkt die Suche zum Beispiel nach besonders witzigen, spannenden, interessanten Stellen im Text sowie die damit verbundene vorlesende Präsentation dieser Textstellen.

Texte erschließen – Sinn verstehen

Zur Sinnerfassung eines Abschnittes beziehungsweise eines Kapitels erzählen sowohl die Lehrperson als auch die Schüler den Inhalt mit eigenen Worten nach. Bedeutsam ist, dass die Lehrperson als Vorbild fungiert. Die Schüler entwickeln am Vorbild und durch eigenes Erproben narrative Strukturen (Kompetenzen), nämlich eine Geschichte in eigenen Worten zu erzählen, die nicht nur bei der Sinnentnah-

me aus Geschichten, sondern auch in der täglichen Kommunikation von Relevanz sind.
Neben der Einübung beziehungsweise der Vertiefung des Lesens, nimmt die Besprechung des Textinhaltes eine bedeutsame Rolle ein. Für Unterrichtsgespräche ist die Anlage einer Materialkiste mit konkreten Gegenständen, die in der Geschichte des Buches vorkommen, dienlich.
Im Zusammenhang mit der Besprechung der Geschichte und deren Bedeutung, geht es auch um die Charaktere der Protagonisten. Welche der Figuren ist sympathisch, welche eher nicht? Wie lässt sich diese Meinung begründen?
Als Erweiterung der Beschäftigung mit den Personen der Geschichte lassen sich einfache Steckbriefe erstellen, welche während der Lektüre im Klassenzimmer präsent sind.
Um den Handlungsablauf der Geschichte zu visualisieren und auf verschiedene Anschauungsebenen zu bringen, bietet es sich zum Beispiel an den Inhalt der Geschichte mit Figurenkonstellationen darzustellen. Beziehungen zwischen den Figuren lassen sich mit Belebungsmaterialien anschaulich charakterisieren. Mit der figürlichen Darstellung der Geschichte wird den Schülern ein eigenes Agieren und somit ein vertieftes Verständnis der Geschichte ermöglicht.

Szenen aus „Der Findefuchs", unterrichtlich realisiert von Carola Moritz

Auf einer abstrakteren Anschauungsebene lässt sich die Geschichte mit Zeichnungen, Bildern und kurzen Bildunterschriften in einem Bilderfries gestalterisch in eine lineare Abfolge bringen. Alternativ dazu eignet sich auch eine Collage um den Inhalt der Geschichte zu veranschaulichen.
Falls Gelegenheit besteht, lässt sich der Inhalt einer Geschichte zusätzlich fächerübergreifend bearbeiten. Im Fach Gestalten können die Schüler zeichnen, malen oder fotografieren. Im Werkunterricht lassen sich Figuren und Spielszenarien herstellen. Im Musikunterricht lassen sich Musikstücke zum Buch anhören beziehungsweise einüben. Der Religionsunterricht bietet sich an um über das moralisch richtige Handeln der Protagonisten zu sprechen oder sich über Grundsätze des friedlichen Zusammenlebens mit anderen auszutauschen. Darüber hinaus sind viele weitere Verknüpfungen im Sinne des fächerübergreifenden Lernens möglich.

Ausgewählte Texte lassen sich von den Schülern nach einiger Übung auch szenisch darstellen und gegebenenfalls zur Aufführung bringen.
Eine Variante daraus ist die Produktion eines Hörspiels mit Erzähler, verteilten Rollen und unterlegten Geräuschen.
Am Ende eines Kapitels oder zum Abschluss der gesamten Lektüre eines Buches bearbeiten die Schüler Fragebögen (im Ankreuzverfahren oder durch eigenes Schreiben kurzer Antworten), mit denen die Sinnerfassung vertieft und erweitert wird.
Über die Textrezeption hinaus, lassen sich auch Informationen über den Autor finden und aufschreiben.
Falls eine Autorenlesung an Ihrer Schule möglich ist, nutzen Sie diese Chance. Für die Schüler stellt die Anwesenheit des Autors und seine Lesung aus dem von ihm verfassten Buch ein besonderes Erlebnis dar.

Zusammengefasst:

- Durch die Lektüre von Geschichten und Büchern erweitert der Schüler seine Sachkompetenz. Er erfährt in den Textinhalten Neues und er lernt den Inhalt eines Buches zu strukturieren und in eigenen Worten zu rekonstruieren.
- Mit zunehmender Übung entwickelt der Schüler Selbstvertrauen. Er erfährt sich durch das selbständige Lesen als kompetent. All diese Erfahrungen tragen zur Förderung der personalen Kompetenz bei.
- Die Methodenkompetenz wird unter anderem durch die oben angewandten Möglichkeiten zur angeleiteten und selbständigen Auseinandersetzung mit Texten erweitert.

7. Diagnostik Lesen und Schreiben

Zur angemessenen schulischen Förderung jedes Schülers sind fundierte Kenntnisse über den Leistungsstand erforderlich. Als Bestandteil des Unterrichts muss die Tätigkeit der Verhaltensbeobachtung beziehungsweise der in den Unterricht integrierten Erhebung der Lernausgangslage als selbstverständlicher Teil betrachtet werden. Jede Lehrperson kann demzufolge in jeder Unterrichtsstunde diagnostisch tätig sein.
Erkenntnisse zum Leistungsstand eines Schülers in den Bereichen Lesen und Schreiben gewinnt die Lehrkraft sowohl im integrierten Lese- und Schreibunterricht als auch im Fachunterricht Deutsch.
Damit diese Beobachtungen nicht nur zufallsgesteuert erfolgen, benötigen Lehrkräfte strukturierte Hilfsmittel, mit denen sie den Lernstand eines Schülers erheben können.

Das nachfolgend dargestellte Diagnoseinstrument orientiert sich für das Lesen an den Lesearten des erweiterten Lesebegriffs sowie den aufbauenden Lesestufen des Schriftlesens.
Für das Schreiben bezieht sich das Diagnoseinstrument auf die Stufen des erweiterten Schreibbegriffs. Berücksichtigt also die Phasen des Kritzelns und des Schemazeichnens im Schreiblernprozess als erforderliche Vorstufen zum Schreiben von Buchstaben.

Das vorliegende Erhebungsinstrument bietet für jede Leseart beziehungsweise Schreiblernstufe strukturierte Beobachtungsmöglichkeiten an, die durch die Lehrpersonen, bezugnehmend auf die örtlichen Verhältnisse und die Leselerninhalte, ausgeweitet werden können. Durch die Berücksichtigung, also Erweiterung, der spezifischen schulischen Verhältnisse gewinnt das vorliegende Diagnoseinstrument an zusätzlicher Aussagekraft.
Die Items folgen einer sachlogischen Abfolge und bieten einen Rahmen, mit dem sich die grundlegenden Fähigkeiten des erweiterten Lese- sowie des erweiterten Schreibbegriffs erfassen lassen. Die Anzahl der Items ist bewusst knapp gehalten, damit die Durchführung in einem überschaubaren Zeitraum für alle Schüler erfolgen kann. Ich rege Sie dazu an, die Items einerseits um die schulischen Gegebenheiten und andererseits um die individuellen Spezifika der Schüler zu erweitern.

Das Diagnoseinstrument dient einerseits der Feststellung der aktuellen Kompetenzen des Schülers, um daraus Lernziele sowie unterrichtliche Inhalte abzuleiten. Andererseits lässt sich durch die regelmäßige Durchführung über einen längeren Zeitraum für den Schüler ein individuelles Entwicklungsprofil darstellen.

Zur Durchführung der pädagogischen Diagnostik im Bereich Lesen und Schreiben
Die Durchführung der Diagnostik in den Bereichen Lesen und Schreiben erfolgt unter Federführung der für diesen Bildungsbereich verantwortlichen Lehrperson

(entweder Klassenlehrer/in oder Fachlehrer/in für Deutsch), gegebenenfalls unter Einbezug weiterer Lehrkräfte, die in der Klasse arbeiten.
Soweit von den Eltern (beziehungsweise Geschwisterkindern) leistbar und von ihnen erwünscht, können auch sie in die diagnostische Erhebung einbezogen werden. Durch die Berücksichtigung dieses erweiterten Personenkreises werden die gesammelten diagnostischen Daten aufschlussreicher, präziser und bieten damit vor allem mehr Anhaltspunkte für die weitere Förderung des Schülers.

Welche Erhebungsbereiche im Rahmen der Diagnostik berücksichtigt werden, hängt vom aktuellen Leistungsvermögen des Schülers ab. Ist den Lehrpersonen zum Beispiel bereits bekannt, dass der Schüler Bildern die entsprechende Bedeutung entnehmen kann, so kann dieser Bereich in der Diagnostik ausgelassen werden. In diesem Fall beginnt die Diagnostik mit der Erhebung der vorhandenen Kompetenzen im Bereich „Piktogramme lesen“ und „Signalwörter lesen“.
Zur Erhebung des Leistungsstandes verwenden die Lehrpersonen die in der Klasse und im Fachunterricht „Deutsch“ verwendeten Lernmittel. Durch die Verwendung dieser vertrauten Unterrichtsmittel (Bilder, Piktogramme, Signalwörter, Ganzwörter, Buchstabenkarten sowie die zu synthetisierenden Wörter) werden die tatsächlichen Kompetenzen der Schüler erhoben. Der Faktor der „Fremdheit“ der Diagnosematerialien entfällt.

Das Diagnoseinstrument sollte in gewissen zeitlichen Abständen angewandt werden, welche von den Teammitgliedern zu vereinbaren sind und machbar erscheinen. Eine halbjährliche bis jährliche Feststellung der Kompetenzen reicht aus, um im Rahmen des Fachunterrichts oder des integrativen Förderangebotes in Deutsch den Schülern ein angemessenes Bildungsangebot unterbreiten zu können. Festgestellt wird ausschließlich der individuelle Leistungsstand. Ein Vergleich mit anderen Schülern ist nicht vorgesehen.

Die Qualität, in der ein Schüler die Kompetenzen zeigt, lässt sich durch die vier Kategorien

- „nicht“,
- „mit Hilfe“,
- „weitgehend selbständig“
- „dauerhaft selbständig“

einschätzen.
Selbstverständlich bleiben auch bei den hier vorgeschlagenen Kategorien individuelle Einschätzungsspielräume durch die Lehrperson. Diese Auslegungsmöglichkeiten lassen sich bei informellen Einschätzungsverfahren nie ausschließen.

Die an der Erhebung beteiligten Lehrpersonen markieren bei jedem Item die jeweils zutreffende Kategorie. Im Feld „Bemerkungen“ lassen sich Konkretisierungen eingetragen, z. B. welche Piktogramme der Schüler lesen, welche Grapheme/Phoneme er analysieren oder welche Wörter er synthetisieren kann.

Nach der Erhebung des aktuellen Kompetenzniveaus ergibt sich ein Leistungsprofil, aus dem sich individuelle Ziele festlegen und Förderbereiche ableiten lassen.

Hilfreich wäre, wenn sich die Schule auf ein einheitliches Diagnoseinstrument und -verfahren verständigt, das über die gesamte Schulbesuchsdauer angewandt werden kann. Nur so kann eine allen Beteiligten dienliche Diagnose durchgeführt werden.

Dieses vorliegende Instrumentarium können Sie relativ leicht in ein schuleigenes Verfahren umformen. Übertragen Sie die hier vorgeschlagenen Items in eine eigene Datei und erweitern Sie diese dann noch zwingend um Ihre örtlichen Besonderheiten. Damit verknüpft ist eine Diskussion innerhalb des Kollegiums beziehungsweise der Arbeitsgruppe, die sich mit dieser Thematik beschäftigt und verantwortlich ist. Bevor Sie sich dann abschließend auf das an Ihrer Schule gültige Diagnoseinstrument festlegen, sollte dieses mindestens ein Schuljahr in verschiedenen Schulstufen erprobt werden, um erforderliche Veränderungen noch einzuarbeiten.

Lesen

Name:

Erhebungsdatum:

Beteiligte Lehrpersonen/Eltern:

Datum:

Situationen lesen

Die Schülerin / der Schüler

	nicht	mit Hilfe	weitgehend selbständig	dauerhaft selbständig	Bemerkungen
erkennt Mitschüler, Lehrpersonen und weitere Bezugspersonen in der Schule.					
reagiert in der Kommunikation auf Mimik und Gestik des Gesprächpartners.					
fühlt sich in der Anwesenheit vertrauter Personen wohl und sicher.					
erkennt ihr/sein Lieblingsspielzeug.					
erkennt bedeutsame Alltagsgegenstände (Trinkglas, Teller, Kleidungsstücke, ...) und verwendet diese sachgerecht.					
erkennt Schulräume (Klassenzimmer, Toiletten, ...) und orientiert sich innerhalb des Schulgebäudes.					
erkennt Plätze auf dem Schulgelände (Pausenhof, Bushaltestelle, Spielgelände, ...) und orientiert sich darin.					
erkennt akustische Signale innerhalb der Schule und kann sich daran orientieren.					
erkennt Figuren (Modelle) von Menschen, Tieren, Bäumen, Gebäuden, Fahrzeugen, ... und spielt mit diesen.					
erkennt vertraute Wege, Gebäude und Plätze im Umkreis der Schule und orientiert sich darin.					
erkennt vertraute Wege, Gebäude und Plätze im Umkreis des Elternhauses und orientiert sich darin.					
sortiert Alltagsgegenstände nach Kategorien (Spielsachen, Nahrungsmittel, Kleidungsstücke, ...)					

Bilder lesen (Präliteral-symbolische Leistung)

Die Schülerin / der Schüler

	nicht	mit Hilfe	weitgehend selbständig	dauerhaft selbständig	Bemerkungen
erkennt enge Familienangehörige (Mama, Papa, Geschwister, ...) auf Fotos.					
erkennt sich selbst auf einer Fotografie.					
erkennt im Video sich selbst sowie bekannte Personen bei vertrauten Handlungen.					
erkennt Klassenkameraden und vertraute Lehrpersonen auf Fotos.					
erkennt Spielzeuge auf Fotos.					
erkennt schulische und häusliche Alltagsgegenstände auf Fotos (Teller, Trinkglas, Schulbus, Schulhaus, Wohnhaus,...).					
erkennt bedeutsame Nahrungsmittel, Tiere, Schulutensilien auf Fotos (Apfel, Banane, Brot, Katze, Hund, Vogel, Bleistift, Spitzer, Schultasche, ...).					
erkennt altersgemäße Tätigkeiten eines Kindes (spielen, hüpfen, schreiben, basteln, kochen, Rad fahren, ...) auf Fotos.					
schaut mit einer nahen Bezugsperson Bilderbücher an.					
schaut alleine Bilderbücher an.					
erkennt die oben genannten Menschen, Tiere und Gegenstände auf Illustrationen.					
ordnet zwei unterschiedliche Bilder einer schulischen Tätigkeit von links nach rechts und legt eine richtige Bilderfolge.					
ordnet vier/fünf unterschiedliche Bilder einer schulischen Tätigkeit von links nach rechts und legt eine richtige Bilderfolge.					
erkennt auf Wimmelbildern Einzelteile.					
sortiert Bilder vertrauter Alltagsgegenstände in Kategorien, z. B. Spielsachen, Fahrzeuge, Tiere, Kleidungsstücke, ...					
baut mit Hilfe eines Bauplans mit Konstruktionsmaterial (Lego, duplo, Fischer-Technik, ...).					

Beim Betrachten der Bilder, der Illustrationen sowie beim Lesen der Bildzeichen regt die Lehrperson den Schüler stets zur Artikulation an. Hierzu stehen dem Schüler sowohl verbale als auch nonverbale Möglichkeiten zur Verfügung. Durch die Versprachlichung beziehungsweise bei der Ausführung einer entsprechenden Handlung erhält die Lehrperson genauere Erkenntnisse, inwieweit die Sinnentnahme aus Bildern und Piktogrammen möglich ist.

Piktogramm lesen (Logografische Leistung)

Die Schülerin / der Schüler

	nicht	mit Hilfe	weitgehend selbständig	dauerhaft selbständig	Bemerkungen
erkennt Piktogramme des Stunden- und des Ämterplans.					
erkennt Piktogramme auf Arbeitsblättern (z. B. Bleistift für „malen/ schreiben“; Auge für „lesen“, Ohr für „genau hinhören“; ...).					
entnimmt den jeweils im Kontext eingebundenen Piktogrammen innerhalb des Schulgebäudes und auf dem Schulgelände (Eingang, Toiletten, Fluchtweg, Fachräume, Feuerlöscher, Erste Hilfe-Kasten, ...) die Bedeutung.					
entnimmt den jeweils im Kontext eingebundenen Piktogrammen außerhalb des Schulgeländes sowie im häuslichen Umfeld (Verkehrszeichen, Post, Feuerwehr, Freibad, Telefonzelle, ...) die Bedeutung.					
sucht in und außerhalb des Schulgebäudes bewusst nach Piktogrammen und orientiert sich daran.					
erkennt Farbkennzeichnungen und deren Bedeutung (z. B. rot am Wasserhahn für „heißes Wasser“, grün an der Verkehrsampel für „ich darf über die Straße gehen“; ...)					
erkennt Piktogramme für die Wäschepflege und auf Haushaltsgeräten.					
erkennt Piktogramme auf elektronischen Kommunikations-, Spiel- und Unterhaltungsgeräten.					
erkennt Piktogramme auf der Wetterkarte.					
erkennt die Bedeutung von Pfeilen.					
liest auf Analoguhren anhand der Zeigerstellung die Uhrzeit.					
entnimmt einem Stadtplan/einer Wanderkarte Informationen und kann sich damit orientieren.					

Für die Diagnostik des Piktogramm-, des Signalwort- sowie des Ganzwortlesens sind die eingefügten Beispiele nur als Vorschlag anzusehen. Bei den jeweiligen Items sind den Schülern die im örtlichen Stufencurriculum aufgeführten Piktogramme, Signalwörter und Ganzwörter vorzulegen. Es gibt keine verbindliche Vorgabe der zu erlernenden Piktogramme, Signalwörter etc.

Signalwort lesen (Logographemische Leistung)

Die Schülerin / der Schüler

	nicht	mit Hilfe	weitgehend selbständig	dauerhaft selbständig	Bemerkungen
liest die jeweils in den Kontext eingebundenen Signalwörter innerhalb des Schulgebäudes („Eingang", „Drücken", „Herren", ...)					
liest auf bekannten Lebensmittelverpackungen/ Getränken die Signalwörter (Produktnamen), z. B. hanuta, Fanta, ...					
liest die Namen von Fernsehsendern, Fußballvereinen, Automarken, ...					
liest die jeweils in den Kontext eingebundenen Signalwörter außerhalb des Schulgeländes sowie im häuslichen Umfeld („Edeka", „POST", „POLIZEI", „Esso", „A" für Apotheke, „H" für Bushaltestelle, „Coffee to go", „Cinema", ...).					
liest einfache Sätze, bestehend aus Bildern, Bildzeichen, Signalwörtern und gegebenenfalls einem Pfeil.					

Ganzwort lesen (Logographemische Leistung)

Die Schülerin / der Schüler

	nicht	mit Hilfe	weitgehend selbständig	dauerhaft selbständig	Bemerkungen
liest den eigenen Namen, die Namen der Mitschüler sowie der individuell bedeutsamen Lehr-und Betreuungspersonen.					
liest die Wochentage, die Monatsnamen, das komplette Datum, ...					
liest den mit Wörtern dargestellten Stundenplan (ohne Bildzeichen).					
liest die persönlich bedeutsamen Daten (Nachname, Wohnort, Straße, Postleitzahl, Geburtsdatum, Vornamen der Eltern und ggf. Geschwister, Schulort,...).					
liest die Namen aktuell und bekannter Unterhaltungskünstler, Sportler, Politiker, ...					
liest einfache Sätze, bestehend aus Bildern, Bildzeichen, Signalwörtern, Ganzwörtern und gegebenenfalls einem Pfeil.					

Phonologische Bewusstheit (Lautstruktur der gesprochenen Sprache erfassen)

Die Schülerin / der Schüler

	nicht	mit Hilfe	weitgehend selbständig	dauerhaft selbständig	Bemerkungen
unterscheidet lange von kurzen Sätzen.					
erkennt in einem gesprochenen Satz einzelne Wörter.					
erkennt in Versen Reimwörter und lautiert diese mit („Ene, mene, miste, was rappelt in der Kiste, ene, mene, meck und du bist weg.“)					
findet zu einfachen Wörtern Reimwörter (Dose – Hose, Maus – Laus, Kind – Wind, ...)					
erkennt in zusammengesetzten Wörtern die einzelnen Bestandteile (Schnee – Mann, Bade – Hose, Schul – Tasche, ...).					
kennt die Begriffe „Satz“, „Wort“, „Silbe“, „Buchstaben“ und „Laut“.					
zergliedert einfache Wörter in die Sprechsilben.					
erkennt anhand der Silbenzahl, welches Wort länger ist (Re-gen-bo-gen, Wie-se, ...).					
erkennt in bekannten und einfach zu artikulierenden Wörtern den Anlaut (Maus → M, Oma → O, Papa → P, ...).					
erkennt in einer Wortreihe den gleichen Anlaut (A in Anna, Apfel, Affe, Afrika, ...).					
erkennt, dass durch Weglassen beziehungsweise Hinzufügen eines Lautes ein neues Wort entsteht (B – engel, w – arm, T – asche, ...).					

Schrift lesen (Analyse, Synthese, Sinnentnahme, fortgeschrittenes Lesen)

Die Schülerin / der Schüler

	nicht	mit Hilfe	weitgehend selbständig	dauerhaft selbständig	Bemerkungen
Buchstaben- und Lautanalyse, Graphem-Phonem-Korrespondenz, Buchstaben-Diskrimination					
erkennt, dass die bekannten Signal- und Ganzwörter aus Einzelbuchstaben (Grapheme) zusammengesetzt sind.					
erkennt in den bekannten Signal- oder Ganzwörtern die Buchstaben (M, O, A, P, I, L, N etc.).					
zerlegt die bekannten Wörter visuell in die Einzelbuchstaben (Toni → T o n i, Oma → O m a, Emir → E m i r).					
ordnet Groß- und Kleinbuchstaben einander zu (A/a, M/m, P/p, ...).					
hört aus den bekannten Wörtern den jeweiligen Anlaut heraus.					
hört aus den bekannten Wörtern den Endlaut und die Binnenlaute heraus.					
erkennt die Graphem-Phonem-Korrespondenz und ordnet den gelernten Buchstaben den jeweils entsprechenden Laut zu.					
Buchstaben- und Lautsynthese, Sinnentnahme					
liest zwei einfach zu artikulierende Buchstaben zusammen, zum Beispiel Mo, Li, Po, Na, ...					
liest zwei Doppelsilben zusammen (Ma-Ma, Pa-Pa, Po-Po, Mi-Mi, ...) und entnimmt dem erlesenen Wort die Bedeutung.					
liest zwei unterschiedliche Silben zusammen (Li-sa, Li-mo, Di-no, So-fa, To-ni, ...) und entnimmt dem erlesenen Wort die Bedeutung.					
synthetisiert mehrsilbige Wörter und entnimmt diesen die Bedeutung.					

Die Schülerin / der Schüler

	nicht	mit Hilfe	weitgehend selbständig	dauerhaft selbständig	Bemerkungen
Fortgeschrittenes Lesen, Sinnentnahme					
liest einfache Substantive, Verben, Präpositionen, Konjunktionen (Auto, Rad, Foto, malen, lesen, gehen, in, am, auf, und, ...) simultan, ohne diese zu synthetisieren.					
hat Morpheme (glück-lich, trink-en, Mon-tag) abgespeichert und erleichtert sich somit das Erlesen.					
hat Signalgruppen (au in Maus, Haus, Laus, Auto; ach in lachen, machen, Sachen; eu in Leute, heute, Reutlingen) abgespeichert und erleichtert sich somit das Erlesen.					
liest einfache Sätze flüssig und sinnentnehmend.					
liest kurze Texte flüssig und sinnentnehmend.					
liest regelmäßig für sich.					
kennt Begriffe wie Hauptwort (Substantiv), Tunwort (Verb), Eigenschaftswort (Adjektiv), ...					

Schreiben

Name:

Erhebungsdatum:

Beteiligte Lehrpersonen/Eltern:

Datum:

Kritzelstadium und Schemazeichnen

Die Schülerin / der Schüler

	nicht	mit Hilfe	weitgehend selbständig	dauerhaft selbständig	Bemerkungen
greift ein Schreibmittel (Wachsmalstift, Farbstift, Bleistift, ...) so, dass sie/er damit auf einer Schreibunterlage (Papier, Karton, ...) Spuren hinterlassen kann.					
erkennt den Werkzeugcharakter des Schreibmittels.					
stellt eine Verknüpfung zwischen seinem graphomotorischen Handeln und dem Ergebnis her.					
erkennt die äußeren Grenzen eines Papiers, auf dem es kritzelt.					
kritzelt mit einem Schreibmittel ungeordnet auf der Schreibunterlage.					
kritzelt (schreibt) mit einer horizontalen Tendenz.					
kritzelt (schreibt) in einem regelmäßigen Auf und Ab.					
kritzelt (schreibt) mit einem dosierten Krafteinsatz auf dem Papier.					
hält dem Stift im Dreifingergriff.					
zeichnet Kopffüßler, Häuser, Bäume, Zäune, Fahrzeuge, ...					
verwendet bei seinem Zeichnen erkennbare Formen wie waagrechte, senkrechte und diagonale Geraden, Punkte, Kreise, Bögen, ...					
ahmt Erwachsene oder Mitschüler beim Zeichnen nach.					
zeichnet mit einer kommunikativen Absicht, um anderen mit den Bildern etwas mitzuteilen.					

Erste Buchstabenschrift und Lautschrift

Die Schülerin / der Schüler

	nicht	mit Hilfe	weitgehend selbständig	dauerhaft selbständig	Bemerkungen
zeichnet geometrische Formen (Viereck, Winkel, ...) mit erkennbaren Richtungswechseln.					
schreibt buchstabenähnliche Zeichen (Buchstabenvorformen).					
verbalisiert, dass sie/er Buchstaben „schreibt".					
ahmt Erwachsene oder Mitschüler beim Schreiben von Buchstaben nach.					
hat eine graphomotorische Seitendominanz ausgebildet.					
erkennt die Symbolbedeutung der Buchstaben bzw. der geschriebenen Wörter.					
schreibt einzelne Buchstaben getrennt voneinander.					
schreibt einzelne „Wörter" getrennt voneinander.					
schreibt Buchstabenreihen und Wörter horizontal von links nach rechts.					
schreibt den eigenen Namen vorwiegend in Großbuchstaben.					
ordnet vereinzelten Lauten den jeweiligen Buchstaben zu (Graphem-Phonem-Korrespondenz).					
schreibt in einer Skelettschreibweise (A T = Auto, M x = Max).					
schreibt in Wörtern die Buchstaben in der Reihenfolge wie es die selbst vorgesprochenen Lautabfolgen hört (ROLA = Roller, Farad = Fahrrad).					
weiß, dass es Groß- und Kleinbuchstaben gibt, kann diese vereinzelt einander zuordnen und lesbar schreiben.					
schreibt Buchstaben und einfache Wörter von einer Vorlage richtig ab.					
schreibt nach Diktat einfache (lauttreue) Wörter richtig und lesbar.					
verfügt über einen kleinen Grundwortschatz und schreibt die Wörter in Gemischtschreibweise orthografisch richtig.					
verfügt über erste orthografische Regeln (der erste Buchstabe eines Substantivs wird groß geschrieben, nach einem kurz gesprochenen Vokal wird der Konsonant doppelt geschrieben).					
schreibt einzelne Druckbuchstaben verbunden (Entwicklung der individuellen Handschrift).					

Literatur

Grundlagen

Abrahams, Peter:
Atlas des menschlichen Körpers
St. Gallen 2009, Otus-Verlag

Ballauf, Helga:
Praxisdefizit. Bund und Länder wollen einen Grundbildungspakt – wer zahlt?
In: Erziehung und Wissenschaft 12/2011, 20-21

Bauer, Tanja:
Orientierung im Alltag für Schüler mit geistiger Behinderung
Horneberg 2008, Persen Verlag

Belgrad, Jürgen:
Leseförderung durch Vorlesen
Multiplikatoren-Fortbildung, April 2012

Bertschi-Kaufmann, Andrea:
Lesekompetenz, Leseleistung, Leseförderung. Grundlagen, Modelle und Materialien
Seelze-Velber 2007, Kallmeyer

Blumenstock, Leonhard:
Freies und angeleitetes Schreiben
Beispiele aus dem Vor- und Grundschulalter
Weinheim, Beltz

Bonfadelli, Heinz:
Handbuch Lesen
München 1999

Brinkmann, Erika / Brügelmann, Hans:
Wie lernen Kinder Lesen und Schreiben? Offenheit mit Sicherheit
Ideen-Kiste

Brönner, Michael:
Arbeiten, Lernen, Spielen
Der Einsatz des Computers bei Schülern mit geistiger Behinderung
Dortmund, verlag modernes lernen

Brügelmann, Hans:
Die Schrift entdecken
Konstanz, Faude-Verlag

Bücken, Hajo / Hanneforth, Dirk:
Ich schenke dir ...! Ein Sprechspiel
Velber 2006, Kallmeyer

Dönges, Christoph:
Lesen- und Schreiben lernen an der Schule mit dem Förderschwerpunkt Geistige Entwicklung – Modifikationen zum erweiterten Lesebegriff
In: Zeitschrift für Heilpädagogik, Heft 9/2007, 338 – 344

Fornefeld, Barbara:
Mehr-Sinn Geschichten. Rotkäppchen nach den Gebrüdern Grimm. Handbuch zu mehr-sinnlichem Geschichtenerzählen
Köln, ohne Jahr

Füssenich, Iris / Geisel, Carolin:
Literacy im Kindergarten. Vom Sprechen zur Schrift
München, Reinhardt

Günthner, Werner / Lanzinger, Heinrich:
Literarische Erziehung ganz, ganz elementar
oder: Wie können bereits auf der Ebene des Ganzwort- und des Bildzeichenlesens ganze, sinnvolle Sätze gebildet werden?
In: Klöpfer, Siegfried:
Schule für Geistigbehinderte im Dialog
Heidelberg 1999, Universitätsverlag C. Winter, S. 91 – 104

Günthner, Werner:
Schreiben – Vom Bild zum Buchstaben
In: Sowa, Martin:
Das reißt uns vom Hocker
Dortmund 2000, verlag modernes lernen, S. 149 – 174

Haas, Gerhard:
Handlungs- und produktorientierter Literaturunterricht. Theorie und Praxis des „andren" Literaturunterrichts für die Primar- und Sekundarstufe
Seelze 2009, Kallmeyer in Verbindung mit Friedrich Verlag

Hänni, Thomas:
Lesen und Schreiben lernen unter erschwerten Bedingungen. Materialien zu jeder Lesestufe für Kinder und Erwachsene
Luzern 2007, Edition Schweizerische Zentralstelle für Heilpädagogik (SZH)

Hagen, Tobias / Hillenbrand, Clemens:
Effektive Lernförderung in der Schuleingangsphase
In: Zeitschrift für Heilpädagogik, Heft 8/2012, 323-334

Hublow, Christoph:
Lebensbezogenes Lesenlernen bei geistig behinderten Schülern
Anregungen zur Zusammenarbeit von Eltern und Lehrern auf der Grundlage eines erweiterten Verständnisses von Lesen
In: Geistige Behinderung, Heft 2/1985

Kain, Winfried:
Die positive Kraft der Bilderbücher. Bilderbücher in Kindertageseinrichtungen positiv einsetzen
Weinheim, Beltz

Kainz, Friedrich:
Psychologie der Sprache
Stuttgart 1954

Krenz, Armin:
Was Kinderzeichnungen erzählen: Kinder in ihrer Bildsprache verstehen
Dortmund, verlag modernes lernen

Köckenberger, Helmut:
Bewegtes Lernen. Lesen, schreiben und rechnen lernen mit dem ganzen Körper
Dortmund, verlag modernes lernen

Meiers, Kurt:
Lesen lernen und Schriftspracherwerb im ersten Schuljahr
Bad Heilbrunn, Klinkhardt

Metze, Wilfried:
Differenzierung im Erstleseunterricht
Berlin, Cornelsen

Näger, Sylivia:
Literacy – Kinder entdecken Buch-, Erzähl- und Schriftkultur
Freiburg 2005, Herder

Oelwein, Patricia Logan:
Kinder mit Down-Syndrom lernen lesen
Ein Praxisbuch für Eltern und Lehrer
G&S Verlag

Reiske, Jenny:
Dialogisches Vorlesen – ein Weg zum Erzählen
In: Sammelband Erzählen: Ideen für alle Fächer
Weinheim, ohne Jahr, Beltz

Schäfer, Holger / Leis, Nicole:
Lesen und Schreiben im Handumdrehen. Lautgebärden erleichtern den Schriftspracherwerb in Förderschule und Grundschule
München 2008, Ernst Reinhardt Verlag

Schenk, Christa:
Lesen und Schreiben lernen und lehren. Eine Didaktik des Erstlese- und Erstschreibunterrichts
Baltmannsweiler, Schneider-Verlag

Somazzi, Mario:
Spuren machen – Zeichen setzen. Bausteine zum bildnerischen Gestalten
Stuttgart, Haupt

Staatsinstitut für Schulpädagogik und Bildungsforschung München:
Erstschreiben. Handreichung für Sonderpädagogische Diagnose- und Förderklassen
Würzburg 1991

Stiftung Lesen:
Vorlesestudie 2007

Spinner, Kaspar:
Lesekompetenz erwerben – Literatur erfahren. Grundlagen und Unterrichtsmodelle. Für alle Jahrgangsstufen
Cornelsen Verlag Scriptor

Wilke, Julia:
Phantàsien ist für alle da. Literacy in der Freizeit von Kindern mit geistiger Behinderung
In: Lernen konkret, Heft 3/2010, 2 - 5

Wischmeyer, Marietta:
Lesenlernen in Bewegung
In: Sowa, Martin: Das reißt uns vom Hocker
Dortmund 2000, verlag modernes lernen, 115 – 148

Übungsmaterialien

Berres-Weber, Anneliese:
Geistigbehinderte lesen ihren Stundenplan. Bilder lesen und Handlungen planen
Dortmund, verlag modernes lernen

Blumenstock, Leonhard:
Spielerische Wege zur Schriftsprache im Kindergarten
Weinheim, Beltz

Boretzky, Anja:
Bildkarten zur Sprachförderung. Verben
Mülheim 2010, Verlag an der Ruhr

Boretzky, Anja:
Bildkarten zur Sprachförderung. Anlaute erkennen: Vokale A, E, I, O, U, Au, Eu, Ei
Mülheim 2011, Verlag an der Ruhr

Boretzky, Anja:
Bildkarten zur Sprachförderung. Anlaute erkennen: Konsonanten B, P, D, T, W, F, G, K
Mülheim 2011, Verlag an der Ruhr

Boretzky, Anja:
Bildkarten zur Sprachförderung. Anlaute erkennen: Konsonanten H, J, L, M, N, R, S, Z, Sch
Mülheim 2011, Verlag an der Ruhr

Breitfeld, Silke / Pangerl, Werner:
Buchstabenlehrgang mit dem ABC-Zoo
Dortmund, verlag modernes lernen

Dank, Susanne:
Geistigbehinderte lernen ihren Namen lesen und schreiben
Dortmund, verlag modernes lernen

Grimm, Helga:
ABC mit allen Sinnen
Lichtenau, AOL

Guggenbühl, Gerold:
Einführung des Alphabetes
Horneburg, Persen

Häußler, Michael:
Vom Situationsbild zum Lesen. Differenziertes Übungsmaterial auf Wort,- Satz- und Textebene
Buxtehude, Persen

Junga, Michael:
Kombispiele zum ABC. 1. Schuljahr
Buxtehude, Persen

Müller, Ellen:
Basiswissen Wortarten. Nomen, Verben, Adjektive
Buxtehude, Persen

Pica, Rae:
Literacy. Erste Entdeckungsreisen in die Welt der Schrift. 100 Spiele und Übungen für 4- bis 6-Jährige
Mülheim/Ruhr 2008, Verlag an der Ruhr

Preuß, Carola / Ruge, Klaus:
Piktogramme und Verkehrszeichen
Mülheim 2008, Verlag an der Ruhr

Wemmer, Katrin:
Phonologische Bewusstheit entwickeln. Laute, Silben, Reime
Buxtehude, Persen

Diagnostik

Dammeyer, Heinz:
Bergedorfer Test zur Buchstabenkenntnis. Mit Fördermaterial
Horneburg 2008, Persen Verlag

Koch, Arno / Euker, Nils:
Leselupe: Zur Erfassung der erweiterten Lesefähigkeit bei Mitarbeiter(inne)n der Werkstatt für behinderte Menschen
Marburg, Lebenshilfe-Verlag

Niedermann, Albin / Sassenroth, Martin:
Lesestufen: Ein Instrument zur Feststellung und Förderung der Leseentwicklung. Kommentar und Auswertungsbogen zum Bilderbuch „DANI hat Geburtstag"
Horneburg 2004, Persen Verlag

Niedermann, Albin / Sassenroth, Martin:
Dani hat Geburtstag
Horneburg 2004, Persen Verlag

Probst, Holger:
Testaufgaben zum Einstieg in die Schriftsprache
Horneburg 2005, Persen Verlag

Leselehrgänge

Dreher, Josef und Pfaffendorf, Reiner (Hrsg.):
Momel lernt lesen
3 Fibelbände und Unterrichtsmaterial, Kopiervorlagen und Lehrerhandbuch
Auer-Verlag

Günthner, Werner / Lanzinger, Heinrich / Moertl-Rangnick, Renate (Illustration):
Die kleine Fibel
Für Kinder, die das Lesen langsamer lernen
- Lesebuch
- Kopiervorlagen
- Lehrerhandbuch

Bezug: Oberschwäbische Werkstätten für Behinderte
Im Wachtelhau 3; 72488 Sigmaringen

Herrmann, Julia:
Die Mitmach-Eigenfibel. Ein Leselehrgang für den Förderschwerpunkt Lernen
Buxtehude 2010, Persen

Jung, Thomas / Rauhe, Maria:
Lesen und schreiben lernen. Ein Lehrgang für Schüler mit geistiger Behinderung, Klasse 1-6
Buxtehude, Persen Verlag

Marx, Ulrike / Steffen, Gabriele:
Lesenlernen mit Hand und Fuß
Für Kinder mit Leistungsschwächen in sprachlichen und nichtsprachlichen Teilbereichen, Mappe 1 - 4
Horneburg, Verlag Sigrid Persen

Schäfer, Holger / Leis, Nicole:
Der Anlautbaum
Konzept eines lehrgangunabhängigen Anlautsystems - nicht nur für Schüler mit Förderbedarf
Dortmund, verlag modernes lernen

Lesetexte für Kinder und Jugendliche

Arbeitsgemeinschaft Leseförderung:
Lesen – einfach cool!
Buxtehude 2008, Persen

Arbeitsgemeinschaft Leseförderung:
Lesen – einfach cool! Einfache und altersgemäße Lesetexte für Jugendliche. Verschiedene Textsorten mit Arbeitsblättern. Mit Kopiervorlagen
Buxtehude 2008, Persen

Bauer, Jutta:
Die Königin der Farben
Weinheim, Beltz

Welsch-Staub, Sabine / Böhmann, Marc:
Die Königin der Farben. Ideen und Materialien zum Einsatz des Bilderbuchs in Kindergarten, Grundschule, Förderschule und Sekundarstufe
Weinheim, Beltz

Hill, David:
Bis dann, Simon
Weinheim, Beltz und Gelberg

Schäfer, Kerstin:
Arbeitsheft zu „Bis dann, Simon"
Weinheim, Beltz und Gelberg

Härtling, Peter
Ben liebt Anna
Weinheim, Beltz und Gelberg

Zerbe, Renate:
Arbeitsheft zu „Ben liebt Anna"
Weinheim, Beltz und Gelberg

Schüder, Frauke / Wollenheit, Iris:
Literaturprojekt: Ben liebt Anna. Schüler mit geistiger Behinderung begegnen einem Jugendbuchklassiker
Buxtehude, Persen

Buchner, Niklas:
Kunterbunte Piratengeschichten
München, arsEdition

Fischer-Nagel, Heiderose und Andreas:
Ein Igelwinter
Spangenberg, Verlag Heiderose Fischer-Nagel

Hasenbein, Barbara.
Von Liebe, Freundschaft und dem Ernst des Lebens. Lesetexte und Aufgaben in drei Differenzierungsstufen für Jugendliche
Bergedorf Persen Verlag

Herzog, Marisa:
Fabeln lesen und verstehen. Aufbau und Inhalt Schritt für Schritt erschließen
Bergedorf, Persen

Kraus, Sandra:
Einfache Bildergeschichten. Arbeitsmaterial zur sonderpädagogischen Förderung
Bergedorf, Persen Verlag

Mai, Manfred:
Freundschaftsgeschichten
Würzburg 2009, Arena

Korschunow, Irina:
Der Findefuchs: Wie der kleine Fuchs eine Mutter bekam.
München, dtv

Sanchez, Jürgen:
Einfache Texte für jugendliche Leseanfänger 1/2. Arbeitsblätter für Schüler mit geistiger Behinderung
Bergedorf Persen

Schreiber, Bernd / Birck, Jan:
Bildergeschichten mit Struppi Stromer
Buxtehude, Verlag an der Este

Schwarz, Annelies / Richard, Udo / Funke, Cornelia:
Schule ist klasse. Die schönsten Schulgeschichten
Bindlach, Loewe Verlag

Verlage, bei denen Lesematerialien für Schüler mit geistiger Behinderung erworben werden können

AOL, Buxtehude

Auer-Verlag, Donauwörth

Beltz Verlag, Weinheim

Finken-Verlag, Oberursel

Hase und Igel Verlag, Garching

Kohl-Verlag, Kerpen

Persen Verlag, Buxtehude

Schubi, Braunschweig

Verlag an der Ruhr, Mülheim an der Ruhr

verlag modernes lernen, Dortmund

Wehrfritz, Wolfurt

Lehr- und Lernmaterial

Blankomaterialien
Lehrmittel Jörg Hail
Reutlingen

Software für Schüler und Lehrer

Eugen Traeger Verlag
www.etverlag.de

www.grundschulmaterial.de

Lernsoftware von LiveTool
www.lifetool.at

Medienwerkstatt Mühlacker
www.medienwerkstatt-online.de

Raum für Notizen:

Raum für Notizen:

Mathematik für alle – leicht gemacht ...

Carin de Vries

DIFMaB

Diagnostisches Inventar zur Förderung Mathematischer Basiskompetenzen –
Hilfen zur Erfassung individueller Lernvoraussetzungen und Erstellung von Förderplänen

Kombinierte Diagnose und Förderung in einem Format! Die Neuauflage des seit Jahren bewähren Diagnostik- und Fördermaterials DIFMaB bietet den Anwendern nun zusätzlich vorbereitetes Arbeitsmaterial für die Erfassung individueller Schülerkompetenzen sowie darauf aufbauende Fördermaßnahmen. Daneben wurde das Werk um ein eigenes Kapitel mit differenzierten Hinweisen zu Kompetenzformulierungen und Ideen zu weiteren Fördermaßnahmen erweitert.

„... nach meiner Einschätzung gegenwärtig **das** Diagnostik-Förder-Instrumentarium sowohl für Kinder mit als auch ohne sonderpädagogischen Förderbedarf. Es ist bereits im Kindergarten einsetzbar bis hin zur Oberstufe der Förderschule mit dem Förderschwerpunkt geistige Entwicklung." Holger Schäfer, Diagnostik in pädagogischen Handlungsfeldern

3. Auflage, 72 S. Begleitheft mit Kopiervorlagen, farbig, geh + 54 Blatt Arbeitsblätter zum Zerschneiden, farbig, fester Karton, Format DIN A4, im Karton, Alter: 6–10

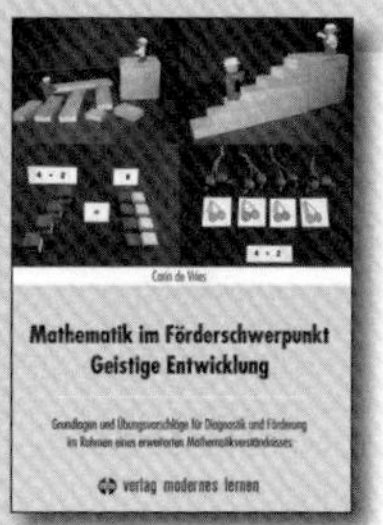

Carin de Vries

Mathematik im Förderschwerpunkt Geistige Entwicklung

• Grundlagen und Übungsvorschläge für Diagnostik und Förderung im Rahmen eines erweiterten Mathematikverständnisses

Die Ausführungen sind anschaulich durch Abbildungen und Bilder ergänzt, so dass es auch fachfremden Lehrkräften eine wertvolle Hilfe bei der Auswahl von Planung und Gestaltung des täglichen Unterrichts sowie bei der Erstellung längerfristiger Förderpläne bietet. Da das Buch sowohl theoretische Grundlagen als auch zahlreiche unterrichtspraktische Hinweise beinhaltet, kann es als eine gute Orientierungshilfe bei der Einordnung von Lernständen sowie entsprechenden Fördermaßnahmen angesehen werden.

Besondere Bereiche wie Zeit und Geld sind in einem eigenen Kapitel dargestellt u.v.a.m. Daneben finden sich Hinweise für eine individuelle Anpassung von Lerninhalten und Fördermaterialien sowie Ideen für alltagsbezogene Rechenanlässe, die ebenfalls durch Bilder veranschaulicht werden. Gestaltungshinweise für differenzierte Arbeitsblätter und Hinweise für den Einsatz in inklusiven Settings runden das Buch ab. Neben weiteren Übungs- und Materialvorschlägen finden sich in dieser 4 Auflage auch Erläuterungen zu aktuellen Sichtweisen und Verfahren zur Entwicklung von Zählfertigkeiten als wichtige Vorläuferfähigkeit für den Aufbau mathematischer Basis- und Rechenkompetenzen.

4., verb. u. erweiterte Auflage, 236 S., farbige Abb., 16x23cm, br
ISBN 978-3-8080-0817-1 | Bestell-Nr. 3619 | 19,95 Euro

217/10-21

Carin de Vries

Übungsblock zum DIFMaB

Übungsvorschläge für Schüler mit Förderbedarf im Lernbereich Mathematik

„Mehr als ein Übungsblock! Nimmt man ihn das erste Mal in die Hand, fällt zunächst das ungewöhnliche Format auf, er ist klein und handlich. Dann, beim Durchblättern, merkt man schnell: beim Aufschlagen hat man ein DIN-A4-Format in der Hand, also perfekte Arbeitsblattgröße, geeignet für direktes Arbeiten im Block, aber auch als Kopiervorlage. Die Aufteilung in Pränumerik, Zahlbegriff und Rechenoperationen ist sinnfällig, dazu wird jeweils eine kurze Einführung geboten. Die Zugangsebenen Konkret-Abbildung-Symbolisch werden als durchgängiges Prinzip verwendet und bei den Übungen mit Aufgaben und Materialhinweisen belegt. Schön finde ich auch, dass durchgängig zur Selbsteinschätzung und damit zum selbständigen Lernen angeregt wird (Daumensymbole in Ampelfarben am Rande der Arbeitsblätter). Überhaupt ist der ganze Übungsband sehr schön und liebevoll visuell gestaltet, jedoch nicht überfrachtet. Insgesamt ist es ein sehr nützliches und praktikables Material zur Förderung grundlegender mathematischer Kompetenzen, das Dr. Carin de Vries und ihr Team im verlag modernes lernen herausgebracht haben. Tatsächlich lassen sich die strukturierten Anregungen und konkreten Arbeitsvorschläge und Arbeitsmaterialien in jedem an Förderprinzipien orientierten Basis-Mathematikunterricht einsetzen. Zurecht verweist de Vries deshalb auf die Möglichkeit, dieses Übungsmaterial außer durch Lehrkräfte auch durch pädagogische Fachkräfte und in einem multiprofessionellen inklusiven Rahmen einzusetzen." Gerhard Bohl, Hannover

256 S., farbige Abb., zahlreiche Kopiervorlagen, Format DIN A5 quer, Ringbindung, Alter: 6-10
ISBN 978-3-8080-0778-5 | Bestell-Nr. 3656 | 21,95 Euro

Carin de Vries

Übungen mit dem SOMA-Würfel

Spielerischer Aufbau von Raum-Lage-Beziehungen – Vom Würfel zum Bauwerk – Übungsvorschläge für den Einsatz im inklusiven Unterricht zur Förderung aller SchülerInnen

„Zunächst besticht dieses Buch durch eine große Anzahl sehr ansprechend und klar gestalteter Arbeitsbögen und Spielvorlagen für den Unterricht. Schaut man sich die Materialien genauer an, so sind sie tatsächlich für unterschiedliche Lernniveaus geeignet. Teilweise sind die Arbeitsbögen noch mit Vorschlägen zur Differenzierung versehen. Interessant und sehr hilfreich ist das Kompetenzraster für dieses Thema. Für die Gestaltung eigener Arbeitsbögen sind auf der dazugehörigen CD Vorlagen und Bilder enthalten, die man ohne Schwierigkeiten nutzen kann." Ute Freibrodt, Grundschule Mathematik

124 S. (mit Perforierung zum Heraustrennen), Beigabe: Vorlagen auf CD-ROM, farbige Abb., Format DIN A4, Ringbindung, Alter: 6–15
ISBN 978-3-8080-0776-1 | Bestell-Nr. 3654 | 21,95 Euro

vml verlag modernes lernen

Schleefstraße 14, D-44287 Dortmund
Telefon 02 31 12 80 08, Fax 02 31 12 56 40
E-Mail: info@verlag-modernes-lernen.de
Leseproben und Bestellen im Internet: www.verlag-modernes-lernen.de